JN128801

詩の約束

Inuhiko Yomota
四方田犬彦

作品社

詩の約束／目次

詩の約束

郵便はがき

料金受取人払郵便

1 0 2 - 8 7 9 0

麹町支店承認

9089

差出有効期間
2020年10月
14日まで

切手を貼らずに
お出しください

1 0 2

［受取人］
東京都千代田区
飯田橋２―７―４

株式会社 作品社
営業部読者係　行

【書籍ご購入お申し込み欄】

お問い合わせ　作品社営業部
TEL 03(3262)9753／FAX 03(3262)9757

小社へ直接ご注文の場合は、このはがきでお申し込み下さい。宅急便でご自宅までお届けいたします。送料は冊数に関係なく300円（ただしご購入の金額が1500円以上の場合は無料）、手数料は一律230円です。お申し込みから一週間前後で宅配いたします。書籍代金（税込）、送料、手数料は、お届け時にお支払い下さい。

書名	定価　　円	冊
書名	定価　　円	冊
書名	定価　　円	冊
お名前	TEL　(　　)	
ご住所 〒		

フリガナ
お名前

男・女　　　　歳

ご住所
〒

Eメール
アドレス

ご職業

ご購入図書名

●本書をお求めになった書店名	●本書を何でお知りになりましたか。
	イ　店頭で
	ロ　友人・知人の推薦
●ご購読の新聞・雑誌名	ハ　広告をみて（　　　　　　　　）
	ニ　書評・紹介記事をみて（　　　　）
	ホ　その他（　　　　　　　　　　）

●本書についてのご感想をお聞かせください。

ご購入ありがとうございました。このカードによる皆様のご意見は、今後の出版の貴重な資料として生かしていきたいと存じます。また、ご記入いただいたご住所、Eメールアドレスに、小社の出版物のご案内をさしあげることがあります。上記以外の目的で、お客様の個人情報を使用することはありません。

朗誦する

もう二十年ほど昔のことであるが、テヘランの町を訪れたことがあった。ホメイニ革命が起きてすでに短くない歳月が経過しており、街角からは西洋を感じさせるものはほとんど姿を消している。女たちは彩《いろ》とりどりのスカーフで髪を飾り、男たちは濃い髭を伸ばしていた。ターバンを巻いている人も少なくない。いたるところに文字をびっしりと書き付けたポスターが貼られている。ホメイニ師を讃える巨大な看板と、隣国イラクとの戦争で自爆した少年兵を象った彫像。あちらこちらを珍しげに眺めながら歩いているうちに、いつしかテヘラン大学の前にまで来てしまった。

大学の側は巨大な書店街である。小さな書店がびっしりと軒を連ねていて、店先にも書物が積み上げられている。東京でいうならば、さしずめ神保町のような場所である。それがどこの国であれ、書店というものがあれば覗いてみるという癖をもっているわたしは、気が付いてみると、いくつもの平棚をもち、四方を本棚に囲まれた店のなかに入っていた。

わたしは皆目、ペルシャ語を解さない。日本が漢字を大陸から借りてきたように、現在のペルシャ語は、アラビア語から文字を借りてきて、それを基本として綴られている。しばらく店のなかにいて高価な絨毯や細密画の画集の頁を捲ったり、カフカの翻訳を発見したりするのは愉しいことだった。

　一人の身なりのいい老人が店に入ってきた。文芸書の新刊コーナーをひとわたり見渡している。どの本を手にとってやろうかと、しばらく考えている。わたしがそれとなく様子を窺っていると、老人はやにわに平積みになっている一冊を取り上げ、朗々とした声で音読を始めた。たちまち書店のなかにいた他の客たちがそれに気付き、老人のまわりに集まってくる。気配を聞きつけて、店の外にいた者たちも入ってきた。もっとも老人は聴衆の存在などいっこうに気にせず、堂々と朗誦を続けている。彼が手にしている書物が厳格な韻律をもった詩であることが、その調子から聞きとれた。

　ほどなくして群衆のなかから、老人といっしょに朗読をしようとする者が出てきた。声に声が重なり、書店のなかはただちにパフォーマンスの空間と化した。どうだい、いいじゃないか。わしはこの詩人のことは、昔からよおく知っておるのじゃ。今度の本はどうかなと思ったが、なかなか立派な出来だぞよ。老人はあたかもそういいたげなご満悦の表情で、相変わらず朗誦を続けている。

　やがて一篇の作品を読み終えると、老人は書物を元の位置に戻し、そのまま店を出て行った。まるでデパ地下に並んでいる試食品を口にしてみる買い物客であるかのようだった。みごとな朗誦に聞き惚れていた人たちはふと我に返り、積み上げられている書物を手に取っては、頁を捲ったりしている。一冊を恭しく携え、レジに向かう人もいる。わたしはそれが現代イランで高名な詩人の、もっとも新しい詩集であることを教えられた。

　日本やアメリカのような社会では、文学といえばまず小説である。大きな書店の目立った場所には人気小説家の新刊が並び、詩集はといえば奥の方の、ひどく目立たない棚に纏めて置かれているというのが普通だろう。いや、置かれているだけでもまだましかもしれない。かつては東京にも詩集専門の書店が何軒か存在していたが、この二十年ほどの間にみごとに消滅してしまった。もとより数百部しか印刷されないこのジャンルの書物に書店で廻りあうことは、日本では少しずつ難しいことになろうとしている。

テヘランではまったく事情が違った。詩集は書店のもっとも目立つところに平積みにされていた。人々はその内容を吟味するための、みごとな手立てを知っていた。はたしてその詩集が朗誦に耐えうるかどうかが評価の基準である。詩とは個室のなかで黙読するものではなく、不特定多数の衆人の前でその韻律のみごとさを確かめ、音調の豊かさを賞味するものであると考えられている。詩はいたるところにあった。わたしは後にキアロスタミやマクマルバフといった、現代イラン映画の監督たちと言葉を交わす機会があった。彼らはインタヴューのさなか、ふと思いつくと、一行か二行、美しい詩行を引用してみせるのだ。

わたしが書店に入ったのには目的がないわけではなかった。ハーフィズの詩集を原書で買っておきたかったのである。ハーフィズは十四世紀に古都シーラーズに生を得た詩人で、優雅にして深淵な詩行ゆえに、数あるペルシャの詩人のなかでもとりわけ人口に膾炙している人物である。彼の作品の翻訳を手にしたゲーテが深く感銘を受け、この人物こそは時代を超えて自分のライヴァルであると宣言したことはよく知られている。ゲーテは西洋のハーフィズたらんとして、『西東詩集』を執筆した。

先に書いたように、わたしはペルシャ語を解さない。だがハーフィズの詩集をほしいと申し出ると、書店の主人はたいそう上機嫌な顔を見せ、たちどころにさまざまな版を並べてくれた。わたしはそのなかで簡素な装丁の一冊を選び、勘定を払った。自分がけっして読むことができないにもかかわらず、その価値を知っている書物を持ち帰るというのは不思議な気持ちだったが、耳にはつい今しがた立ち会った老人の朗誦がまだ残っていた。こうした詩文化の起源のひとつであるハーフィズの詩集を手に入れたことで、ペルシャという偉大な文化の端に触れたかと思うと、わたしは少し興奮した。

テヘランへの旅から数年が経った。わたしは夏になるといつも閉じこもる仕事部屋で、せっせと日本映画史の書物を書いていた。隣の家の庭には夏草を刈りに人が入っている。ときおりその気配がするのだが、いっこうに姿は見えない。それでもお昼どきになると庭から出て来て、休憩になったようだ。わたしがベランダに出てみると、四人の男たちが円陣を組んで食事をしていた。

三人は中年の日本人だった。もう一人は若者で、外国人らしい。わたしはひょっとしたらという気持ちを抱いた。そこで隣の庭まで出かけて行って、その若者に声をかけてみた。

期待にたがわず、彼はイラン人だった。テヘランの大学を出て、結婚資金を作るために日本に仕事に来ているという。日本語はけっして流暢ではなく、話すには英語の方が楽なようだ。そこでわたしは英語で頼み込んだ。実はペルシャ語の本があるのだが、ちょっと最初の方を読んでみてくれないか。

ハーフィズの詩集を手にした青年は、ひどく驚いた表情でわたしを見つめた。いったいどこでこれを買ったのか。わたしがテヘラン大学の前の書店だと説明すると、彼はただちに最初の頁を開き、姿勢を正して朗誦を始めた。みごとな声である。わたしは感動し、かたわらにいた三人の仕事仲間は目を丸くしていた。

　青年は最初の一篇を読み終わると、わたしにむかって説明を始めた。最初の半句はアラビア語の詩からの引用です。ハーフィズはその詩人を尊敬していたから、詩行を借り受けたのです。その後からがハーフィズの詩で、ペルシャ語で書かれています。愛は最初は甘美だが、やがて辛いものとなるという意味です。わかりますか。青年は異国にあって、母国の誇りである詩人の書物を手にし、それについて語ることに興奮していた。

　ちなみに彼が朗誦してくれた詩には、黒柳恒男による典雅な翻訳がある。

おお酌人《サーキー》よ、酒杯をまわしてわれに授けよ
愛は始めたやすく見えたが、あまたの困難が生じた
終には微風《そよかぜ》があの巻毛からもたらす香りに焦れ
麝香が薫《かお》るかの髪の縺《もつ》れたあまたの心がいかに痛んだか
わが恋人の館になんの安らぎ、愉しみがあろう
いつも鈴が鳴り続く、荷物をたばねよと
酒場の老人の命ならば、礼拝敷物《サッジャーデ》を酒にて染めよ
旅人は道中と宿場の習慣《ならい》を識らずにおれぬゆえ
夜は暗く、波怖ろしく、渦潮はすさまじい
わが様子《さま》が浜辺の気楽な人びとにどうして分ろう

わがことは全て我が儘ゆえに不評に終った
あの秘密がどうして隠される、集《つど》いにて語られよう
ハーフィズよ、安らぎを欲するなら　彼女から身を隠すな
恋する人に逢ったら、世を捨て顧みるな

青年は言葉を続けた。シーラーズでは一年に一度、ハーフィズの詩のために全世界から人が集まります。最初の日は外国の学者たちが真面目な研究発表をしたり、歴史的な考証を披露したりするのですが、二日目ともなると誰もがハーフィズをいかに巧みに朗誦するか、その技を競い合うばかりになります。詩の理解とは、いかに読み上げるかということなのです。詩の解釈の深さとは、読み方によってのみ測定されるものなのです。人々が次々と朗誦をしていくうちに聴衆の興奮はいやまし、ついに飛び入りで朗誦を始める者まで出てきます。ハーフィズに倣ってと前書きして自作の詩を披露する者もいれば、だいぶ昔のことだったと思いますが、ある年には小さな女の子が登場して、拍手喝采を浴びたことがありました。ハーフィズの生まれ変わりだという触れこみです。こうして和気藹々とした雰囲気のうちに、この学会ともお祭りともつかぬ催しは幕を閉じるのです。

いかに巧みに朗誦するかが、その詩の解釈である。

見知らぬイラン人青年が突然に見せた饒舌を前に、わたしはテヘランの書店で見かけた老人を思い出した。彼は詩の解釈をするために、ひとまずそれを声に出し、衆人の前に供してみせたのだった。わたしは改めて、自分が生きている世界とイランとの文化的水準の違いを、あからさま

に見せつけられた気持ちになった。わたしが生きているこの日本語の世界では、詩はながらく声の直接性から遠ざけられ、黙読の対象とされてきたからだった。詩は文字言語の内側に封印されてきたのである。

ずっと後になって、わたしはペルシャ文学研究家の岡田美恵子さんの論文を読む機会があり、この青年の話がまったく本当のことであったことを知った。岡田論文によると、どうやらそれは一九八八年の暮にハーフィズ没後六百年を記念する国際学会のときに起きた出来ごとであったらしい。

イランとイラクの戦争が終結した後ということもあって、学会には国外からも少なからぬ学者が到来し、全体で三百人ほどが集まった。もっとも一般の聴衆を入れると、その数は数千人に及んだ。ハーフィズが大好き、ハーフィズなら一言自分にもいわせろといったファンが、学生や一般市民の間から続々と現れたのである。

「学会の発表が始まる。発表するイラン人はこれら特種の愛好家ではなく純然たる学者である。しかし彼らは一つのまとまった論旨を展開することよりは、自分が暗記した詩句をいかに感動的に朗誦できるか、それによって聴衆の共感をどれだけ多く得られるかに腐心する。身振り、手振り、抑揚のとり方、間のあけ方の微妙な差が表わす《詩的感銘》は、まさに一人一人が《語り》の名手である。学会発表には時間の制約があるが誰も時間を守らない。ついに法務大臣が議長席に座った。」

岡田さんの報告によると、やはり三日目にはまだ学齢に達していない男の子が父親に背を押されて登壇し、はっきりした口調で名を名乗ると、いきなり突きつけるような口調でハーフィズの詩句の朗誦を始めたらしい。たちまち会場から割れるような拍手が起きた。少年の朗誦にはいささかも子供じみたところはなく、三十分にわたって続いた。少年が褒美の花束をもらって退場すると、今度は白いネッカチーフを被った少女が登壇し、自作の詩をハーフィズのリズムに乗せて歌った。この天才詩人の登場は会場を一気に興奮の嵐に包んだ。聴衆のなかには感動のあまり、涙をぬぐう女性もいたという。

岡田論文を読むと、イラン人には日本人のように芝居見物やギャンブルの習慣がなく、それらは「遊び」の範疇として数えられていない。代わりに「遊び」として重要な位置を占めるのが詩の朗誦であり、詩による占いである。TVでも歌謡曲番組がないかわりに、古典詩の朗誦の番組が実に多い。こうした研究を知ると、先に引いたハーフィズ学会での少年少女の朗誦は、深い文化的伝統のなかで当然のように育まれてきたものだと判明する。イランにあっては詩とは目で黙読するものではなく、朗誦し、またその朗誦に耳を傾けることなのだ。詩が抒情詩であれば歌となり、叙事詩であれば語りとなる。だがそれはつねに定型で保証されていて、しかも日常生活のいたることに存在している。

ここで詩の問題を少し離れて、音読という行為について考えてみよう。われわれは現在、書物を前にいつ音読を行なうだろうか。ただちに想起されるのは、小学校や中学校の教室であり、老人ホームであり、病院の一室である。子供、高齢者、病人。書物を声に出して読むという行為は、いつの間にか、こうした社会の周縁的空間に追いやられてしまった。だがそれは人間の歴史にあって、けっして恒常的な事態であったわけではない。歴史的に考えてみるならば、われわれの祖先は、今日のように書物を黙読するという習慣をもたず、それに先立ってはるかに長い期間にわたり、音読を旨としてきたのではなかっただろうか。

聖アウグスティヌスは『告白』のなかで、青年時代に信奉していたマニ教を捨て、キリスト教に改宗したとき、アンブロシウスという説教者を前にして感じた驚きについて書いている。

かれが書を読んでいたとき、その眼は紙面の上を馳せ、心は意味をさぐっていたが、声も立てず、舌も動かさなかった。しばしば、わたしたちがかれのもとにいたとき――だれでもはいって差支えなく、来客を取り次ぐ習わしでなかったので――かれはいつもそのように黙読していて、そうしていないのを見たことは一度もなかった。そしてわたしたちは、長い間黙ってすわっていた――このように熱中している人をどうしてわずらわそうとするものがあろうか――のち、そこから出て、こう推測するのであった。（……）もっとも、かれの声はしわがれがちであったので、声を大事にすることもまた、そしてその方が黙読のほんとうの理由であったかもしれない。しかしどういう心づもりで黙読していたにせよ、かれがそうしていた心づもりは正しかったのである。

（服部英次郎訳、岩波文庫上巻）＊百六十八頁

この一節が語っているのは、初めて人が音声を立てず黙読しているのを目撃したときの、アウグスティヌス青年の驚きである。彼はその理由をめぐって、さまざまな推測を試みる。それはこの時代に到るまで、黙読がいかに奇異な行為であったかを逆に物語っている。書かれたものは書

かれたままでは完結しておらず、まずもって音読されるべきであったのだ。だがわれわれはこの事実を、いささかも不思議に思う必要はない。そもそも人間の文明にあって文字言語とは、人間が自然言語を取得してはるか後に、というよりも、文明のごく最近において考案されたものであったからである。

ここで射程を狭めて、詩の話に戻ることにしよう。伝説上のホメロスを俟つまでもなく、詩とは文字言語の成立よりもはるかに以前から存在し、もっぱら口承によって伝播されてきた。現在でもセネガルのグリオやセルビアのグスレのように、民族の叙事詩を口承で朗誦していく詩人は世界のいろいろな場所に存在している。それが正しいとするならば、詩を朗誦するという行為はいささかも奇異なことではない。いやむしろ、それは密室のなかで詩を黙読することよりもはるかに古く、根源的な行為ではないだろうか。それが奇異に感じられるとすれば、それはわれわれの詩的体験が本来のあり方から逸脱し、狭小で孤立した状況に陥っているからに他ならない。

生れてからこの方、詩人たちが朗読するさまを、さまざまな形で聴いてきた。実際の朗読会に足を運んでお目当ての詩人の謦咳《けいがい》に接するということもあったし、伝説上の詩人が遺したLPやカセットテープ、CDの記録に接し、圧倒されたこともある。自分でも曲りなりに詩を書くようになってからは、知り合いの詩人たちに声をかけ、朗読会を組織したこともある。またバーの狭いカウンターのなかに入って、刊行したばかりの自分の詩集を朗読し、バナナの叩き売りよろしく聴衆に買ってもらったこともある。

今から考えてみると、こうした自分の行為の契機となったのは、テヘランの書店街で見かけた、あの矍鑠《かくしゃく》たる老人の朗読ではなかったかという気がしている。わたしはハーフィズの詩を突然目の前に差し出されたときにイラン人の青年が見せた興奮と、よく朗誦する者はよく詩を解するものだという彼の言葉を、いまだに忘れることができない。それは日本という狭い土地にあって、日本語というマイナーな言語のなかで詩的なるものを探究しようとしてきたわたしにとって、青天の霹靂ともいうべき事件であった。

エズラ・パウンドが彼の畢生の大作『キャントーズ』からいくつかの詩編を選び、読み上げているテープを聴いたことがあった。堂々と自信たっぷりに、力強さに満ちた声がどこまでも続いて行く。それは近傍に立って聴いている者を、否応なしに眼前に生起した巨大な渦巻きのなかに巻き込んでしまうかのような朗読であった。

デュラン・トマスの朗読はパウンドとは対照的に、ときに鋭角的に斬りつけるかのようであり、またときには包括的に詩行の上を滑っていくかのようで、多彩な表情に満ちていた。声の全体からは異様な熱気が立ち昇っていた。わたしはそれを、ニューヨークに住む詩の翻訳者、佐藤紘彰の家で、相当に傷んだ一枚のＬＰを通して聴いたが、聴き終ってしばらくは席を立てないほどに強い感動に襲われた。

アレン・ギンズバーグの朗読はギターを片手にした弾き語りというスタイルをとり、予想していたよりもはるかにリラックスした、和やかな雰囲気であった。フォークシンガーだといってもそのまま通用するようなところがあり、現に彼はボブ・ディランと組んで舞台に上がったこともある。ある時期にはコンサートツアーのように、ギター一本を手に世界中を廻っていた。もっともわたしが朗読するギンズバーグを目の当たりにしたのが一九八〇年代後半のことであったことは、注記しておくべきかもしれない。一九五〇年代の中ごろ、まだ二十歳代で無名のギンズバーグがコロンビア大学の向かいにあるうす暗いビアホール、ウェストエンドの客席から突然に立ち上がり、『吠える』を一気に朗読しきったときの調子は、恐ろしく攻撃的で、眼前に現れてくる障害物を次々となぎ倒してやまないといった感じであったはずである。

日本の現代詩ではどうだろうか。実は日本ビクターから一九六九年に、『自作朗読による日本現代詩体系』という三枚組のLPレコードが発売されている。三十八人の詩人の詩が、一人四、五篇ずつ朗読して、そこに収録されている。さすがに萩原朔太郎や中原中也の作品は、詩人が物故して久しいためもあり、縁故のある別人が代読しているが、まだ六〇年代後半には堀口大學も、西脇順三郎も、吉田一穂も健在であった。彼らが自作を朗読している声が残されていることは、貴重だとしかいいようがない。

もっとも実際に耳を傾けてみると、ほとんどの詩人に幻滅を感じないわけにはいかない。堀口も、西脇も、吉田も、朗読を記録として後世に残すことにほとんど積極的な関心を持っていないかのようだ。眼の前にある自作原稿を、抑揚もなく、芝居っけもなく、そのまま棒読みするに任せている。たいがいが自宅を訪れてきた記録者に録音マイクを突き付けられ、それに真面目に対応したという雰囲気である。詩人の篤実さの証《あかし》だといってしまえばそれまでであるが、こうした退屈な録音記録から判明するのは、彼らにとって詩作品とはまず文字言語であり、音声のよるその表象は二義的なもの、いや、それどころか、いささかも詩の本質に関わるものではなかったという事実である。

もっともなかに一人だけ、例外が存在している。草野心平である。草野は蛙の独白の詩を実に表情たっぷりに読み上げているばかりではない。生前より深い共感を示していた宮澤賢治の「原《はら》体剣舞連《たいけんばいれん》」や「永訣の朝」といった詩篇を、みずから進んで取り上げ、コロコロと転がるような調子の声で読み切っている。ハーフィズの朗誦大会ではないが、その朗読を聞くと、草野が宮澤賢治の詩作品にいかに深い共感と哀惜の情を懐いていたかが、理解できるような気がしてくる。

この三枚組のLPは、当時の詩壇の最長老であった堀口大學や尾崎喜八に始まり、ほぼ年代順に朗読が収録されている。二枚目の裏面あたりで、田村隆一や中桐雅夫といった荒地《あれち》派が現われ、三枚目のしんがりに谷川俊太郎や天沢退二郎といった、当時まだ駆け出しの詩人がチョコリと顔を覗かせている（なにしろ半世紀前に出たアルバムなのだ）。このあたりの世代にまで下ると、詩人たちの間に、朗読とは演劇的行為だという自覚がようやく生じてきたことがわかる。谷川はスタジオで録音中に生じたノイズをも積極的に収録し、朗読行為そのものをメタレヴェルに立って眺めてみようという姿勢を見せている。天沢は『わが本生譚の試み』という連作をボソボソと朗読している途中で、いきなり裏声を使い出し、みごとにトリックスターぶりを披露している。彼らの朗読の姿勢は、堀口や西脇とはまったく異なっている。書かれた詩作品とは、まず自在に、即興的に演じられるべき素材にすぎないのだ。ちなみにこの天沢《アマタイ》の朗読に驚いてから四十年ほどが経過して、わたしはある偶然から彼と同僚となり、いくたびか朗読会を開催したことがある。彼の飄々として軽みの域に達した名人芸には、正直にいって舌を巻くところがあった。パウンドともトマスともまったく異なり、余計な言葉もエネルギーもいっさい用いず、ピタリと焦点を合わせて狂いのない朗読に、まさに達人を見たのである。

だがこの三枚組のアルバムのなかでもっとも異彩を放っているのは、文字通り最年少で参加していた吉増剛造だろう。『出発』という、質素なタイプ印刷の詩集しか持っていなかったこの二十九歳の詩人は、「燃える」「朝狂って」「燃えるモーツァルトの手を」を含め五篇の作品を披露している。いずれもが今日の吉増からは想像もできない、短い詩だ。だが、その朗読の仕方が尋常ではない。他の年長の詩人たちが手馴れた筆を手に、巻紙に崩し字で書を認《したた》めているのだとすれば、吉増は金属板に鑿《のみ》で楷書を刻み付けているかのように朗読している。大きく呼吸を整えてから、目の前の敵に喧嘩を吹きかけるようにといってもいいし、流星を顔に刺青するかのようにといってもいい。

「燃えるモーツァルトの手を」

燃えるモーツァルトの手をみるな
千の緑の耳の千の緑の耳
生活は流星だ！（あるいは生活は悲惨だった……）と
インドから帰ってきた友人が囁いた

吉増の発声は、他の三十七人の詩人たちと比べてみたときまったく異質であり、彼が後に、宇宙的な次元でみずからの声を響かせるに到ることを予言しているかのようである。この詩人を得ることで日本の現代詩は、音声という新しい次元を獲得することになった。それについてはもはやわたしが言葉を重ねることもないだろう。詩は文字言語である以前に発せられる言葉であり、息《プネウマ》であるという真理を、彼は身をもって体現しているのである。

記憶する

極寒の二月三月を、オスロ大学で過ごしたことがあった。大学の宿舎はさながら山小屋で、食べるものはタラと鯨肉ばかり。深い雪のなかを歩いて教室に向かうという毎日だった。

あるとき映画関係の知り合いから連絡が来て、トロムソという町で日本映画を上映することになったから、何か講演をしてくれないかという。なんでもこの町は北極圏にあり、世界最北にあるビール工場と世界最北にある映画館のおかげで、ギネスブックに登録されているらしい。わたしがどうしようかと躊躇していると、今の季節は毎晩のようにオーロラが夜空を駆け抜けるから、これを見ない手はないよという。極地の光というのも悪くないなと、わたしは承諾の返事をした。

トロムソという名前には聴き覚えがあった。たしか日本を出発する前に、谷川俊太郎がそういう題名の詩集を刊行して、評判になっていたはずだ。そこでわたしは知り合いに、トロムソについては日本でも著名な詩人が詩集を出しているから、なんならそれを英語で朗読してもいいと返答し、インターネットで詩集を註文した。やがて『トロムソコラージュ』という詩集が雪のなか、わたしの手元に到着した。インターネットとはなんと便利なものよ。日本語の書籍に飢えていたわたしは、さっそくそれを一読した。

大失敗はその後に起きた。トロムソに無事到着し、ホテルにチェックインしたとき、わたしは詩集を飛行機のなかに置き忘れてしまったことに気付いたのである。何と愚かな！　講演はその夜に予定されている。しかもさらに怖ろしいことに、日本映画上映の主宰者は、わたしが『トロムソコラージュ』の作者だとみごとに勘違いをしており、「日本の著名な詩人来たる」とすでに告知してしまっていたのだ。わたしは満場の拍手をもって迎えられた。

わたしは自分が作者ではないと断ったが、どうも聴衆は理解してくれたように思えない。仕方なしに、わたしは記憶にあるかぎりの詩の断片を、その場で即興的に英語に直して披露した。

「わたしは鳥たちの名前は覚えないよ」

たちまち歓声。

「宇宙そのものは一つなんだ」

ふたたび歓声。

「わたしはオナラをするかもしれないな」

笑い声。歓声。

わたしは雑巾を絞るように懸命に脳髄を振り絞って、言葉を続けたのだと思う。おそらくその姿が、いかにも詩人が苦吟難吟しているかのように思えたのだろう。力尽きて沈黙するにいたったわたしを見て聴衆は詩が終ったのだと思い、満場の拍手となった。講演の後のパーティでシャンパンを呑みながら、地元の教師だという人物から「先ほどの詩はよかったよ」といわれたとき、わたしは背筋が凍りつくような気持ちに襲われた。ああ、谷川俊太郎さん、ごめんなさい！

深夜、後悔と奇怪な罪悪感が入り混じった、何ともいえない気持ちを抱えながら、わたしはホテルに戻った。飛行機のなかに詩集を置いてきてしまったのは、悔いても取り返しのつかないことだ。だがそれ以上にわたしを後悔へと駆り立てたのは、それが谷川俊太郎の詩集だったことである。というのも、かつてわたしは彼の別の詩集を、ほとんど暗記するまで熱心に読み返したことがあったからだ。

話は韓国がまだ軍事独裁政権のもとにあり、日本語の歌舞音曲も映画も、すべて禁止されていた一九七〇年代にまで遡る。わたしはまったくの偶然からソウルの大学で日本語を教えることになり、労働ヴィザを取得して彼の地へと向かった。出発の前日、わたしはたまたま東京の書店で谷川の『夜中に台所でぼくはきみに話しかけたかった』という詩集を発見した。そこである直感に促され、引っ摑むようにしてそれを買い求め、鞄のなかに詰め込んだ。この本は平仮名が多いから、きっと日本語の初学者のための教材として役に立つかもしれないな。正直にいって、そうした期待が密かにあった。

ソウルに到着後ほどなくして、わたしはこの詩集が教材以上のものであることに気が付いた。慌てて日本を離れたので、わたしは他にロクに日本語の書籍を携えていかなかったのだ。その結果、わたしは『夜中に――』を何十回となく繰り返し読むことになった。一年間の韓国滞在が終るころ、わたしは収録作品のなかですでに半分ほどを暗誦できるまでになっていた。おそらく日本に居住していたままだったならば、こうした体験はなかっただろう。このときに谷川の詩作品が深く脳髄に刻みこまれたことを、後になってわたしは、思いがけない貴重な詩的体験だったと考えることになった。

かわりにしんでくれるひとがいないので

わたしはじぶんでしなねばならない
だれのほねでもない
わたしはわたしのほねになる
かなしみ

谷川俊太郎「死と炎」

あの時以来四十年近い歳月が経過したが、わたしは今でも谷川がパウル・クレーの絵画に寄せて書いたいくつかの詩を（ところどころ脱落があるかもしれないが）あらかた口遊《くちずさ》むことができる。あれはすばらしい連作だった。とりわけ名作「死と炎」に寄せて書かれた詩は。

わたしがトロムソの町でひときわ悔しい思いをしたのは、そこで朗誦することになったのが谷川俊太郎の作品であったからである。ああ、どうしてパウル・クレーの連作を聴衆の前で披露しなかったのだろう。あれだったら、なんとか暗誦できたというのに。

多くの人々が、自作他作のいかんを問わず、詩を記憶してきた。奥井潔という、わたしが予備校で習った英語教師はみごとな戦中派の人物であったが、自分たちの世代にとって『万葉集』の歌を暗誦することは当たり前のことだったといった。こないだも友人と交替交替に競いあって、お互いに二百か三百くらいまで来て、勝負がつかないから引き分けになりましたねと、平然と語っていた。

『万葉集』については、沼野充義から聞いた話であるが、言語学者ロマン・ヤコブソンに興味深いエピソードがある。ハーヴァード大学で教鞭を執るようになったあるとき、古代日本語の助詞について論文を執筆しようと思い立ったのだが、日本語ができないうえに肝腎の資料が手元にない。困っているとき、自分の家の庭に出入りしている年配の庭師が日系人であることを思い出した。そこで相談を持ちかけてみたところ、彼はたちどころに『万葉集』の歌をいくつか披露してみせ、ヤコブソンの質問に実例をもって回答したという。

『万葉集』は音律のある定型詩であるから、コツさえ体得すれば、現代詩よりも容易に記憶することができるかもしれない。とはいえ、こうした古典詩を文学者や知識人のみならず、一般人もが平然と暗誦できていた時代の日本社会は、やはり高い文化的水準にあったと思う。その痕跡は、正月になると家々で開かれる『百人一首』の集いに窺うことができる。前章ではペルシャにおける朗誦文化の高さについて語ったが、前世期の中ごろまでの日本でも、古典詩歌の記憶と朗誦を遊戯として愉しむ文化が、確固として存在していたのだ。その観点に立ってみるならば、トロムソで立ち往生しているわたしなど、日本文化の末席にも座れない無学な輩となることだろう。

だが、詩を誤って記憶してしまうことは、いかなる場合にも非難されるべきことなのだろうか。一人の人間の生にあって、ひとたび記憶された出来ごとが、あまりに長い歳月の間に変容し、断片的なものと化したり、他の出来ごとと結合してしまったりすることは、ままあることである。同じことが詩的言語の記憶において生じたとしても、そこにいかなる不思議があるだろう。たとえそれが原典とは異なっているからといって、それだけの理由で、詩的体験とは呼べないと見做してしまってよいものだろうか。本来は他人から借り受けた言葉の連なりであるにもかかわらず、いつしかあたかも自分がはるか昔に創造したものであるかのように、不意に、思いがけないときに口を衝いて出て来てしまう言葉の連なり。人間の生とは、実のところ、こうした他者の言語の包摂と消化によって、豊かさを増すものではないだろうか。わたしがただちに思い出すのは、吉田健一のことである。

『東西文学論』『英国の近代文学』『書架記』『ヨオロツパの世紀末』といったさまざまなエッセイ集において、吉田はヨーロッパの近代から現代にいたる文学作品を自在に引用し、それを傍証としてみずからの文学論、いやもとい、文明論を展開してきた。引用は日本語での翻訳でなされることもあるが、短いものにかぎっていえば、ほとんどがフランス語や英語の原文である。イギリス文学をもっぱら論じた『英国の近代文学』を別にすれば、招喚される文学者の多くはボードレールやマラルメ、ラフォルグといった十九世紀の象徴主義詩人であり、プルーストやジッド、ヴァレリーといった二十世紀の作家、詩人である。若くしてケンブリッジに学んだこの稀代の批評家は、そうした引用をほとんどすべて記憶に基づいて行った。

吉田健一にとって西洋文学は、学問的に探求すべき対象などではけっしてなかった。それはごく日常的に自分のすぐ側に控えていて、必要があればいつでも自在に呼び出すことができる身近な存在であった。その一例として、小説『東京の昔』の一節を引いてみよう。舞台は一九三〇年代の終りごろ、東京は本郷である。語り手の人物は路地に貸間住まいをし、さしたる仕事にもつかないまま、バーやおでん屋でただ酒ばかりを呑んでいる。彼がそこで知り合った人たちとの間に繰り広げる対話が、小説の大部分を占めている。あるとき彼は、「帝大」で文学を専攻しているという古木君という学生と知り合い、文学論を交し合う。古木君はフランスに憧れていて、語り手がかつて洋行をしたことがあると知ると、大いに羨ましげな視線を送る。二人は別の日に銀座の洋書屋を訪れ、その後で三原橋の近くにある喫茶店に入る。彼らはそこで店の主人に頼んで紅茶にウィスキーを入れてもらい、さらなる文学論議に耽る。

どこだらうと自分がゐる場所といふものに変りはなくてただその場所をなしてゐる条件の組み合せでそこが自分の国とか外国とかの区別が付く。ただそれだけのことではないか。併しそれはその幾つもある条件の性質を知つての上でのことでといふ所まで来てこつちも遠い昔に見た外国が思ひ出せはしてもそれで現にそこにゐることにならないといふ単純な事実の為に凡そ強烈に記憶の底から浮び上つたのに驚いた。それと古木君が一度は外国に行きたいと言つたのとどう違ふのか解らなくて古木君が言つたことが詩人の言葉になつた。その重吹と波の間を行く鳥が酔つてゐるのを自分は感じると書いた詩人がそれを感じてゐない訳がなかつた。Perdu sans mâts, sans mâts, ni de fertiles ilots……それは難破に命を賭しても自分の眼で確かめたかつたことかも知れなかつた。そこの洋風の田舎家を摸した喫茶店の二階で掘り割りの水を眺めながら思ふ外国はそのやうに奇妙な性格のものであることが少しもこれを夢幻と見させる働きをしなかつた。我々がその時ゐた所に外国があつたと言つていい。

語りのなかにいきなりフランス語が挿入されるので、ぼんやりと読んできた読者は少し驚くことになる。日本語に直してみれば、「帆柱も、帆柱もなくなり、豊かな島もなく」となる。これは引用の直前のところに「重吹と波の間を行く鳥が酔つてゐるのを自分は感じると書いた詩人」

と説明があることからもわかるように、マラルメのことである。もっとも語り手はわざわざマラルメの名を出すまでもなく、その有名な詩「海の微風」の詩行を想起したということなのだろう。Je sens que des oiseaux sont ivre / D'être parmi l'écume inconnue et les cieux ! という部分を、いくぶん曖昧な日本語に直して語っている。ひょっとしたらウィスキーのおかげで記憶がいくぶん曖昧となり、正確に詩行を再現する自信がないという危うげな感じを、ここでさりげなく出しておきたかったのかもしれない。

ちなみに重箱の隅を穿《ほじく》るような指摘になってしまうが、語り手が口にするフランス語の引用は少し正確さを欠いている。マラルメの原文ではPerduはPerdus,と複数形になっており、ここには引用がなされていないが、その直前の行の語句に係っている。この記憶違いを酔った語り手のものとするか、作者である吉田健一に起因させるかは微妙なところである。だが『東京の昔』という小説の全体を読み通してみると、そのような瑣末なことはどうでもよいことがわかる。というのも古木君と向かい合って酒を呑んでいる語り手は、ここに引いた場面の前にも、また後にも、酔った勢いでスラスラとマラルメの詩を原語で引用している。古木君もそれに応えてボードレールの詩行を原語で引用し、かくして東京ともパリとも区別がつかなくなった酒宴の席はどんどん盛り上がっていくのだ。

ここで今、引用したばかりの箇所に戻ってみると、この部分が『東京の昔』という、一風変わった小説のなかで、みごとに要《かなめ》の位置にあることがわかる。自分が今いる場所が外国でないといって、特別に嘆く必要などないのだ。東京の現在と昔とが異なっているように、かつて自分が滞在していた外国と現在のその外国とは異なったものである。たとえ自分の国にあって酒を呑んでいても、自在に外国の詩を想起し、それが自然と口を衝いて出て来るとすれば、もうそれで充分ではないか。その瞬間、外国は立派に現前しているのである。

マラルメはもうすべての書物を読んでしまったという気持ちを抱き、妻子を養わねばならず、夜毎に白紙を前にして苦吟難吟する自分の姿をひとたび呪った。海辺で波と空の間を自在に駆け抜けてゆく鳥たちを羨ましく思い、難破してでもいいから未知の国へと航海する水夫たちの後に続きたいと空想してみせた。だが結局、この逃避行は実現されず、その代わりにその憧れを主題としたみごとな詩編を完成させた。日本を脱出して外国へ行きたいという憧れも、また同様のものではないだろうか。紀伊國屋でフランスの新刊書を漁り、マラルメの詩を思うがまま口遊むことができたなら、もうそこはすでに外国なのだ。銀座の喫茶店でウィスキー入りの紅茶を呑みながらフランス文学の話に耽っているだけで、心の悦びはもう充分ではないか。

このように解釈してみると、この部分で語り手が唐突にマラルメの「海の微風」を原文で引いてきたことの狙いが、明確に理解されてくる。精密に読み直してみると、『東京の昔』という小説のところどころで、それとは気付かれない形でマラルメがこっそりと見え隠れしているのがわかる。語り手のみならず、古木君までもが知らずとそれを口にしているという、およそリアリズム小説ではありえない事態も、それなりに納得がいく。写真や映画の喩えを用いるならば、この小説には実のところ、「海の微風」の映像が二重焼付けされているのである。

吉田健一にとって登場人物にマラルメの詩行を口にさせるということは、単に外国語で記された他者の言説を異物として非個性的に受け取り、それに鉤括弧を付加して反復することではなかった。引用とは想起であり、想起とは時空を越えて遠くで発せられた詩的言語を間近に引き寄せ、語り手の地の文脈のなかに等価な言葉として参加させることであった。おのずから引用された語句は変形を施されることになる。呼び出された言葉は呼び出した言葉のなかに参入するや、ただちにそれと融合し、両者を隔てていた境界線は曖昧となっていく。そこにはバフチンが『マルクス主義と言語哲学』のなかで強調した、「自由間接話法」のみごとな実践が窺われる。

だがマラルメをめぐってかくも微妙な記憶の再現をはたした吉田健一だけが、吉田健一であるわけではない。彼はエッセイにおいても自在に英仏の詩人たちの詩行を、記憶に導かれるままに引用してみせるが、そこにはしばしば原典との異同が見受けられる。彼の死後ただちに刊行された集英社版全集を編纂するにあたって、フランス文学者清水徹を嘆かせたのがこの問題であった。驚くべきや、故人と親交のあった清水さんは、引用の一つひとつにわたって原書を参照し、作者の記憶違いを逐一、各巻の解題に記すことにした。吉田健一が間違った記憶のまま執筆したエッセイのうちでも最たるものを、ここで取り上げてみよう。「近代と頽廃」という題のボードレール論である。

それで思ひ出すのであるが、ボオドレエルに「死骸」といふ詩があつて、これは女に向つてその日通り過ぎた道端に転つてゐた腐り掛けた馬の死骸のことを言つてゐるものである。その死骸は見るに堪へないものだつたのであつても、それならば死後のことになればお前がそれとどう違ふのかといふ趣旨で、これは訳を掲げてもその響きを伝へることは出来ない。

Pourtant vous êtrecette pourriture,

O reine de ma vie et ma passion……

女房子供を捨ててといふ種類の初歩的な頭の働き方からすればこれも病的である。併しここに表現を得た情熱、この情熱といふものになつた言葉の響きに病的な所はなくて、その意味の方から言へば重点が置かれてゐるのが腐敗であるか、女が自分の生命であり、情熱であるといふことか、この詩から受けるものに忠実である限りその答へはない。つまり、もし憎悪と戦慄と恐怖と身に強ひる重い労働を通してでなければ、或は洗練と冒険と非情と凝視によつてでなければ生き甲斐といふものを感じることが出来ないならば、さういふものも辞さないのが死地に活路を開くことなので、生き返つた人間といふのは雄々しいものであり、頽廃といふのは人間がさうして生きることである。

引用されているフランス語は訳してみると、「おそらくあなたはこの腐敗なのだ／おお　わが生命と情熱の女王よ」くらいの意味である。いや、ボードレールが愛人ジャンヌのおかげでいかに酷い眼に会ったことかを考慮してみるならば、passionの一語は「情熱」ではなく、「受難」と訳すこともできるかもしれない。ところがこの二行は実のところボードレールの『悪の華』には見当たらず、吉田健一がそうだと信じ込んでしまった、誤った記憶に基づく二行なのである。もしこれに相当する詩行をボードレールに求めるならば、おそらく次の四行であろう。

——Et pourtant vous serez semblable à cette ordure,

A cette horrible infection,
Étoile de mes yeux, soleil de ma nature,
Vous, mon ange et ma passion !

とはいうものの、あなただってなってしまうのだ、
この汚物、この悍ましき悪臭のごときものに、
ぼくの眼の星、ぼくの心の太陽よ、
ぼくの天使にして情熱であるあなただって！

ボードレールの原文と吉田健一の引用の間には、大きな違いが横たわっている。これは「訳を掲げてもその響きを伝へることは出来ない」と自信をもって断言している以上、吉田は自分の記憶に誤りがあるなどと、つゆにも思ったことはなかったであろう。これがもしわたしであったなら、かならずや書斎の奥から埃に塗れた原書を探しだし、該当箇所を正確に引用するはずである。だが吉田健一の場合はそうではなかった。おそらくは二十歳代の初めに出会って以来、『悪の華』という詩集は彼において、なかば血肉と化していたはずである。その証拠に、この誤った引用の直後に続く文では、引用であるという断りもないままに、ボードレールの詩句が引かれている。「憎悪と戦慄と恐怖と身に強ひる重い労働」という表現は、あきらかに「秋の歌」の第二連目にある語句であるし、きわめて凝縮的な言及ではあるが、「洗練と冒険と非情と凝視」という表現は、「シテールへの旅」と長編詩「旅」から語句を拾い、その主旨を強引に要約したものである。先に吉

田におけるマラルメの引用の自在さについて言及したが、ことボードレールにおいても同様のことが指摘できる。『悪の華』とは、彼が生涯をかけてあまりに深く親しんできたために、もはや原文に照合する必要すら感じなくなった詩集だったのである。

もちろんボードレールの専門家であるならば、吉田のこのエッセイを前に、さまざまに細かな批判を加えることだろう。詩の原題であるUne Charogneは単にUn Cadavreと書くのとは違い、ただの死骸ではなく、死んだ後に腐っていく動物の死骸であって、しかも詩の呼びかけの相手と同じく女性形である。吉田はそれを初めから馬の死骸だと解釈しているが、原文で詩の全体を読んでみても、それが馬であるという確証はどこにもない。もっとも根本的な問題とは、ボードレールが恋人にむかって未来形で語っているのに対し、引用者がそれを単純化して、現在の恋人がすでに「腐敗」であると記していることだ。

とはいうもののわたしはこうしたアカデミズムの側に立った批判に対し、吉田健一を弁護してみたい気持ちを抱いている。ここにあるのは、長い歳月の果てに摩滅の極致に到達した記憶なのだ。使い古した道具や階段の手摺、ドアのノブがところどころに退色したり、部分的に毀損したりするように、『近代詩に就て』の作者の脳裡にあっても、若き日には正確に暗誦できたはずのボードレールの詩行が経年によってしだいに摩滅し、ついにひどく簡潔な二行に帰着してしまった。だが、それははたして非難されるべきことなのだろうか。このエッセイを読むと、ボードレールの詩に喚起された形で、作者が頽廃という観念をめぐって独自の思考を展開させていることがわかる。もはや「死骸」という詩作品はその内面で完全に消化され、わずかに未消化の硬い骨の部分だけがかろうじて姿を留めているにすぎないといった印象がある。

詩に関しては、記憶の誤りを不用意に糺《ただ》してはならない。なぜならば、それは生きられた体験に起因するものであるからだ。経年による摩滅と毀損を経て、はじめて一篇の詩が掛け値なしにその本質を顕現させる場合もないわけではない。吉田健一がマラルメとボードレールを引くに際して、あえて原書に照合することを避け、現時点で自分が記憶しているままに書き記したことを考えるたびに、わたしはある懐かしさに似た感情に包まれる。詩を正確に暗誦し、衆人にむかって披露することはいいことである。だがそれ以上に感動的なのは、その詩を記憶にあるがままに、変形された形で提示することかもしれない。それがときに、南海の巨大な二枚貝のなかに紛れ込んだ塵埃よろしく、光り輝く真珠のように顕現することを、われわれは知っている。

呪う

トミノというのは、あれは男の子だろうか。女の子だろうか。

久世光彦はわたしに尋ねた。

男の子ではないでしょうか。モーツァルトの『魔笛』にもタミーノというのが出てくるし、もし女の子だったら、トミナとなるはずですよ。

ぼくは女の子だと思うな、と久世さん。たぶん漢字だと「富乃」とか書くんじゃないかなあ。

わたしたちは朗読会場の控室で話をしていた。小池昌代や天沢退二郎が、出番を待っていた。

久世さんは天沢退二郎が連れてきた。TVドラマの世界で著名なこの演出家は、学生時代は詩人を目指し、今でも詩への憧れだけは失っていないのだという。そこでかつて『赤門詩人』で同人であった天沢さんが、朗読会に招いたのである。

久世さんは初対面のわたしに、あの詩のことを尋ねた。きっとそうなるだろうなとは、わたしも予測していた。彼はいった。

寺山さんがいなくなったから、とうとうわれわれ二人だけになっちゃった。

それからちょっと心細そうな口調で、四方田さんとぼくとは、どっちが先に死ぬのだろうなあといった。

顔色が勝れなかった。久世さんは禁煙の表示が大書された控室で、ひっきりなしに煙草を吸っていた。

彼が虚血性心不全で急逝したのは、それから三か月後のことである。

さあ、始まったぞ。次は自分の番だと、わたしは覚悟した。上等じゃねえか。わたしはそう毒づいてみせたが、心のなかではトミノの赤い影がチラチラしていた。きっとあの詩のせいだ。そう、わたしたちはいずれもそれを面白がって、別々のところで自分のエッセイに引用した。久世さんにいたっては全篇にわたって引用し、朗読までしてみせた。このことが気になっていたので、わたしたちは初対面ですぐにトミノの話となったのである。これは呪いの詩なのだ。

「トミノの地獄」に最初に言及したのは、わたしの知るかぎり寺山修司である。彼は『絵本 千夜一夜物語』の初めの方で、新宿のヤクザの大親分をシャーリアル王に、その部下である「地下鉄のサブ」の妹をシェーラザードに見立て、この妹が夜明け方に親分の寝台のなかで語る物語のなかに、不思議な詩を一篇、紛れ込ませている。

姉は血を吐く、妹は火吐く、可愛いトミノは壜を吐く
壜のなか吹く、風おそろしく、中味覗けば身も細る

詩はこの後も続くが、正確にいうならばこれは問題の詩の原文ではない。替え歌である。世の中には揶揄《からか》っていけないものなど何ひとつないと公言していた寺山は、「トミノの地獄」を前に

しても几帳面に引用したりすることをせず、はじめからその贋作を披露してみせた。これまた贋作である新宿版アラビアン・ナイトのなかで、魔法使いの娘が真っ暗な壜詰工場を訪れるという場面に、それを持ち込んだ。大胆である。寺山修司はよほどこの謎歌が気に入っていたのだろう。「春鳴鳥」という曲を作詞したときにも、やはりトミノに想を得た歌詞を並べている。この曲は映画『田園に死す』でも歌われているから、知っている人は多いだろう。

わたしが「トミノの地獄」の正体を暴こうと思ったのは、寺山さんが亡くなってしばらくしてからのことである。噂に、彼が四十七歳の若さで亡くなってしまったのは、あの詩を馬鹿にして、いくたびも模倣してみせたからだという話を耳にしたからだ。たしかに何回も原作に基づいてパスティシュを作成するのだから、彼にはそれなりに深い執着があったのだと思う。とはいえ一篇の詩が呪いとなって、それを愛好する者を死に至らしめるなんて、ポストモダンの時代にそんなことがあっていいものだろうか。

しかしわたしは、さらに別の噂も聞いた。この詩はただ黙って読んでいる分にはよいが、それを声に出して読んだり、不用意に人に話したりすると、生命に関わるような厄難に襲われることがあるという。わたしは気になって探究を開始した。手がかりは、作者が西條八十であるということだけである。

作業は予想したより手間がかかった。西條八十は大正から昭和に活躍した詩人である。白秋に感化されて童謡を書いたり、戦時中は軍歌を作ったりした。ランボーについて大きな本を出す一方で、「ゲイシャ・ワルツ」や「東京行進曲」の作詞もした。おそらく言葉という言葉が休みなく湧き上がってくるので、註文に応じて軽妙な作品を次々と残していった人だったのだろう。寺山修司が先行者としての彼をライヴァル視していたことは、八十の作詞となる「誰か故郷を思はざる」という曲にひどく拘り、同名の作品を残したことからも理解できる。わたしはそうした経緯を思いながら、いくつかの西條八十詩集にあたった。だがどこにも「地獄のトミノ」はない。まるで誰かが示し合わせたかのように、この詩だけが選詩集のなかから割愛されているのである。

　ひょっとしたら作者は別人ではなかったかと思い、すっかり諦めていたところで、わたしは処女詩集『砂金』に出会った。奥付には大正八年（一九一九年）刊行とあり、濃緑色の地にチューリップと星と十字架が金押しされた装丁である。手に取ると、ヴェルヴェットのような感触である。「トミノの地獄」ははたしてその中に収録されていた。ちょっと気懸りがないでもないが、思いきって全篇を引用してみよう。

姉は血を吐《は》く、妹《いもと》は火吐《は》く、可愛《かは》いトミノは宝玉《たま》を吐《は》く。
ひとり地獄《ぢごく》に落ちゆくトミノ、地獄くらやみ花も無き。
鞭《むち》で叩《たた》くはトミノの姉か、鞭の朱総《しゆぶさ》が気《き》にかかる。
叩《たた》け叩きやれ叩かずとても、無《む》限《（ママ）》地獄《ぢごく》はひとつみち。
暗《くら》い地獄へ案内《あない》をたのむ、金の羊《ひつじ》に、鶯《うぐひす》に。
革《かは》の嚢《ふくろ》にやいくらほど入れよ、無限地獄の旅支度《たびじたく》。
春が来て候《そろ》林に谿《たに》に、くらい地獄谷七曲《ぢごくだにななまが》り。
籠《かご》にや鶯、車にや羊《ひつじ》、可愛《かは》いトミノの眼にや涙。
啼《な》けよ鶯《うぐひす》、林の雨に妹恋《いもとこひ》しと声かぎり。

啼けば反響《こだま》が地獄にひびき、狐牡丹《きつねぼたん》の花がさく。
地獄七山七谿《ぢごくななやまななたに》めぐる、可愛《かは》いトミノのひとり旅《たび》。
地獄《ぢごく》ござらばもて来《き》てたもれ、針《はり》の御山《おやま》の留針《とめばり》を。
赤《あか》い留針《とめばり》だてにはささぬ、可愛《かは》いトミノのめじるしに

なんとも不思議な詩だ。久世さんには申し訳ないが、一応、トミノを男の子と前提して話を進めることにしよう。

トミノはこれから地獄へ落ちようとしている。本当は妹を置いてそんな暗いところへ行きたくもないのだが、姉が鞭で執拗に叩くものだから、行かないわけにはいかない。手押し車に羊を乗せ、鶯を籠に入れると、若干の金銭を懐に、一人ぼっちで旅立つことになる。無間地獄への道は山あり谷ありだが、一本道であるから、いくら光が射さないからといって迷うことはないだろう。

時は春、外界では雨が木々を濡らし、明るい光のなかで鶯が鳴いている季節のはずだ。なのにトミノが落ちていく地獄の谷には花もなく、光も射さない。彼が妹を恋して泣くと、声が谷間に響いて、たちまちキツネボタンの花が現れる。

ここまで来て詩は突然に転調し、読者に呼びかける。いずれもし地獄に行くことがあったら、針の山で赤い留針を見つけ出して持ち帰ってほしい。それは可愛いトミノがそこを通ったという目印なのだから。

一応、このようにパラフレーズしてみたが、実をいうと最後のあたりの解釈はあまり自信がない。もし地獄に行くことがあるのなら、トミノが迷わないように、針の山の留針をどこかに差し

てあげてほしい。そういう意味にとれなくもないからである。ともかくわからないことだらけの謎歌なのだ。そもそもトミノがなぜ地獄へ落ちなければならないのかがわからない。そう思いながらこれが書かれた大正時代のことを考えてみると、案外この詩の全体がサーカスか見世物芸の口上ではないかという気さえしてくる。「美しき天然」の旋律が聞こえてきそうだ。

　今日ではほとんど忘れられた感があるが、『砂金』という詩集には美しくも残酷な抒情味の詩がずいぶん収録されている。有名な、「唄《うた》を忘《わす》れた金糸雀《かなりや》は、後《うしろ》の山に棄《す》てましよか」で始まる童謡がその一例だ。カナリアを「金糸雀」と、わざわざ典雅な漢字を用いて記すあたりに、八十の真骨頂がある。『砂金』という題名が表すように、詩行という詩行にはふんだんに「黄金」が用いられている。「黄金《きん》の洋燈《らんぷ》」、「黄金《きん》の梯子《はしご》」、「黄金《きん》の馬」。花も、幻獣も、鞭も、棺車も、いたるところに顔を覗かせている。鳥はといえば鶯はもとより、海鳥から孔雀《くじゃく》、白孔雀《しろくじゃく》、鸚哥《いんこ》まで。「籠を逃《のが》れて地獄にくだる／寂《さび》しき鸚鵡よ」といって、「トミノの地獄」にかなり雰囲気の近い詩行もあれば、「姉《あね》の死骸《むくろ》に夜光虫の群《むれ》は歌ひ」「弟《おとうと》の死骸《むくろ》に市街《まち》の霧しづかに懸《かか》る」のように、不吉さに思わず頁を伏せたくなるような詩行もある。広い畑の真ん中で「小人《こびと》」が足元の真っ赤な豆の花を見つめ、「大地獄《おほぢごく》ぢや／小地獄《こぢごく》ぢや」といって、泣きじゃくっているという詩などは、どう考えたらいいのだろう。とにかく強烈な印象を与える光景だ。

　贅を尽くしたオブジェや珍奇な花と鳥のわきに、毒々しくグロテスクな形象が控えているというのが、『砂金』の特徴である。といっても暗く実存的な虚無はない。クノップフやクリムトに代表されるヨーロッパの象徴主義絵画の意匠が、江戸の若冲のうえに覆いかぶさったような雰囲気。しかもすべてが甘美である。西條八十はこの詩集をもって、象徴派詩人としての名声を確立した。

とはいえ、こうした『砂金』の詩編を読み通してみると、「トミノの地獄」の一篇が完成度においても傑出していると判明する。いささか強弁になるかもしれないが、他のすべての詩編はこの「トミノ」を造り上げるための色紙細工にすぎないという気がしなくもない。にもかかわらずこの詩だけは、わたしの知るかぎり、いかなる八十のアンソロジーからも漏れている。

久世さんは古本屋で原著を発見するたびに買い求め、三十年の間に七、八冊を所持するにいたったと語った。TVディレクターとして多忙な日々を送っていたことを考えると、この偏愛ぶりはただごとではない。くり返すようだが、かかる御仁は例外として、一般的には図書館で『西條八十全集』の頁を捲らないかぎり、この詩に出会うことはありえない。わたしにはそれが謎である。ひょっとして作者本人が若書きでこれほど不気味な詩をものしたことを後悔し、後になって意識的に封印したのではないだろうか。

ここまで書いてきてふと気になり、インターネット検索を試みてみた。あるわあるわ、「トミノの地獄」という項目を覗くと、実に多くの人がこの呪われた詩について書き込みをしている。いくつかの書き込みの大意を書き出してみよう。

「一度声に出して読んだら絶対に死んでしまうという詩のことを聞いたのですが、本当のことでしょうか。」「知っている人が冗談半分に音読してみたところ、翌年に病気で亡くなってしまいました。」「何も説明せずに弟に朗読させてみたのですが、弟は平気で、まだ元気で生きています。」なかにはわたしに関するものもあった。「四方田犬彦のメイルマガジンでこのことを知ったのですが、翌週に確かめてみようともう一度検索してみたところ、みごとに消されていました。これもトミノの呪いなのでしょうか。」

　わたしがメイルマガジンでこの詩に触れたのは二〇〇〇年代の初めだったから、トミノは十数年の間に都市伝説としてみごとに大輪の花を咲かせたというわけである。最近では猟奇的な作風をもった漫画家、丸尾末広がサーカスを舞台に、同名の漫画を執筆している。おそらくこの伝説はけして消滅することなく、今後もヴァリエーションを作りながら、インターネットのなかで地獄谷の花園のように繁茂していくことだろう。

　わたしは高校時代にオーディションでわたしをみごとに落としてくれた寺山修司と、朗読会の控室で一度雑談をしただけの久世光彦を思い出していた。二人にトミノ・ブームのことを伝えたかったが、彼らがすでに冥界にいるのだから、それはかなわない。いや、ひとつだけ方法があった。トミノが地獄へ旅立つときに伝言を頼めばいいのだ！


「トミノの地獄」は今日の日本にあって、なぜかくも奇怪な都市伝説となりえたのだろうか。わたしはこの現象の背後に、詩とはその起源において呪いであったという前近代の観念が密かに跳梁しているように思われてならない。ポストモダンの無時間的な揺蕩《たゆた》いのなかでは、誰もが忘却の彼方に置き去りにしてしまった感があるが、詩の本質には特定の人物や共同体、あるいは世界全体に対して呪詛の言葉を投げかけるという魔術的な役割があったのである。

　呪いというと丑三つ刻に藁人形に五寸釘を打ち付けたり、相手の爪や髪の毛を手に入れて、何やら不可思議な妙薬とともに火にくべるといった具体的な行為がただちに想起される。しかし実のところ、呪いにあってもっとも本質的なことは、それが言葉によってなされることである。『風

不幸を願うときには、直接の攻撃どころか、象徴的な儀礼行為すらも行われない。ただ単純に呪いをかけるぞという程度の意味である。相手は厄難に苛まれてしまうと伝えられている。お前 Ke tla xo hutsa と呪言を口にするだけで、相手は厄難に苛まれてしまうと伝えられている。ただ単純に

刺の権能』を著したロバート・エリオットによれば、南アフリカのBakxatla族では憎悪する者の不幸を願うときには、直接の攻撃どころか、象徴的な儀礼行為すらも行われない。ただ単純に Ke tla xo hutsa と呪言を口にするだけで、相手は厄難に苛まれてしまうと伝えられている。お前に呪いをかけるぞという程度の意味である。語学に疎いわたしはそれをどう発音してよいのかがわからないが、声にするとさぞかし脅威的な力をもっているのだろう。日常的に禁忌とされている言葉の発語が、この種族の共同体にあっては、いかなる直接的行為よりも強い破壊力を持っていると信じられている。

人類は文明化のある時点で、こうした猛毒のような言葉を希釈し、そこから詩的言語を獲得するようになった。そう考えることは、自然なことだろう。そもそも考えてみようではないか。ある神の偉大さを賞賛したり、英雄から市井の人物まで、その栄光を賛美することと、彼らを誹謗し、その破滅を期待することとは、どこが違っているのだろうか。両者はつまるところ、ヴェクトルの向きの違いにすぎない。であるとすれば、祝福を与えるために作成される詩がある一方で、呪詛のための詩が創られたとしても、どこに不思議があるだろう。これまで無数の詩が神々への祈願として創られたが、よき事態への期待が祈りであるように、悪しき事態への期待もまた祈りである。呪いとは否定形のもとでの祈りに他ならない。であるならば呪いのための詩が存在することは当然のことであり、詩の根源に祈禱と同時に呪詛の権能が横たわっていることにいかなる不思議もないはずだ。

その昔、詩人はいかなる武芸者にも勝る、魔術的な力を所有していた。エリオットに教えられるまま、古代ギリシアとアイルランドの伝承から、いくつかの挿話を拾い出してみよう。

紀元前七世紀に生きたアルキロコスは、罵倒嘲笑をよくする詩形式イアンボスを考案した詩人として、叙事詩のホメロスに比すべき存在であると伝えられている。父方の家系は代々がパロス島で女神デメーテルを祀る神殿の神官であったが、不運なことに彼は庶子であった。

アルキロコスは長じて父の後を継いで神官となり、土地の貴族リュカンベスの娘ネオブーレーに恋をし、結婚を申し込んだ。だが彼の出自の卑しさを知ったリュカンベスはそれを嘲笑い、相手にしようとしなかった。アルキロコスは憤激し、二人を呪う詩編を作成すると、デメーテルに捧げる豊穣儀礼の席上でそれを読み上げた。リュカンベスとネオブーレーは深く恥じ入り、ほどなくして縊死を遂げた。

アルキロコスから一世紀ほど後に生まれたヒッポナクスは、亀背の矮人であった。彼は彫刻家の兄弟に自分の彫像を彫らせたが、彼らはその不自由な体軀を強調し、嘲笑的な像を造りあげた。ヒッポナクスは辛辣な詩編を書き送り、それを読んだ兄弟はやはり首を括って死んだ。

いずれの場合にも詩人は、人をして自殺へと追い込むまでに脅迫的な力をもった詩を作成している。こうした詩は個人的に送られることもあったにせよ、やはり本来的には公の場で、つまり神聖なる祭儀の席上で披露され、神の託宣に似た魔術的な力を発揮した。ヒッポナクスは今日ではパロディ詩の創始者として喧伝されることが多いが、その怪異な容貌からして、魔術が詩へと移行していく際の過渡的な存在であると考えることができる。プラトンが『国家』のなかで何よりもまず詩人を社会から追放すべきであると説いたとき、彼がまず念頭に置いていたのは、アルキロコスやヒッポナクスのような危険な輩である。

古代アイルランドでは、詩人《フィーリ》は特殊な社会的地位のもとにあり、一般人からは峻別されていた。

彼らは楽器を抱えて放浪し、行く先々で詩歌を吟じた。また言葉を練り上げる秘密の業を取得し、敵とする対象を思うがまま嘲罵する力を備えていた。いかなる王侯貴族であれども、またキリスト教の僧侶といえども、彼の言動に逆らうことはできなかった。「filid《フィーリ》」のfiとは毒をなす者を、liは褒め称える者を意味している。詩人とは言祝《ことほ》ぐと同時に呪うことを生業としており、そのため言語学者や薬草学者、歴史家、法の制定者に近い存在であった。法の制定者と書いたのは、世界の多くの社会において、原初の法とは「…をする者は呪われよ」という決まり文句によって綴られたからである。

ネーデなる詩人はその辛辣なる風刺によって知られていたが、人から生業を尋ねられ、敵を恥じ入らせ、その肉を貫くことだと公言していた。伝説によると、彼はコノートの王の養子となったとき、王妃に誘惑され、王を呪う詩を作成した。それを聞いた王の顔にはただちに三つの醜い染みが浮かび上がった。王はそれを恥じて身を隠し、やがて死を遂げた。もっともネーデ本人も落下してきた岩に頭を打ちぬかれ、即死したという。

だがこのネーデにまして強力な魔力を有していたのが、「黒蠅の咽喉」と綽名されたアイスリンである。伝説によれば、彼はまだ母親の胎内にいたときから、すでに呪文に長けていた。あるとき彼を身籠っていた母親が麦酒《エール》を呑もうと、酒屋へ赴いたことがあった。だが店では彼女に酒を出さなかった。すると腹のなかのアイスリンが怒り、樽という樽から酒が噴き零れるように呪文を唱えた。たちまち周囲は大混乱となり、母親は麦酒にありつくことができた。

あるときアイスリンとその二人の息子が王の婚約者デルドリンに横恋慕した。しかしデルドリンに拒まれると、今度は王を誹謗する詩をものした。たちまち王の顎には赤、白、黒の巨大な瘤が生じた。デルドリンはわが身を恥じて死んでしまった。こうした次第であるから、誰もがこの厄介者を畏れ、避けて通った。別の話では、老いたる王がアイスリンに褒章を与えることにした。何でも好きな宝石をとらせようという申し出に、詩人は黙って老王の右目を指さした。王はしかたなくみずからの眼を抉り、血に塗れた手で琥珀色の球体を彼に差し出さなければならなかった。

ホイジンガは『ホモ・ルーデンス』のなかで、詩人とは本来が預言者であり、民間の治療者であり、謎解き屋とエンターテイナーを兼ねた機能を備えていたと記している。古代ギリシアとアイルランドの伝承は、そこに呪術をよくする者という項目を付け加えることをわれわれに要求している。詩人は事物と人物に祝福を与え、祭礼を盛り立てる者であるとともに、不吉な言葉を口にして、人を思いがけぬ悲惨へと突き落とすことのできる者であった。彼らはしばしば謎歌を作成し、社会全体にむかって警告を発した。ひとたびその詩が託宣として告げられると、人々は惨禍から逃れるために、その意味を解読しなければならなかった。

本稿を終えるにあたって、「地獄のトミノ」とほぼ同時期に、別の人物によって執筆された謎歌を引用しておくことにしよう。

つみとがのしるし天にあらはれ、
ふりつむ雪のうへにあらはれ、
木木の梢にかがやいで、
ま冬をこえて光るがに、

をかせる罪のしるしよもに現はれぬ。

いわずと知れた萩原朔太郎である。「冬」と題されたこの一篇は、『月に吠える』（一九一七年、大正六年）に収録されている。西條八十が『砂金』を刊行する、わずか二年前である。同じ謎歌といっても、二篇の詩が醸し出す雰囲気には大きな違いがある。朔太郎は人類にむかって、はっきりと告知、いや、より正確な言葉を用いるならば、預言している。それが具体的に何かは不明であるが、「つみとがのしるし」がとうとう天空に現れてしまった。地上にはしんしんと雪が降っているのだが、「しるし」は雪の上にも出現し、とうてい人智をもって推し量ることのできるものではない。それは強烈な光明に満ちており、人間にみずからが犯した罪過を悔い改めよと迫っている。

萩原朔太郎は日本の近代詩にあって大きな切断をなしとげた詩人である。『月に吠える』の登場は、それ以前とそれ以後の日本の詩を二分してしまった。とはいえ、現在のわたしを魅惑してやまないのは、彼の詩の根底に潜んでいるアルカイック（古態的）なものである。『月に吠える』という詩集は、詩の出自の一つである呪いとしての側面を、近代社会にあって無意識的に再現させたもののように思われる。「冬」と題されたこの作品は「地獄のトミノ」とは対照的に、華美にして甘美なるものをいっさい拒絶し、旧約聖書を思わせる預言的な雰囲気を湛えている。朔太郎はわれわれが何か超越的なものの呪いを受けるにいたったと、謎めいた言葉遣いのもとに告げているのだ。

この詩の射程距離がはたしてどこにまで伸びていたのかを、人は測定することはできない。この数年、日本を襲った厄難の連続は、「つみとがのしるし」が現在もけして消え去ったわけではないことを、われわれに告げている。われわれはいまだに朔太郎の詩的預言の圏内にいる。そしてその不吉な圏内に留まりながらも、地獄に降り到ったトミノの行く末を案じ、不気味な都市伝説の繁殖する地上に生き延びているのである。

外国語で書く

自国語以外の言葉で詩を書くという行為は、歴史的に考えてみると、けっして珍しいことではなかった。というより近代以前の日本では、社会のエリート層である学者や官僚、また貴賓の者にとって、社会儀礼としても慣習としても必修の教養であると見なされていた。漢詩のことである。

八世紀に編纂された『懐風藻《かいふうそう》』には、すでに日本人の手になる百二十篇の漢詩が収録されている。文化的な先進国である唐や宋の様式と主題に倣い、かの国の言語を用いて詩をものすることは、日本の支配階級の男子が踏襲すべき学芸のひとつだった。江戸期に入っても、漢詩が文人の高雅な趣味であることに変わりはなかった。誰も明や清の地を踏むことは難しく、その風景を目の当たりにした者も稀であったが、日本の文化人は卑俗たる現下の風景を古典漢詩の世界に見立て、漢詩の韻律を通して現実を達観する術を学んだ。古典的な中国語を媒介としたとき、世俗の風物はたちどころに理想化され、古典的な相貌を帯びるようになる。こうして日本人は菅原道真から頼山陽まで、夏目漱石から大正天皇まで、漢詩を詠むことに情熱を注いだ。そのもっとも新しい例は、日中国交回復のため北京に赴いた田中角栄である。

朝鮮からヴェトナムまで、明清と冊封《さくほう》の関係にあった諸国においても、事情は同様であった。

朝鮮通信使は日本を訪問するたびに、街道筋で待ちかまえている日本の知識人たちから、自作の漢詩集に添削の朱筆を加えてほしいと求められた。漢詩を書くことは、背景にある儒教的世界観を畏敬のもとに受け入れることに通じている。死を決意した革命家から獄中のテロリストまで、近代の東アジアでは、多くの青年たちが漢詩を遺した。わたしの知るかぎりヴェトナム最後の漢詩人とは、胡志明、つまりホー・チ・ミンである。彼は漢詩集『獄中日記』をものした。

漢詩を書く、つまり古典的な中国語を用いて詩的世界を創造するというのは、典雅にして洗練された趣味である。それは理想化された中国文明に少しでも近づき、参入しようという願望の現われであった。だが日本において漢詩がこのように平然と存続できたのは、そのかたわらに和歌や俳句といった別の詩の形が確固として存在し、日本語で詩作を行なうという行為が揺るぎなきものとして成立していたからだ。漢詩はまず高級文化の記号として出現し、やがて小さな文化集団のなかでの、安全無害な遊戯として公認された。だがもし日本人に、漢詩を作ること以外に文学的表現の手立てがなかったとしたらどうだっただろうか？　また自分の拠って立つ世界観や道徳意識が、漢詩以外の言語ではとうてい表現できないものであると判明してしまったらどうなるだろう？　今回わたしが書こうとしているのは、自分が想像裡に創り出した詩的世界を言語として結実させるにあたり、どうしてもそれを自国語で表現することができなかった者たちの物語である。

台湾ではじめてブルトンの『シュルレアリスム宣言』の中国語訳が刊行されたのは、一九六〇年代中頃であった。これは日本とほぼ時を同じくしている。だが詩人としてシュルレアリスムに影響を受けた者たちは、日本植民地時代から存在していた。楊熾昌、李張瑞、林永修（修二）といったまだ二十歳代の青年たちが日本留学を終え、一九三三年に「風車詩社」を結成したとき、台湾における詩的実験は開始された。

一九三〇年代の初め、楊熾昌（水蔭萍人）は東京の文化学院に、李張瑞は農学校（不詳）に、そして林修二は慶應義塾大学に学んだ。彼らはただちに帝都東京のモダン文化に心酔した。銀座の喫茶店で龍胆寺雄と文学論議を交わし、『詩と詩論』や『セルパン』を愛読した。とりわけ林修二は慶應でも文学部で英文学を専攻し、直接に西脇順三郎から教えを受けた。彼は「三田文学」の寄稿者でもあった。この若き文学の徒たちは春山行夫と西脇順三郎に傾倒するあまり、台湾の詩壇においても同様のモダニスム革命を起こそうと決意した。彼らは学業を終えて故郷台南に戻ると、ガリ版刷りの同人誌『風車』を刊行した。メンバーは戸田房子や島元鐵平といった日本人を含めて七人。一九三三年十月のことである。

僕は静かな物を見るため眼をとぢる……
夢の中に生れて来る奇蹟
回転する桃色の甘美……
春はうろたへた頭脳を夢のやうに——
砕けた記憶になきついてゐる

水蔭萍人「日曜日的な散歩者」

音もなく闇の潮が充満する
しじまの海底に沈んで私は失明する
海への幻想に追はれながら私は
真珠貝を手さぐる

林修二「黄昏」

『風車』はわずか四号までしか続かなかった。台北から遠く離れた台南での出来ごとだったこともあり、その活動がただちに台湾文壇で話題になったわけではなかった。同人のほとんどは数年のうちに詩作から遠ざかった。やがて皇民化政策と日本の敗戦、国民党による一党独裁と、台湾の地には政治的受難が続く。林修二は戦時下に夭折した。一九四七年に二・二八事件が起き本省人への虐殺が始まると、ジャーナリストとして報道を試みた楊熾昌は当局に連行された。李張瑞は白色テロで生命を落とした。国民党の独裁政権が日本語での文学活動のすべてを禁止したとき、すべての息の根は止められた。ただ一人、楊熾昌だけは生き延びたが、二度と前衛詩の世界に足を踏み入れようとはしなかった。

わたしが「風車詩社」の存在を知ったのは、二〇一四年に台湾から若い映像作家の黄亜歴が来日し、楊熾昌らについてドキュメンタリー映画を準備していると教えられたときである。その後、わたしの友人である鴻鴻が中心となって、二〇一五年秋の台北詩歌節でシンポジウムが行われ、わたしにも参加が要請された。一九三〇年当時の日本のモダニズム詩について簡単に説明するというのが、求められたことだった。この共同討議に加わることで得たものは小さくなかった。台湾は日本の九州ほどの大きさの土地に、十数の言語が多層的に使用されている社会である。詩人たちがみずからを語る言語を選ぶにあたり、さまざまな体験を重ねてきたことを認識するためには、またとない契機となった。シンポジウムの翌年、三時間近いドキュメンタリー映画『日曜日式散歩者』が完成した。

日清戦争の勝利によって日本が台湾を獲得したのは、一八九五年のことである。植民地の経営はまず衛生と教育に重点を置くことから始まった。清朝以来の伝統的な私塾に対抗する形で、日本人の手によって近代的教育が開始される。この二つの教育体制の対立は、明治維新以降の日本で生じたことの反復である。だがそれは、一九二〇年代に入って台湾に本格的な文学運動が開始されたときにあっても、解決されたわけではなかった。

いったい何語で新しい文学を書けばよいのか？　台湾人たちは戸惑った。

一方に連雅堂のように、伝統的な漢詩を文学の規範とする知識人がいて、古典的中国語の復活を強く主張した。また一方には、北京に留学し流暢な北京官話を操る、張我軍のような人物がいた。彼は上海で刊行されていた『新青年』に強い影響を受け、魯迅が率先して試みた「白話体《はくわたい》」で文学執筆を提案した。とはいうものの、台湾人の大部分は北京官話を理解せず、それから大きく隔たった台湾語を母語としている。古典語も北京官話も台湾人の生の現実からはほど遠く、一部の特権的知識人の言語にすぎなかった。

台湾の現実に密着した文学が書かれるなら、それは台湾語でなければならないと説く者もいた。だが台湾語には定められた書記法が存在していない。庶民の日常の言語を文字に定着させるのは至難の業であり、その状況は現在においてもいっこうに変わっていない。暫定的にアルファベット表記が用いられることもあるが、ひどく不便であり、一般人の間に普及させることは難しい。妥協の産物として、漢字とアルファベットを併用することもある。宋澤萊のように、小説を執筆するさいに、台湾語と北京官話の二ヴァージョンを発表する作家もいるが、現在のところ、それは稀有な例外に留まっている。

こうした言語的混乱のなかで、一九三〇年代に日本に留学し、もっともモダンな文学芸術のあり方を目の当たりにしてきた「風車詩社」の面々は、結果的に日本語で書くことを選んだ。楊熾昌は「詩人の貧血　この国の文学」（『台湾新聞』一九三五年二月二十日）のなかで書いている。

「僕達が文学してゆく上に最初にぶつかる難関は何か、と云へば、

文字を持たぬ、伝統の文学を持たぬ民族の悲哀である。

これは誰もが痛感する所だろう。いつかの台湾文学自殺論に僕は同感する所が多かつた。祖伝の文字を持たぬ僕達は和文で書くか漢文（白話文）で書くかせねばならない。勿論それが土着の言葉でない限りそれが直ちに僕達の生活——表現の上から云つて、例へば無学な農民の会話、台湾の女の独特な会話のモチーフなど——を写せるものではない事を知つてゐる。

僕は漢文が出来ないから和文で書く。民族の代弁者になる野心は毛頭無いし、唯、文学詩の分野に突進したいと思ふだけである」

楊の発言の背後には、二つの相反する思いが横たわっている。ひとつは古典的な漢文でも日本語でも、台湾の庶民のもつ「土着」の心情を表象することはできないという、冷静な認識である。だが文字をもたぬ台湾語を文学の言語とすることは不可能である。「民族の代弁者になる野心」はないと宣言するとき、彼は充分に倫理的であることを充分に自覚している。そしてこの決断の

延長上に、「文学詩の分野に突進したい」という、近代的な心情が告白されることになる。「文学詩」は日本語で書かれなければならなかった。なぜならば彼が携えている文学的衝動とは、とりもなおさず日本留学を契機として彼の内面に現象したものであり、それは近代日本にあって台湾にはないもの、つまり約《つづ》めていうならば、「近代」という意識そのものが醸成したものであったからだ。

ところで楊のこうした「民族の悲哀」に触れた発言を日本植民地主義の言語政策の結果であるとし、それを批判すれば、ことはすべて了解できるのだろうか。いや、わたしにはそうした解釈は、歴史をめぐるステレオタイプをいたずらに重ねていくだけのように思われる。台湾総督府が皇民化政策に従って、教育制度において日本語を徹底させていったのはなるほど事実である。だが、それは時期的に一九三七年から四五年までのことである（陳芳明『台湾新文学史』、下村作次郎他訳、東方書店、二〇一五年による）。日本留学を契機とした楊の文学開眼をこの政策に結びつけるのは、いささか早計な解釈だろう。みずから進んで日本語で文学を営むことを選んだ楊熾昌や林修二の内面は、より繊細なものである。

ちなみに朝鮮では、一九二〇年代に日本から近代詩が導入されたときも、多くの詩人は漢字とハングル混じりの朝鮮語で書くことを選んだ。彼らにはそれを典雅な日本語に直してくれる、金《キム》素雲《ソウン》のような天才翻訳家がいたのである（拙著『翻訳と雑神』（人文書院、二〇〇七年）を参照）。同じ植民地といえども、文学者の命運にかくも対照的な違いがあることを見究めるならば、植民地における宗主国の言語の強要といった常套句は、安易に口にできないことが判明する。

ところでこの問題を考えてみるにあたって、どうしても前提として認識しておかなければならないことがある。西脇順三郎の存在である。「風車詩社」に集う者たちのなかには、西脇に直接に教えを受けたり、あるいは深く私淑するあまり、詩集*Ambarvalia*の書評を執筆する者もいた。この西脇順三郎という詩人本人が、はじめから日本語で詩作をすることの自明性から遠く離れたところにいたという事実を、われわれは想起しておかなければならない。詩的出発にさいして彼が選んだ言葉は英語であり、フランス語、そしてラテン語であった。

西脇順三郎（一八九四〜一九八二）は十九歳で慶應義塾大学に入学するや、ただちに英語での詩作を開始した。ギリシャ語とドイツ語、ラテン語を学び、ウォルター・ペイターとアーサー・シモンズに傾倒した。また英訳を通して、ボードレールやランボーといった前世期の詩人たちに親しんだ。大学卒業時の論文は全頁、ラテン語で記されている。「ジャパン・タイムズ」に就職したときも記事の大半は英語。その合間を縫って平田禿木の主宰する「英語文学」誌に寄稿したが、ここでもエッセイはすべて英語で執筆された。

西脇の英語詩に異変が生じるのは、一九二二年に二十八歳でイギリスに渡ったときである。ロンドンで知り合った文学仲間から自作の詩を古臭いと評された西脇は、ただちにT・S・エリオットの『荒地』を読み、英語におけるフリー・ヴァース（自由詩）の可能性に気付いた。彼はオックスフォード大学が毎年募集する、懸賞金付きのラテン語詩コンテストに応募を試みて挫折。その代わり、季刊の詩誌「チャップブック」に英詩を投稿すると、幸運なことにエリオットの作品と同時に掲載された。自信をもった西脇は英語詩集*Spectrum*を自費出版し、乳母や恩師の思い出を英語で謳い上げた。その勢いで今度はフランス語詩集*Une Montre Sentiemntale*の刊行を目指したが、どうやらこれは実現されなかったようだ。一九二六年に英国人の夫人を伴って帰国すると、母校慶應義塾大学の教授となる。西脇順三郎が最初の日本語詩集*Ambarvalia*を刊行し、「天気」や「雨」といった詩で、地中海世界の古代を美しく謳い上げるのは、一九三三年、なんと三十九歳のときである。もっともこの詩集にしても、題名はラテン語であるし、自作のラテン語詩やその日本語訳が散見され、純粋に日本語の詩集とはいいがたい。

西脇は後にこの時期のことを回想して、次のように述べている（「脳髄の日記」、一九六三年）。「なぜ日本語で詩を書かなかったか、日本語で詩を書くということはああした古めかしい文学語とか雅文体で書かなければいけないと信じていた。英語で書けばその因縁を避けることが出来た。雅文調で書かなくともいいものであるということを教えてもらった先生は萩原朔太郎であった。ただ言語の問題ばかりでなく朔太郎の自然主義を全面的に支持した。それまでの日本の詩はセンチメンタルなロマン主義であった。そういうものは中学時代からテレくさく思っていたからであろう。けれども長い間日本語で詩を書くにはどうしても雅文体か一種の文語体で書かなければならないと思っていた。普通の日本語で詩を書くことは快いものとしなかった」

ある時期まで西脇にとって日本語で詩を書くとは、擬古文と文学語の狭小な領域に遊ぶことに他ならなかった。彼が本格的にヨーロッパの言語で詩作に着手したのは、エリオットに代表される、最先端の自由詩型に触れたのがきっかけである。詩を書くとはモダニズムの美学を踏襲することであり、その世界観を受け入れることに他ならなかった。西脇を母国語である日本語へ回帰させたのは、朔太郎の『月に吠える』である。もし感受性の革命ともいうべきこの詩集との遭遇がなかったとしたら、ひょっとして西脇は生涯にわたり、一風変わった英語詩人で終わっていたかもしれない。

二十歳代から三十歳代にかけて、ヨーロッパの複数の言語を用いて詩作を続けてきた西脇順三郎と、彼の日本語詩に出会うことで日本語で詩作を開始した「風車詩社」の詩人たちは、いったいどこが異なっていただろうか。二つのことを指摘しておきたい。

ひとつは台湾における日本植民地主義の存在である。西脇が渡英した一九二二年とは、二十年にわたって続いてきた日英同盟の最後の年であった。この同盟ゆえに日本は日独戦争（後にいう「第一次世界大戦」）でドイツと戦い、勝利を得た。日本とイギリスは政治的に対等な立場にあり、前者は後者をお手本として植民地経営に乗り出していた。一方、台湾は日本の統治下にあり、日本を媒介として急速な近代化の途中にあった。モダニズム詩のみならず、文学という観念そのものが、日本語経由でヨーロッパから到来したのである。

もう一つ忘れてはならないのは、西脇が詩作を開始したとき、日本文学には千年以上に及ぶ日本語の詩的蓄積があり、まさにそれこそがこの若き帰朝者にとって唾棄すべき重荷であったという事実である。一方、楊熾昌や林修二の背後には何もなかった。台湾の民衆は台湾語の民謡をこよなく愛してはいたが、書かれた文学の伝統は皆無であった。彼らが東京にあって西洋文化に鼓舞され、文学的内面を築き上げていったとき、それを表現するメディアとしては日本語しか存在していなかったのである。もちろん師として西脇が日本語で書くようにとわざわざ進言したとは考えられない。また弟子たちとしても、師匠の言語的遍歴の実相を知悉《ちしつ》していたわけではないだろう。彼らは自分の内側にある文学的必然として、西脇と同じ言語で書くことを選択したのである。

ところでここまで書いてきてわたしが突然に思い出すのは、かつて自分が翻訳に関わったことのあるパゾリーニのことである。ピエル・パオロ・パゾリーニ（一九二二〜七五年）は二十世紀イタリアを代表する詩人のひとりとしてつとに著名であるが、最初はフリウリ語で書き、次にイタリア語へと移った詩人であった。

イタリアの歴史を少しでも齧った人であればわかることだが、日本の明治維新とほぼ時期を同じくしてようやく国家統一をなしとげたイタリアは、現在にいたるまで言語的多様性の強い国である。というより、そもそもイタリア語なるものが、シエナの言葉を規範として人為的に制定された言語にすぎなかった。だがそのさい、残余の言語は「方言」という名称のもとに貶められることになった。個々の「方言」の間の差異はけっして小さくなく、それが地方文化の多様性の根底に横たわっている。とりわけそれは、万事を一束に纏めなければすまないファシズムにとって頭痛の種であった。

数ある言語的多様性のなかでも、とりわけ東北部、つまりオーストリアやスロベニアに近いフリウリ地方の言語は頑強な異質性を保っていた。それはもはや「方言」の域を越え、イタリア語とは別個の外国語と見なすべき性格のものであった。その点で本稿の冒頭に少し言及した、北京官話と台湾語の関係に似ていなくもない。厳密にいうならば、このフリウリ語はラテン語に由来するレート・ロマンシュ語の変形であり、しかも音韻面では古代ゲール語の強い影響下にあるとされている。ただ不運なことに書き言葉としての歴史が浅いため、古文献が不在であるばかりか、今もって正書法も定かでないという欠点を背負っていた。

パゾリーニは母親がフリウリ人である。彼女は日常的にはヴェーネト方言のイタリア語で生活を送っていたが、フリウリ語にも流暢であった。パゾリーニ本人はというと、ボローニャでイタリア語を母語として育ち、フリウリ語は片言程度であったと伝えられている。だが彼は最初に詩作を始めるにあたって、このフリウリ語を選択した。これは意識的な選択であり、けっして母語を前にした自然のなりゆきなどというものではなかった。彼はフリウリ地方の貧しい農民が口にする imbarlumide や sgorlà, tintinulà といった単語の美しさに感動し、イタリア語にその対応語が不在であることに失望した。これはあえて日本語で説明するならば、「夜にさしかかろうとする一歩手前の、最後の微光に包まれた事物の優しさ」や「犬などが激しく吠えるさま」「鳥や虫の鳴き声」といった程度の意味である。パゾリーニが最初のフリウリ詩集『カザルサ詩編』を世に問うたのは一九四二年、二十歳のときである。やがてムッソリーニが倒れると、彼は従弟とともに「フリウリ語アカデミー」を創設し、地域における文化運動の担い手となった。

フリウリ語で詩作することはけっして容易いことではなかった。いくら母親の母語であるからといって、パゾリーニにとってそれは外国語に等しいものであり、しかも綴り方が安定していなかったのである。それでも彼はフリウリ語でマラルメになると宣言し、民衆の言語を詩的に純化すれば、純粋なるポエジーに到達できるはずだという理念を掲げた。こうして十数年にわたって、この忘れられた言語を学びつつ用いるという作業が実践されえた。その間に刊行された詩集のほとんどは、慎ましい自費出版であった。おそらく彼にこの苦行を続けさせた最たる動機は、それが他ならぬ母親の言語であったという事実である。

フリウリ詩の時代は一九五〇年代の前半に終わりを迎えた。パゾリーニはフリウリを出てローマに移り、少しずつ、そして着実にイタリア語で執筆することが多くなると、フリウリ語で書くことの不自由さをしだいに深刻に感じるようになっていった。なるほどこの言葉では民衆のマリア信仰のことも、田園の夕暮れの美しさのことも語ることはできた。だがパゾリーニが私淑してやまない、獄死したマルクス主義者アントニオ・グラムシの理念や、ローマの下町の貧しい若者たちの生の輝きを活写することはできなかった。彼はかつての自作をイタリア語に翻訳し、ローマの文芸雑誌に寄稿しているうちに、ある時点でフリウリ語での探究を断念し、詩語としてイタリア語を採用することを決めた。一九五七年、『グラムシの遺骸』がイタリア語で刊行されたとき、それまで一介の地方詩人であったパゾリーニはただちに中央の詩壇の認めるところとなった。やがて彼は現代イタリア社会のすべてを詩の主題とし、性的偏愛から政治的憤慨まで、あらゆる体験を詩のなかに投げ込んだ。映画監督としてデビューし、栄光と醜聞に包まれながら五十三歳で謎めいた殺人の犠牲となった。死後刊行された全詩集は、二巻二千五百頁に及んでいる。

わたしには前々から気になっていたことがあった。パゾリーニはその死の五か月前に『新しい青春』という詩集を上梓している。ところがこれが何としたことか、フリウリ語による詩集なのだ。前半では青年時代のフリウリ詩に、主に綴り方の点で改訂が施されている。だが後半は、短期間に集中して執筆された十二篇の新作である。それは結果的に彼の最後の詩集となった。だが予期せぬ晩年においてなされたこのフリウリ語への突然の回帰は、いったい何を意味しているのだろうか。翻訳に携わっている間中、わたしはその謎に気をとられてしかたがなかった。

「訣別と祝福」という作品がある。冒頭でパゾリーニは、それがフリウリ語で書く最後の詩になるはずだと宣言し、ファシズムに憧れる一人の青年に語りかけるという形で詩を進める。

桑と榛の木の柵を守ろう、神々の名前のもとに。
神様はギリシャのでも中国のでもいい。
ワイン畑への愛に殉じたまえ。それから果樹園の無花果とか、
切株と枯れた小枝のためにも。

ここにはパゾリーニが二十年ほどのイタリア詩時代を特徴づけてきた辛辣なアイロニーも、法王庁と全能の神に対する嘲罵も皆無である。若き日に彼の心を捉えて離さなかった田園への回帰が、いかにも直截的な形をとって描かれている。もしイタリア語を採用していたとすれば、彼はこうした書法を選ばなかっただろうと思う。パゾリーニがこれが最後とわざわざ断りながら、フリウリ語でこうした詩行を書き記したことの意味とは、彼のイタリア語が喧騒のイタリア社会にあって喪失してしまった理想的な光景をもう一度、間近に呼び寄せたかったからではないかとわたしは推測している。だが同時にその回帰がもはや本来的に不可能なものであり、一度かぎりの、あらかじめ終末を宣告されたものであることを、当の詩人自身が気付いていた。この詩集を刊行してまもなく詩人自身が不可解な虐殺死を遂げたことは、もちろんそれが偶然のことではあったとしたところで、わたしには意味ありげに思われてならない。

パゾリーニはかつて外国語のように意識的に接近し、やがて遠ざかっていったフリウリ語に、生涯の最後にあって、ふたたびユートピア的な回帰を果たそうとした。その回帰が一瞬の後には不可能となり、残余には言語的な虚無ばかりが残されることを予想しながらも、そこに何かを賭けようとした。

一九七〇年代の中ごろには、たとえフリウリ地方であっても、日常的にフリウリ語を話す者たちはほぼ消滅していた。文学としてフリウリ語の詩を書き、また読む者も姿を消していた。言語そのものが終末を迎えようとしていたのだった。そうした状況のなかで、みずから求める主題はフリウリ語のなかにしかないと信じ、この忘れられた言語に最後の接近を企てたパゾリーニの姿が、わたしには限りなく傷ましくも崇高に思われてくる。

詩は母国語で書くのが当然である。いくら外国語に堪能であっても、母親から直接に教えられたものではない言語では、本当に心のこもった詩を書くことはできない。わたしたちの前にあるのは、こうしたステレオタイプの言説である。それはしばしば文化ナショナリズムと結託し、小学校から高校まであらゆる教育制度を蝕んでいる。しかも、詩は外国人には書けない、美しく純正な言葉でのみ綴られるものでもなければ、生得的な言語によってのみ創作が可能なものでもない。ある言語の共同体に生まれ落ちたという事実だけで万人が詩を書けるわけでもなければ、たまたま共同体の外側で生を享けたからといって、その言語から詩的に排除されなければならない理由はどこにもない。詩とは言語の知的な構築物である。ある言語の内側にあって詩作を続けるとは、その言語が携えている世界観とイデオロギーを受け入れ、それに参入することに他ならない。「風車詩社」の詩人たちと西脇順三郎、そしてパゾリーニの詩的遍歴は、詩的言語を文化的ナルシシズムから距離化するために、わたしたちに少なからぬものを示唆している。

剽窃する

十三歳で中原中也を知り、詩というものに深く魅惑されてしまった少年がいる。名前は吉本。だが彼はどうしても詩を書くことができない。自分の存在が空虚そのものであると知ってしまったからだ。吉本はその空隙を埋めるため、恐るべき読書家となる。フランスの象徴詩人から英語圏のモダニズム詩人まで、ありとあらゆる詩に精通する。やがて商社マンとなったこの人物は、北米と南米に長く滞在し、詩祭を通して世界中の詩人たちと広い交友をもつまでになる。もっとも彼らは現地では国民的詩人として尊敬されていても、日本では知名度はまったくない。やがて主人公は帰国する。

あるとき吉本は冗談半分に、はるか昔にどこかで出会ったルーマニアの詩人の作品を日本語に翻訳してみる。二つの詩篇を一つに纏めあげたり、翻訳を自己流に書き直して、自作として発表する。すると、予期もしていなかった、高い評価を受けてしまう。いつしか時満ちて、彼は詩壇の重鎮となっている。

だが、ここで想定外の事件が生じる。彼が盗用を決め込んだそもそも最初の詩人が、ノーベル文学賞を受賞してしまったのだ。ただちに過去の盗用の事実が発覚し、大きな文学的スキャンダルが生じる。吉本は社会的に非難され、書物はすべて断裁。家族は離散し、本人は恥ずかしさのあまりに失踪してしまう。世はインターネット時代である。詩になどいっこうに興味をもたない者までが、詩という詩を盗用疑惑の眼差しのもとに眺めるようになる。そのうちに、この「偽詩人」がルーマニアの詩人どころか、『万葉集』にはじまる日本の古典文学の全体にわたって盗用をしていた事実が発見される。最後に誰もが言葉の森の奥深くに迷い込んでしまい、自分が行っている盗用検索行為の意味がわからなくなってしまう。

四元康祐《よつもとやすひろ》の中編小説『偽詩人の世にも奇妙な栄光』（講談社、二〇一五年）は、このような物語である。主人公の吉本というのは作者の苗字の捩《もじ》りだろうか。それとも「自己表出」という言葉を流行させた詩人、吉本隆明に由来しているのだろうか。随所に皮肉めいた当て擦《こす》りがあるが、わたしはこの小説をなかば抱腹絶倒の気持ちで、一気に読んでしまった。きわめて知的に組み立てられた作品であり、詩論としてもアクチュアルな問題意識がそこには窺われた。

ところでこの四元康祐の小説を読んでいるうちに自然と思い出されてきたのが、西脇順三郎のことであった。西脇については前章も引き合いに出したので、またかと閉口される向きもあるかもしれない。だがここは、漫画評論における手塚治虫のようなものだと思って、お許しいただくことにしよう。戦後日本の漫画技法を語るときには、だいたいが手塚に始まると記しておけば問題はない。日本の現代詩においても似たようなところがあり、個人の感受性の領分を超えたところで、見えないポエジーの巨大な規範を築き上げたという点では、西脇順三郎の右に出る者がいないことは、誰も否定できないだろう。では彼は何を行なったのか。四元が偽詩人の笑劇《ファルス》を執筆するのにはるかに先立ち、それと同じことを実践していたのである。

一九四七年、西脇順三郎は戦時中の長い沈黙を破り、『旅人かへらず』を発表した。一六八の断章からなる長編詩である。最初の断片を引いてみよう。

旅人は待てよ
このかすかな泉に
舌を濡らす前に
考へよ人生の旅人
汝もまた岩間からしみ出た
水霊にすぎない
この考へる水も永劫には流れない
永劫の或時にひからびる
ああかけすが鳴いてやかましい
時々この水の中から
花をかざした幻影の人が出る
永遠の生命を求めるは夢
流れ去る生命のせせらぎに
思ひを捨て遂に
永劫の断崖より落ちて
消え失せんと望むはうつつ
さう言ふはこの幻影の河童

村や町へ水から出て遊びに来る
浮雲の影に水草ののびる頃

古代的な心象をもった人間という、西脇が生涯をかけて追究した主題が、はじめて「幻影の人」という明確な表現のもとに登場した、記念碑的な作品である。*Ambarvalia*（一九三三年）では南欧の風景を借りることで成立していた古代的情感が、ここでは異国情緒を脱ぎ棄て、日本の田舎であればどこにでも見かけることのできる自然のもとに実現されている。何しろ河童が水辺から近くの村や町に遊びに出かけるような世界なのだ。

ところが何としたことか、この冒頭は十七世紀の英詩人、エドワード・シャバーンの「泉」The Fountain という詩を下敷きにして書かれた詩であった。これは研究社から一九二七年に刊行された『英詩百選』に収録されている。

Stranger, whoe'er thou art, that stoop'st to taste
These sweeter streams, let me arrest thy haste;
(……)
But as you shall
See from this marble tun
The liquid crystal run,
And mark withal

How fixed the one abides,
How fast the other glides;
Instructed thus, the difference learn to see
'Twixt mortal life and immorality.

西脇について精緻な研究書（『西脇順三郎　変容の伝統』）を著した新倉俊一によれば、この詩は本来、泉の傍らにある石板に記されていた碑文であった。けっして傑出した詩ではない。流れ出る水を前に生命の永遠に想いを馳せよという、まあいってみれば、魚や海豚を象った噴水のわきによく刻まれているような、説教の詩文である。試みに日本語に直しておこう。

旅人よ、誰であれ
この芳しい流れに口をつけんとする者よ、
そなたの急ぎ足を留めよ
（……）
そなたはこの大理石の水溜から迸る
水晶の液体に眼を留めるだろう
気を付けてみたまえ
あるところは頑強に留まるが
別のところは速やかに滑り去っていく

人の死すべき運命と不滅の間には
隔たりがあることを　ここから学ぶがよい

冒頭の呼びかけの三行を比べてみると、なるほど似ている。シャバーンは最後の方で、水の流れを前に永遠不滅という観念に想いを寄せ、人間は間違っても永遠の生命など夢見てはならないと戒めを説いているが、西脇も「永遠の生命を求めるは夢」と、同じ内容のことを書いている。では西脇本人はこの類似をどう考えていたかというと、もちろん認めていたし、いささかも悪びれてはいなかった。彼はむしろ弟子の新倉に対し、平然とそれを教唆していた。

ここで思い出してみなければならないのは、そもそも西脇の第一詩集*Ambarvalia*の冒頭にある「天気」という詩である。この詩は、すでに第一行目からして、キーツの『エンディミリオン』の引用から始まっていた。戦前にイギリスに学んだ西脇は、同時代の詩人エズラ・パウンドが長編詩『カントーズ』を執筆するにあたって、第一篇をそのままそっくり『オデュッセイア』の近代英語訳の引用に充てたということを知っていた（彼は後にそれを『巻頭歌』として翻訳した）。およそ詩たるものは先行する詩を前提として書かれるものである。詩を書くという行為は、羊皮紙に記された文字の上に、さらに新たにある文字を書き加えていくこと（palimpseste, パランプセスト）であるという文学観を、西脇は生涯にわたって堅固に携えていた。パランプセストとは耳慣れない言葉であるが、さしずめ日本の和歌における「本歌取り」という手法を考えてみると、理解が容易かもしれない。

だがこの文学観を認めた上で、さらに細かく二篇の詩を読み比べてみることにしよう。

シャバーンが旅人に立ち止まれと呼びかけたのは、大理石の水溜から迸りでる「芳しい流れ」These sweeter streamsである。これに対し、西脇の水は「かすかな泉」であり、それに向かいあっている存在も「岩間からしみ出した／水霊」にすぎない。シャバーンが死すべき運命にある者と永遠不滅の存在、速やかに滑り去っていく者と頑強に留まる者を区分し、人間は前者にすぎないという二元論へと読む者の思索を誘うとすれば、西脇はこの図式のなかに河童という、思いがけない道化神を登場させ、二元論そのものを攪拌してしまう。なるほど、いかなる水も「永劫には流れない」。だがひとたび永劫を否定しながらも、西脇は「幻影の人」を媒介として、人間が永劫へと回帰する手立てを示唆している。

「幻影の人」とは何か。水中から花を翳して出現するこの形象をより深く理解するためには、西脇が『旅人かへらず』と時期を同じくして刊行した博士論文『古代文学序説』（一九四八年）に赴かなければならない。ヨーロッパの古典文学の全体を対象とし、民俗学者折口信夫から深い影響を受けることで成立したこの大著を一言で要約することは至難の業であるが、あえて試みるとすれば、そのなかで西脇は、人間の個別の思想や信仰、生活体験とは別に存在する、無意識にして集合的な神秘的情念こそが「幻影の人」であると説明している。「幻影の人」は生命の根元であり、超自然的な存在であって、人は象徴を通してしかそのあり方を知ることができない。『旅人かへらず』の冒頭に登場して減らず口を叩く河童とは、その零落した水霊の姿にほかならない。だが語り手によって呼びかけられている旅人もまた「岩間からしみ出た／水霊」であり、「永却の断崖より落ち」「流れ去る生命のせせらぎ」に生きるという点では、河童と同じく、失墜と零落を体験した存在である。かくして河童の仲介を受けることで、人間は「幻影の人」に関わることができる。いや、より強くいうならば、人は河童の姿を借りることで、この水から出現した永劫の存在に接近することができる。この滑稽な過程そのものが、西脇にとっては理想的なポエジーのあり方であった。

このように考えてみると、西脇順三郎の『旅人かへらず』は、今日では忘却されて久しいイギリスの群小詩人の作品を素材として、みごとな換骨奪胎ぶりを示していると判明する。もちろん現代詩の世界では、彼を盗作者だなどと非難する者はいない。人はただ錬金術師のような彼の手つきに感嘆するばかりである。だが、先行者の詩作品を素材として新しく詩的創造をする者の全員がかかる評価を受けるかといえば、事態は逆である。詩というものは作者の偽りなき内面を一点の濁りもなく表現するものだという、小学生の国語教室以来の思い込み《ドクサ》が今日なお強力に支配しているかぎり、文学の領域では、先行作品をめぐる批評行為としての詩作の意義は、いまだ充分に認められているとはいえない。とりわけ伝統的な詩形の場合にその傾向が顕著である。その不運な例として、若き日の寺山修司の短歌をとりあげてみよう。

寺山修司は四十六歳の短い人生の間に、ありとあらゆる芸術的ジャンルを挑発してみせた。彼は伝統・非伝統の区別なく、あらゆる形式のもとに詩を書き、さらに歌謡曲の歌詞を書いてヒットさせた。競馬から社会風俗にいたるまで、広範囲の分野で評論活動に従事した。エッセイを通して青少年に家出を勧め、演劇と映画で国際的な活躍を行なった。その多彩な営為のなかで、俳句と短歌は特権的な地位を占めている。この二つの詩形は、何ごとにつけても早熟だった寺山が最初に手掛けた文学ジャンルであり、彼の資質をもっとも純粋に提示することに成功した形式であった。と同時に、生涯にわたって彼に襲いかかったスキャンダルの魔が最初に狙いを定めた領域でもあった。

寺山修司はまず天才的な俳句少年として出発した。次に戦後短歌に新風を吹き込む天才歌人として、歌壇に迎え入れられた。だがその直後、彼の短歌が俳句の焼き直しにすぎないという指摘がなされ、その「贋物」性が話題となった。そればかりか、彼が著名な俳人の句を平然と盗用し、短歌に作り変えているという批判の声が殺到した。一九五〇年代の半ばから六〇年代初めにかけてのことである。もっとも彼はこうした醜聞に意気消沈することはたえてなかった。むしろみずからに向けられた贋物という批判を逆手にとるようにして、戯曲の世界へと進出し、パロディと神聖冒瀆に満ちた言語宇宙を、より堅固に築き上げていった。醜聞はいつしか姿を消し、後には青春の抒情と傷ましさを謳いあげる俳句と短歌だけが遺った。それは作者の死後も長らく読み継がれて、現在にいたっている。

では、具体的に寺山の事件とは何だったのか。四元康祐から西脇順三郎へと通じる本稿の問題文脈のなかで、改めて考えてみたい。

東北の片田舎で、語るべき父親をもたず、母親とも長く離れて生きることを強いられた十歳代の寺山にとって、俳句はただ一つの心の慰めであり、真摯に情熱を向けるべき対象であった。

「少年時代、私がもっとも熱中したのは俳句を作ることであった。

十五歳から十九歳までのあいだに、ノートにしてほぼ十冊、各行にびっしりと書きつらねていった俳句は、日記にかわる『自己形成の記録』なのであった。」(「次の一句」初出不明)

彼は高校で定例の句会を開催するばかりか、全国から同年輩の少年を集め、『牧羊神』という同人誌を発刊。これを契機として、山口誓子、西東三鬼、中村草田男といった敬愛する俳人の知遇を得た。さらにその旺盛な創作欲は、彼らの主宰する『天狼』や『断崖』『万緑』への投句活動となった。ほどなくして寺山は十歳代の俳人として、押しも押されぬ存在となった。やがて彼はどうやら俳句に飽き足らぬものを感じたのか、今ひとつの伝統詩形である短歌に情熱の矛先を向けることになる。もっとも高校時代の句は（若干の虚構的処理をともなって）『花粉航海』（深夜叢書社、一九七五年）に収録された。

寺山の若き日の俳句作品がこうして一所に纏められたとき、伝統詩形に携わる者たちの間でそれに疑義を唱える声があがった。年代的には後の刊行となるが、彼の処女歌集『空には本』（一九五八年）に収録された短歌作品に、主題的に酷似した句が少なからず存在していたからである。

夏井戸や故郷《くに》の少女は海知らず
チエホフ忌頰髭おしつけ籠桃抱き
林檎の木ゆさぶりやまず逢いたきとき
桃浮かぶ暗き桶水父は亡し
黒人悲歌桶にぽつかり籾殻浮き

こうした一連の句をその後に制作された歌と比較してみよう。

海を知らぬ少女の前に麦藁帽のわれは両手をひろげていたり
桃いれし籠に頬髭おしつけてチエホフの日の電車に揺らる
チエホフ祭のビラのはられし林檎の木かすかに揺るる汽車過ぐるたび
桃うかぶ暗き桶水替うるときの還らぬ父につながる想い
かわきたる桶に肥料を満たすとき黒人悲歌は大地に沈む

なるほど主題と語彙の重複は瞭然としている。だがその一句一首を個別に読み比べてみると、俳句にあってまだ萌芽状態であった単発の行為が、短歌ではより複雑で、複数の運動へと発展していることが判明する。消極的な断言で完結していた表現に対し、実はそれは未完結であって本来的に開かれた状況であると、改めて提示する歌が目立つ。ただひとつの運動を素描することで有無をいわせず自足していた俳句に対し、短歌はその反作用としての運動を持ち出し、両者の間で交感が成立する瞬間に立ち会おうとしている。

ここに見られる俳句から短歌への移行は、もしそれが絵画や音楽の場合であったなら、さりげない素描の合成から少しずつ油絵が構成されていったり、小さな小楽節が発展して巨大な旋律へと成長した場合に喩えることもできただろう。だがジャンルを異にする詩形の間で生じた主題的重複は、あまたの定型詩家を苛立たせ、作者の贋物性への非難という形をとることになった。

すでに過ぎ去ったことではあるが、わたしにはこの時の険悪な状況がよく推測できる。俳句の世界では作品が誕生するときによく「なった」という表現をもちいる。あたかも柿やバナナが生《な》るように、一句がいかなる人為もなく、自然の摂理によって誕生するという意味合いがここには感じられる。日本の俳句は欧米の詩とは違い、意識的な構築とは無縁に、日本的風土の調和のなかで、無意識的な形で成立する。そういったイデオロギー的思い込みが、この表現の背後には横たわっている。寺山修司が生涯を通して抗《あらが》ったのは、こうしたポエジー成立時における自然性であり、それを当然のごとくに受け入れてやまない、日本人の集合的記憶であったように思われる。詩的言語というものは情感の自然性なるものからは生まれない。それは音符やコンクリ片のように、微小の部分を人工的に構築していくことで、はじめて到達できるものだ。「林檎のために開いた窓――現代の紀行ノート」（一九五四年）なるエッセイのなかで、彼は書いている。「私の友人はよく「俳諧は即興でなければいかんね」という。私は若いから、そして特に文学少年ぶるのが好きなもんだから、一句を作るにさえデスクに原稿用紙を拡げないと気がすまない性質だし、すぐにつっかかるような調子で、「君に僕らの俳句がわかるもんか」とやりかえす」

この発言にある「デスクに原稿用紙を拡げ」るという姿勢こそが、日本における俳句的「自然」に対する方法論的挑戦であったことはいうまでもない。寺山は早熟にして優れた俳句を作ったが、このジャンルをめぐる日本独自のフェティシスムからは幸運にも解放されていた。ある言語宇宙の完璧さを知った少年が、より複合的な運動を表象できるメディアを求めて短歌のもとを訪れることは、ある意味で論理的なことである。彼にはいずれの詩形も、日本的自然とは縁のない言語構築物であったことが幸いした。

だがこの才能に満ちた年少者の挑発は、自分の内側での言語操作の域に留まっていることはできなかった。世界にあまたある存在のなかで、およそ嘲笑してはいけないものなど存在しているわけがないという信念は、寺山をしてより危険な遊戯へと導いていった。彼は大胆にも、久しく私淑していた先輩俳人の句を抜け抜けと借用し、それに短い註釈を付加するという短歌を発表した。

莨火を床に踏み消して立ちあがるチエホフ祭の若き俳優
向日葵の下に饒舌高きかな人を訪わずば自己なき男
わが天使なるやも知れぬ小雀を撃ちて硝煙嗅ぎつつ帰る

ちなみに最初と最後の歌はそれぞれ『空には本』（一九五八年）と『テーブルの上の荒野』（一九六二年）に収められ、『寺山修司全歌集』に収録されているが、二番目の歌は『――全歌集』には掲載されていない。

この三首に対し、以下の三句の盗用ではないかという疑惑が生じた。

燭の灯を煙草火ともしつチエホフ忌　　草田男
ひとを訪はずば自己なき男月見草　　草田男
わが天使なりやをののく寒雀　　三鬼

自作の俳句の主題を短歌に使い回したときには憫笑で応じた歌壇も、今回の「不祥事」を見落とすことはできなかった。寺山は諸方面から非難された。短歌界へのデビューの颯爽さが裏目に出た。わたしのこのエッセイは文壇ゴシップ記事ではないから委細を記すことは控えるが、彼を新人として発掘した功績を有する中井英夫にしても、これはどうにも庇いきれるものではなかったようだ。

　では、この「盗作」行為の主眼とは、いったい何だったのだろうか。

　最初に了解しておくべきこととは、少年時代の寺山にとって、中村草田男と西東三鬼が偉大なるアイドルであったという事実である。二十二歳の寺山は草田男の連作「緑の使者」に事寄せて、「草田男は僕の青春だった。／僕に自然を教えてくれたのは草田男の作品であった」（「中村草田男「緑の使者」ノオト」）と端的に記している。『寺山修司俳句全集』を一読した者ならば、そこに「ピアノ」「滅ぶ」「少年」「眼帯」といった語彙が散乱していることに気付く。いずれもが三鬼が愛好した言葉である。寺山修司にとってこの二人の句は、いくらでも口を突いて出てくるほどに親近感をもったものであった。

　では寺山は、それと知らずに、無意識的に盗用を行なってしまったのだろうか。それはありえないことだと、わたしは考えている。寺山は積極的な意図をもって草田男と三鬼の句を自作短歌に取り入れたのであり、それはこういってよければ、象徴的な意味合いでの「父親殺し」に通じる儀礼であったというのが、わたしの考えである。

　ちなみに一つひとつの作品を、対比して検討してみよう。

　まずチェーホフの句と歌であるが、おそらくこれは一九五〇年代に人気があり、あちらこちらの文化祭などで上演されていたチェーホフの寸劇『煙草の害について』に基づいたものであろう。草田男の句では煙草が点火されるが、それでも寂寥たる雰囲気がいっそう強く感じられる。一方の寺山の歌では、煙草の火は床で踏み潰され消えてしまうが、舞台に華やかな躍動感が前面に押し出されている。ヴェクトルの向きが真っ逆さまなのだ。

「自己なき男」をめぐる句と歌はどうだろうか。草田男はこの男のかたわらに月見草をあしらうことで、主人公の男の寄る辺なさに焦点を投じている。寺山は逆に、向日葵という派手派手しい花を冒頭に掲げることで、軽佻浮薄なこの男の本質的な空虚に強い嘲笑を浴びせかけている。その皮肉の辛辣さは、さながら『ノーウェアマン』を作詞したジョン・レノンに匹敵しているほどだ。ちなみに寺山はこの男の背後に、明らかに不在の父親を見ている。それが明らかとなるのは、同じ『空には本』の中に向日葵からの連想で、「向日葵の顔いっぱいの種子かわき地平に逃げてゆく男あり」という一首があるためだ。草田男の月見草を強引に転倒させたとき、彼は自分の無意識の陰に隠れていた「自己なき男」の存在に気が付いたといえる。

最後に三鬼の天使の句はどうだろうか。寺山はここでも過激な否定の身振りを示す。有無をいわせず、いきなり小雀を撃ち殺してしまうのだ。これを暴力的な父親殺しと呼ばずになんと呼ぼうか。寺山はこの小鳥の狙撃という主題に出会った瞬間、強い霊感に見舞われたようで、「撃たれたる小鳥かへりてくるための草地ありわが頭蓋のなかに」「わが頭蓋ある夜めざめし鳥籠となりて重たし羽ばたきながら」と、次々と連鎖的に歌を作り続けている。そこにはもはや感傷家三鬼の影などどこにもない。強い主知主義だけが君臨する、寺山の言語宇宙が存在するばかりなのだ。

このように具体的に分析してみると、寺山修司はけっして詩想の衰弱を諸大家の美辞麗句の盗用によって補おうとしたわけではなかったと判明する。今から半世紀前にそれが盗作事件としてスキャンダル呼ばわりされたのは、定型詩の閉鎖的な小集団の内側で、詩的言語をめぐる歴史的経験が忘却され、理論的構築が蔑ろにされていたからだろうとしかいいようがない。『空には本』の作者が苦境に陥っているとき、どうして藤原定家から江戸期の狂歌までを引き合いに出し、彼の辛辣な本歌取りを弁護する批評家がいなかったのか、わたしには理解できない。寺山修司とは寺山修辞のことではなかったのか。

　寺山修司は機会あるたびにロートレアモン伯爵の『マルドロールの歌』を引き合いに出し、それを基準として自分の書いたものを判定するというところがあった。だがわたしには悪と暴力に満ちた『マルドロールの歌』よりも、この伯爵が本名に戻って少部数だけ印刷した『ポエジー』という詩的断章の方が、寺山にはより重要であったように感じられる。「詩は万人によって書かれるべきだ」と宣言するこの書物のなかでは、古代ギリシャ哲学からパスカル、ヴォルテールにいたるまで、ヨーロッパの主だった詩人哲人の名文句が引用され、それが一つの例外もなく完全に転倒されているからである。寺山が草田男や三鬼の作品を前にして披露してみせたのも、それと同じ身振りであった。それが象徴的な父親殺しに通じる行為であったことは、すでに述べておいた。寺山修司はこうして父親を悪魔祓いにかけることを通して、際限もなくフラットで表層的な言語の地平へと躍り出たのであった。

稚《おさな》くして書く

詩はまつたく楽に、次から次へ、すらすらと出来た。学習院の校名入りの三十頁の雑記帳はすぐ尽きた。どうして詩がこんなに日に二つも三つもできるのだらうと少年は訝《いぶ》かつた。一週間病気で寝てゐたとき、少年は「一週間詩集」といふのを編んだ。ノオトの表紙を楕円形に切り抜いて、第一頁のPoésiesといふ字が見えるやうにしてある。その下には今度は英語で、12th.→18th. MAY 1940と書いてある。

彼の詩は学校の先輩たちのあひだで評判になつてゐた。『嘘なんだ』と彼は思つてゐた。『僕が十五歳だといふんで、みんながさわいでくれるにすぎないんだ』

少年はしかし自分のことを天才だと確信してゐた。

三島由紀夫の短編『詩を書く少年』の冒頭である。

この少年はまだ十五歳の中学生である。きわめて早熟かつ敏感な感受性をもち、世界の未知に対し、無限ともいえる好奇心を抱いている。彼の目の前にはつねに比喩的な世界が出現している。毛虫たちは桜の葉をレースに変え、曇り日の海は皺くちゃのシーツのように見える。クレーンがその下を掻き回し、溺死者を探している。疾走している人を見ると、その背中のあたりに付着している空気が、さながら火焰のように思われてくる。ヨードチンキを流したような色をした夕暮れは凶事の徴であり、暖炉のかたわらにいる裸体の少女は、燃える薔薇のように見えて実は造花であり、その肌は寒さに鳥肌が立っている。その姿はあたかも毛羽だった天鵞絨《ビロード》の花の一片に思えてくる。少年はこうした世界の変貌に恍惚感を感じている。

実際、世界がかういふ具合に変貌するときに、彼は至福を感じた。詩が生まれるとき、必ず自分がこの種の至福の状態に在ることに、少年は愕かなかつた。悲しみや呪詛や絶望のなかから、孤独の只中から詩が生れるといふことを、頭では知つてゐたけれど、何かそのためには、自分自身にもつと興味をもち、自分に何らかの問題を課する必要があつたのであらう。自分を天才だと思ひ込んでゐながら、ふしぎに少年は自分自身に大して興味を抱いてはゐなかつた。外界のはうがずつと彼を魅した。といふよりも、彼が理由もなく幸福な瞬間には、外界がやすやすと彼の好むがままの形をとつたといふはうが適当であらう。

主人公のこの少年はいまだ人生を知らない。生というものに付きものの屈辱や、憎悪や、諦念や、絶望を体験したことがない。もちろん利発な少年のことであるから、「悲しみや呪詛や絶望」を通して先人たちが詩を作ってきたことは知らないわけではない。だが彼はいまだに自己の内面を真剣に覗き込んだことがない。いや、むしろ、覗き込むべきほどの内面を、いまだ持ちえていないというべきか。彼が夢中なのは、思うがままに外界を操作して、比喩形象の世界に遊ぶことに至福を感じることである。世界は一瞬にして変貌する。その早変わりのあり方が少年に詩を保証している。いつまでも静止したきりの退屈な世界は、詩の契機にはならないという理由から、冷淡に切り捨てられる。詩とは事物の表層がさまざまに見せる様相を、一瞬にして捉えたときに生じる至福の感情のことなのだ。

だがこの少年は、自分の至福が永く続くわけではないことを聡明にも知悉している。その切っ掛けは、年長者の失墜を目の当たりにしたことである。彼の先輩の文学仲間があるとき失恋をし、もはや詩が書けなくなったと告白する。この告白を耳にしたとき、少年は自分もまた没落を免れえない身ではないかと予感する。

少年も亦、似たやうな思ひこみを抱いて、人生を生きつつあるのかもしれない。ひよつとすると、僕も生きてゐるのかもしれない。この考へにはぞつとするやうなものがあつた。(……)『僕もいつか詩を書かないやうになるかもしれない』と少年は生れてはじめて思つた。しかし自分が詩人でなかつたことに彼が気が附くまでにはまだ距離があつた。

『詩を書く少年』は、主人公の少年が、詩作をめぐり漠然とした終末の予感に捉われるところで終わっている。やがて彼は詩を書くことを止めてしまうだろう。人生の苛酷さのなかで、詩作など若気の過ちにすぎなかったと考える大人になってしまうだろう。作者はそういいたげである。少年はなるほど詩を書いてはいたが、真実の意味での詩人ではなかったという辛辣な認識が、最後の一行には込められている。

三島由紀夫はこのきわめて自伝的色彩の濃い短編を、二十九歳のときに執筆した。何が彼をして、少年時代の回想へと向かわせたのだろうか。一言でいうならば、それは散文家としての自信である。十八歳にして『花ざかりの森』を発表し、二十四歳で『仮面の告白』を発表し小説家としての地位を不動のものとした三島は、かつて自分の内側にあった詩への憧憬を稚《おさな》げなものとして突き放し、詩に纏わる一切の感傷を切り捨てることができるようになった。自分は一度も詩人ではなかった。そう断言することで、彼は散文家としての自己構築を、これまで以上に完璧で堅固なものとしたのである。

多くの文学者が、というより厳密にいえば、小説家や批評家が、若き日に詩を執筆していたことを告白している。いや、文学者ばかりではない。美術家やジャーナリスト、さらに実業と政治の世界で著名な人物が、ふと思い出したかのように、詩作に耽った中学生や高校生の時代を懐かしく回顧する。彼らはもはやいかなる意味でも詩を必要としない世界に、周囲に詩を書く者など存在していない世界に生きている。こうした人たちにとって、詩とは何だったのだろうか。彼らはどのような契機から詩に出会い、またどのような理由からそれに訣別を告げたのだろうか。三島由紀夫の短編が説いたように、詩を書くことと生きることとは対立し、後者が台頭するとき、前者はかならずや退場しなければならないのだろうか。

現行の三島由紀夫全集を繙いてみると、『詩を書く少年』に描かれた十五歳の少年の姿は、ほぼ正確に三島由紀夫のそれを再現していたことが判る。いや、その時点ではまだ「三島由紀夫」という筆名は考案されていなかったのだから、「平岡公威《きみたけ》」と本名で呼ぶべきかもしれない。平岡公威の著作である『一週間詩集』は一九四〇年五月十二日から十八日にかけて一気に執筆され、現在では『決定版　三島由紀夫全集』第三十七巻に収録されている。収録されているのは十六篇。その半数以上はそれ以前の「詩集」に収められたものであるから、これは級友たちのために回覧用に制作したアンソロジーという性格が強い。もちろんいうまでもないことだが、すべてノートブックに手書きされた、一部限定の「詩集」である。

三島の詩のノートはこれまでに十六冊が発見されている。全集解説によれば、彼は生涯に五百十一篇の詩と訳詩、歌詞を、百一句の俳句を、また四十五首の短歌を執筆した。執筆時期からすると、十三歳のあたりから詩作が本格化し、十五歳から十六歳にかけて絶頂を迎える。それは日本が太平洋戦争に突入する直前の、一九四〇年から四一年に相当している。『公威詩集』が全四冊、他にも『Bad Poems』『明るい樫』『鶴の秋』『馬とその序曲』など、さまざまに意匠を凝らした手書きの詩集が遺されている。冊数にして十一冊。これは異常な数の集中であり、おそらく作者は寝ても覚めても詩作のことしか頭になかったのだろう。『一週間詩集』はこの高揚期のまさに頂点の時期にあって編纂されたものである。

この詩集に収録された詩篇を特徴づけているのは、主題と様式の多様性だ。小学校時代に放課後に体験した、「疲れたやうな平和」の風色に抱いた後悔のような感情。薔薇の花の深奥に隠れている妖精めいたものの独白。故郷と名指された山間の村を訪れたときの違和感。写真アルバムを見ることで喚起される、恋人との悲痛な別離。実に様々な主題が採り上げられている。十五歳にしてよくもまあ……と、思わず驚きの声があがるが、この程度のことで驚いていては、三島のその後の作品など読めるわけがない。対照的な雰囲気をもった二篇から、部分的に引用してみよう。

夜の充満を支へかねて　家具たちの密度は干《ひ》われ
さうした風景のなかで　鸚鵡《あうむ》は死んだ
美の残骸であり、且つは出発であつたその死を。
水呑につつこんだ片翼《かたはね》は
苦悩よりももつと苛酷な
華やかさを水に瀰《ひろ》げた　色染めた
それは堪へられぬ人の　冷厳な姿に似てゐた

歓喜そのものゝやうな一枚の羽毛《はね》を
朝の光りに澱《よど》む鳥籠の
まうへに虹なして遺して行つた。

真盛りの
葉のうへに　嘆きをのこし
枝に掛け、やがてわすれて……

葡萄畑のましろい道を

「遺物」

雲でスカァトをふくらませながら
近づいてくるかの女達。
空は悲しみ……。

「牧歌」（「夏の午《ひる》、……」）

前者は世紀末フランスの高踏派を思わせる、衒学趣味に満ちた作品である。描かれているのは、美しい羽をもった鸚鵡が、夜更けに鳥籠のなかで息絶え、朝の光のなかで死骸が発見されるまでの物語だ。全体の基調となっているのはネクロフィリア、すなわち死への願望であり、それが悦ばしいこととして語られている。鸚鵡は死によって「美の残骸」となるが、同時にそれこそが美の始まりである。十五歳の砌《みぎり》で書きつけられたこの詩行のなかに、三十年後に作者を見舞った運命を読み取るといった軽薄な評言は慎みたいが、苦悩を美と華麗に、歓喜を死に結合させ、惨劇全体を冷たく、距離を隔てた劇として演出する少年のしたたかさには注目すべきものがある。

後者はというと一転して、フランス印象派の絵画のような風景が展開している。まさかこの時期の三島がプルーストの『花咲く乙女たちのかげに』を読んでいたとは思えないが、夏の田舎の陽光の下での生の歓喜が、スナップショットのように差し出されている。それぞれに詩の末尾には執筆された日付が、昭和の年号を用いて、略号で几帳面に記されている。「遺物」は「一五・五・一三」、「牧歌」は「一五・五・二三」である。一人の人間がわずか十日の間に、これほどまでに作風の異なった詩作品を書き上げてしまうということがあるだろうか。

しかし、それはあるのである。三島本人が後に自伝的短編で吐露したように、十五歳の少年の前で世界は目まぐるしく変貌の相を見せ、彼をして無限の比喩の領野へと導いていった。そのめくるめくありさまを活述するためには、苦悩する内面も、道徳をめぐる懐疑も必要がなかった。ただ一瞬一瞬に生起しては消滅してゆく恍惚の感情だけが真正のものであった。『一週間詩集』は、いうなれば稚児の早変わりが作り上げた詩集である。早変わりという言葉が軽蔑的に聞こえるとすれば、「無垢」という言葉にいい直してもよい。だが三島において特徴的なのは、その無垢が開始されたときから終末の気配を漂わせていることだ。『一週間詩集』で詩的絶頂を迎える直前、『Bad Poems』と題されたノートのなかで、彼は書いている。

「凶《まが》ごと」

わたしは凶ごとを待つてゐる
吉報は凶報だつた
けふも轢死人《れきしにん》の額《ぬか》は黒く
わが血はどす赤く凍結した……。

それでは三島由紀夫において、詩的情熱との訣別はどのように演じられたのだろうか。『詩を書く少年』ではそれは、来るべき女性との恋愛を契機とした、凡俗の生への失墜であるといった、意味ありげな暗示がなされていた。だが現実はこの予感とは大きく異なっていた。一九四一年十二月、日本が真珠湾の奇襲に成功し、英米と戦闘状態に入る前後から、三島は急速に詩を書くことに関心を喪失してしまう。全集には『馬とその序曲』以降の詩作ノートの収録はない。なるほどときおり詩作はなされる。だがそれは、内面から迸る欲求のもとにではない。詩は儀礼として、公の告知することを目的として作成されることになった。戦争の開始を祝って執筆された「大詔」という詩の冒頭を引いてみよう。

やすみししわが大皇《おほきみ》の
おほみことのり宣《のたま》へりし日
もろ鳥は啼きの音《ね》をやめ
もろ草はそよぐすべなみ
あめつちは涙せきあへず
寂《せき》としてこゑだにもなし(……)

おいおい、ちょっと待ってくれよと、思わず半畳を入れたくなるが、十六歳の少年は真面目なのである。彼はもはや詩を個人の内面の吐露の手段としてではなく、天地《あめつち》を揺るがす「言の葉」の証《あかし》と見なし、公的な威厳のもとにそれを天下に知らしめる道を選んだ。全集に『拾遺詩篇』として収められた詩作品(といっても分量としては、それ以前とは比較にならないほどに、僅かではあるが)の多くは、そのような意図のもとに制作された。師と仰いだ蓮田善明への献詩に始まり、皇太子明仁親王のための祝婚歌、そして最後を飾るのは「起《た》て! 紅《くれなゐ》の若き獅子たち」という「楯の会の歌」である。日本が敗戦を迎えた直後に詩はない。ただ二か月後の一九四五年十月に、「この明るき凋落《てうらく》にまぎれつ／われ心たのしく転《まろ》びてゆかむ」という、「落葉の歌」なる詩が書かれている。日本浪漫派の滅びの美学を絵解きしたような予定調和的な駄作で、中学生時代の詩に見られた大胆な危うさは、もはやそこにない。

記紀歌謡から明治大正の近代詩まで、およそ日本語で書かれているかぎりあらゆる詩的言語を渉猟することに長けていた三島にとって、古典詩を真似て書くことは何ごとでもなかった。彼は祝詞《のりと》から万葉の相聞歌《そうもんか》まで、あらゆる様式を自在に採用することができた。だが古典をめぐる溢れんばかりの教養は、あるときまで彼の内側から噴出してやまなかった詩的情熱に対し、それを制御し、優雅な様式のもとに仕立て直すことはできても、未知の言語と言語が衝突するさいに垣間見せる緊張感を決定的に軽減させてしまった。詩のなかで凶ごとを強烈に待望した少年は、現実に最大の凶ごとである戦争が勃発してしまうと、あっけなく力萎えてしまった。彼は開戦の報に際し、古典の様式に依拠しなければそれを言祝《ことほ》ぐことができず、敗戦を前にしては詩人として絶句することしかできなかった。同世代の『荒地』の詩人たちが続々と復員してきて、戦争体験を担保に、さあもう一度、詩を書くのだと気張っていた時期のことだ。わたしには三島の詩的情熱の衰退が、途方もなく惨《いた》ましいことのように思われる。

もっとも三島由紀夫本人は、みずからの詩的情熱の衰退をこのようには理解したくなかった。戦争が敗北に終わって九年後、彼は『詩を書く少年』という短編を通して、ありえたかもしれない、しかしけっして起こりえなかったであろう詩的訣別を、暗示的に披露してみせなければならなかった。やがて彼は『英霊の声』において、古代の呪術的な詩的言語を召喚し、それ以後、「文武両道」においてこのすり替え行為の負債を支払うことになる。もっともそれについて書くことは、また別の機会に譲るとしよう。

伝統が欲しければ、それを得るために非常な苦労をしなければならない。伝統には第一に歴史的な感覚がなければならず、それは二十五才を過ぎても詩人であり続けたいと思う人にはほとんど不可欠なものだといってよいであろう。歴史的感覚には過去が過去であるということはもとより、過去が現在に生きているという認識がなければならない。歴史的感覚が人にものを書かせるとき、骨の髄まで自分自身の世代のものであるだけでなく、ホメロス以来のヨーロッパ文学全体とそのヨーロッパ文学の一部である自国の文学全体が同時に存在しており、同一の秩序を形づくっているということを感じさせるのである。

T・S・エリオットの「伝統と個人の才能」という講演から引用した。三島由紀夫がエリオットに関心を抱いていたとはまず思えない。だが十五歳を頂点とする彼の詩的遍歴を辿ってみた後でこの詩論に接すると、それがいかにも強烈なアイロニーを湛えているかのように見えてくる。詩人が時分《じぶん》の花を越えて詩人たりうるには伝統をめぐる歴史的感覚が必要であると、エリオットは説く。ただ単に自分の内面の情感や欲求を文字にするのではなく、一国の、いや一文明の伝統の内側にあってこそ詩作が成立するのだという自覚を抱いていなければならないという論法だ。『四つの四重奏』(一九四三年)を完成したとき、エリオットはまさに自分こそがこの伝統の体現者であるという自覚に満足していたはずである。

それでは三島由紀夫はどうだっただろうか。古典文学の伝統に回帰し、その様式に倣って詩作を試みようとした瞬間に、詩的緊張から見放され、紛い物じみた、空疎な儀礼歌の作者へと転落してしまったのではなかっただろうか。これは残酷なことであった。自分が（後に彼のいうところの、天皇を中心とした）日本文化への観念的な同一化を企てようとしたときに、彼は失墜の道を歩むことになったのだ。

稚くして詩を書き、やがて詩に見放されてしまうとは、何と残酷な逆理だろうか。このことに関しては、次回も別の詩人たちの例を挙げて、考えてみることにしよう。

訣別する

詩はつねに訣別の危機を孕んでいる。
小説は力尽きて放棄される。映画は実現できずに終わる。絵画と作曲は未完成のまま断念される。ただひとつ、詩だけが訣別に値する。詩とは訣別すべき何ものかなのである。

詩と訣別してしまった人間を、わたしは個人的に三人知っている。一人は悠々とした雰囲気の実業家だった。もう一人は労働運動の活動家であり、後になって経営者の立場に立ち、運動を弾圧する側に回った人物だった。残る一人は著名な小説家であり、作曲家だった。今回はこの人たちのことを書いておこうと思う。

彼らは若年にして恐ろしく早熟であった。その挑発的な書きぶりは、彼らをしばしば読者のカリスマ的な情熱の対象に仕立て上げた。だが生涯のある時点で挫折が訪れる。彼らは突然に詩から遠ざかる。かつて自分をあれほどにまで駆り立てていた情熱を封印してしまい、詩の不在をもって別の人生を生きることを選ぶ。ある者はこの転向について口を閉ざし、ある者は執拗なまでに理屈付けを行なう。長い歳月の後、もう一度、詩の世界に回帰する者もいないわけではない。だがその作風からは、若き日の過激な詩作を思わせるものはもはや失われている。神話という神話にあまりに深く包まれてしまっているため、人は彼らの本当の姿を見究めようとしても、朧げな幻を手にすることしかできない。

どうして詩を書くのをやめてしまったかって？　それは十七歳まで書いてきて、もうこれ以上書くためには勉強が必要になるなとわかったからですよ。

大久保正博は日本料理店で、茶碗蒸しを食べながらいった。口髭を蓄えた、温厚な表情の実業家である。その雰囲気からは、三十年前に一世を風靡した「天才少年詩人」帷子燿《かたびらあき》を窺わせるものは何もなかった。

自分は中学校時代に、授業が退屈でたまらなかったんです。そこで机のうえに原稿用紙を拡げ、升目を勝手に埋めながら詩を書いていた。たまたま詩の同人誌を出していた国語教師がそれを見つけ褒めてくれたが、人の頭を逆さまに撫でるんじゃねえと、自分は悪口を叩いた。誰も自分のことを理解できないし、理解されたくもないというプライドがあったんですね。そこで次々とまったく違った作風の詩を書いては、毎月毎月、『現代詩手帖』編集部に投稿券を添えて送った。ところがあるとき、これ以上書き続けるためには、ちゃんと勉強しなければいけないということがわかった。勉強が嫌いだから書き出した詩だったはずなのにね。それで勉強をするくらいなら、詩など止めてしまえと思った。結局、一冊の詩集も出さないまま、自分は詩を辞めたんです。今、自分の周りには、あの頃に書いていたものはいっさい保存していないし、未練も何もないですよ。

帷子燿はわたしの一歳年少だった。わたしは高校生の頃、この読み方のよくわからない人物が『現代詩手帖』の投稿欄に華々しく登場し、あっという間に「現代詩手帖賞」を獲得したときの驚きをよく憶えている。選考にあたっては、寺山修司が激賞した。渋沢孝輔は「時分の花」だといい捨て、それ以上何もいわなかった。山梨県立甲府第一高校に在学中の帷子は、自分の詩について説明を求められて、書いた。「先ず始めに何かがあるかといって何もない。全ては欠如している」

一九六九年から七二年にかけて、帷子燿の活躍は実に目覚ましかった。彼は二年連続して『現代詩手帖』新年号に大作を発表した。年長の詩人たちと組んで創刊した同人誌は人気を呼び、発行部数がついに千部に達した。吉増剛造がエールを送った。少なからぬ若手詩人が彼の出現に影響され、作風を変えた。だが帷子本人は、二度と同じ作風の詩を書かなかった。あるとき彼の詩は五千字にわたって改行を欠き、傷ましい幼年期をめぐるヴァルネラビリティ（攻撃誘発性、いじめられやすさ）を主題としていた。別のときにはジョン・レノンと小野洋子の写真がエピグラム代わりに掲げられ、端正な七五調からなるソネット様式が採用されていた。さらに別のときには、山梨方言による言語遊戯が延々と続いた。すべてが精緻に考え抜かれた言語の遊戯であり、その背後には虚無だけが控えているように、わたしには思えた。これから未知の世界へ出かけていくのだという強い期待に駆り立てられていたわたしには、その虚無の出自が理解できなかった。

帷子は人を介して三島由紀夫に紹介される予定だったという。前章でとりあげたように、この小説家もまた「詩を書く少年」であった。だが彼が割腹自殺をしてしまったため、二人は出会うことなく終わった。三島が死んだ直後、帷子燿は「心中」という連作詩を発表した。そこでは九つの断片が字数を揃え、すべて三角形の形に、端正に並べられている。詩のなかでは、いかにも三島由紀夫を嘲笑うかのように、花鳥風月の美学をめぐるグロテスクなパロディが記されていた。

連合赤軍のリンチ殺人事件が公となり、新左翼運動に凋落の兆が見え出した頃、帷子燿はぷっつりと姿を消した。その存在は忘れられた。それからおよそ三十年の後、わたしは突然に彼に会ってみたいと思うようになった。そこで何人もの人を介して、ようやく居所を突き止め、会見することができた。彼は傘下に少なからぬチェーン店をもつパチンコ店の元締めであり、全国パチンコ協会の要職にある人物だった。そしてかつての自分の詩業に、まったく関心がないように見えた。

わたしが会った二人目の人物はアメリカ人であったが、生涯のおよそ半分をモロッコで過ごした作曲家であり、小説家だった。わたしはこのポール・ボウルズ（一九一〇～九九年）という人物の生き方と作品に深く興味を覚えた。そこで彼の住む港町タンジェをいくたびも訪問し、彼が死にいたるまで親しい交際を続けた。

わたしは詩人だったことは一度もないね。ボウルズは遠い方を見やるような感じで語った。小説の出来が悪いと貶《けな》されたことはあるけれど、一度も気にしたことがなかった。自分はまず作曲家だと思っていたから。なるほど若い頃には詩を書いたことはあったけれど、自分を詩人だと思ったことは一度もなかったよ。わたしはボウルズの言葉を興味深く受け止めた。彼が自分の生涯と作品について語るときに見せる、恒常的な無関心に、不思議な感銘を受けたのである。この人は何という人だ。ニューヨークのクィーンズで高校生であった頃、すでに詩人として国際的脚光を浴びていたというのに、どうしてそれを否定し、深々と自己韜晦してみせるのだろう。

ボウルズは恐ろしく早熟だった。歯科医であった父親に反抗して、文学書を耽読。十六歳のときにはすでにパリで創刊直後の国際的文学雑誌『トランジション』を定期購読し、シュルレアリスムの自動記述に想を得た詩を、親の眼を盗んで書いていた。あるとき彼は思い切って、自作の詩を一篇、編集部に送った。すると予想もしていなかったことだが、それが掲載されてしまった。同じ号の目次にはジョイスやブルトン、エリュアール、ガートルード・スタインといった、彼が崇拝してやまない文学者たちが名を連ねているではないか。ボウルズは狂喜した。南部の大学に入学したものの、その後も『トランジション』や他の雑誌に投稿を続けた。詩は書いて送るたびに掲載された。ここで彼が十七歳のときに書いた「悲歌」という詩の冒頭を引いてみよう。

なにもかもが遅すぎる
ぼくらはお互いに不似合いだ
どたんばたん　ぼくらは遅刻
なにもかもが不似合いだ
鋼のトカゲが飛びかかる
ぼくらはすでに遅すぎる
なにもかもが終結《おしまい》だ　到着は遅すぎた

かくも若くしてデビューを果たしておきながら、何が遅すぎるものかと、思わず半畳を入れたくなるのだが、ひょっとしたらこの欠落感と焦燥感の入り混じった気持ちには、先に論じた帷子燿に通じるものがあるかもしれない。帷子は「全ては欠如している」という認識から書き始めていたはずだ。わたしにはこうした出発時における否定的認識は、早熟な天才にのみ許されたことではないかという確信がある。

ボウルズはスタインに向かって熱烈な手紙を書いた。すると彼女からただちに返事が返ってきた。そこで彼は古い貨物船に乗り込むと、ニューヨークからパリへと向かった。

スタインはボウルズを七十五歳くらいの、かなり偏屈な老紳士だと思い込んでいたようである。そのため、突然目の前に出現した十九歳のヤンキー青年を見て、最初はかなり当惑した。だがその直後から、容赦のない熾烈な批評が始まった。彼女は『トランジション』を快く思っていなかったのである。ボウルズの自伝『止まることなく』（山西治男訳）から少し引いてみよう。

ある日の午後、ガートルード・スタインは私に詩を持ってきて見せるようにいった。しばらく、私の作品をしげしげと見つめると、坐り直して少しのあいだ考えた。それから、口を開いた。「そうね、この作品の唯一の欠点は、これが詩ではないってことね。」

「なんですって」と私は訊き返した。

「なんですかって、こっちが訊きたいくらいよ。書いたのはあなたでしょ。あなたが、この私に何なのか説明するんでしょ。これは詩じゃないわ。ご覧なさい」彼女は第一頁の一行を指差した。「これは何をいいたいの。『熱くなったカブトムシはあえぐ』って。カブトムシはあえがないわ。バスケットはあえぐでしょ、ぜいぜいと、バスケットなら。でも、カブトムシはしない。それに、ここは気取りすぎね。全部まやかし。」

駆け出しの文学青年は何とか弁解を試みる。だがスタインは断固して譲らない。このときはこの程度のご託宣で終わるのだが、彼女はその後も糾弾の手を緩めない。ボウルズがモロッコに旅立とうとする前日にも、突然思い出したように話を蒸し返す。

「先週見せてくれた詩はどうしたの。もう何か手直しをしたのかしら。」私は、一度活字になってしまった作品を書き直してもしょうがないと思ったので、手直しはしていないと答えた。彼女はわが意を得たりという顔をした。「いいこと」と大きな声で切り出した。「あなたは詩人ではないっていったわよね。本物の詩人なら、言葉を交わしたら、二階に上がって、とにかく書き直そうとするものよ。それに比べて、あなたは作品を見ようともしなかったわ。」

私は返す言葉もなく、首をうなだれた。

スタインという人物の性格の悪さと複雑さとがよく理解できる一節である。さすがに温厚なボウルズにも彼女の攻撃的な毒舌は手に負えなかったようで、彼女が「愛される存在なのはなんとも不思議だ」と書いている。だがその一方で、「彼女が自分の祖母に似ている」という感想をも漏らしたりもしている。ボウルズのスタインをめぐる感情は両義的であり、それゆえに彼の傷の深さが推し量られる。

詩作はといえば、やはりこの事件が決定的な契機となったのだろう。ボウルスの全詩集『NEXT TO NOTHING』を見ると、二十歳代以降はほとんど詩作の形跡が見られない。二篇のフランス語詩を除けば、モロッコを素材とした詩がぽつりぽつりと残されているだけである。スタインに鼻を折られたボウルズは、若き日にあれほど彼を衝き動かしていた、子犬のように嬉々とした詩的情熱を、二度とわが身に許すことができなくなってしまった。モロッコ音楽への耽溺と、この地を舞台とした幻想的な短編小説の執筆とが、主たる関心事となった。ともあれ彼の生涯にわたる作品を踏査してみると、ところどころにスタインへの奇妙な拘泥が見られる。『ポール・ボウルズ・ソングブック』という楽譜集には、まだ現実にスタインに会う前に、アメリカから彼女に宛てた手紙に旋律をつけたという曲が収録されている。最晩年に発表された日記『日々』にも、「『ユダヤ人は死ぬまでユダヤ人だ』とガートルード・スタインはいった。にもかかわらず、彼女とアリス・トクラスは悪いユダヤ人だ。こっそりとクリスチャン・サイエンティストを信じていたし」という、謎めいた一節がある。スタインをめぐるボウルズの拘泥には、詩への訣別を彼に強いた人物をめぐる複雑な心理が窺われる。

ボウルズは老境にいたってもう一度詩作に挑戦し、『NEXT TO NOTHING』という長編詩をものしている。わたしは本人の了解を得て、それを日本語に翻訳したことがあった。若き日の実験的な手法とは対照的に、きわめて静謐で瞑想的な作風の詩であった。きっと素直な気持ちで詩に回帰できる心境になったのだろう。わたしは詩を一読して、そう感じた。

わたしが出会った(といっても一晩の偶然の出会いにすぎなかったが)三番目の人物は、詩と訣別するに際し、みごとな啖呵を切ってみせた。それがあまりに堂に入っていたので、後々まで年少の詩人たちは呪縛感を受けた。彼は自分を完璧な神話に仕立てあげた。そして詩壇が彼をほぼ完全に忘れ去った頃になって、その訣別を撤回した。詩作を再開したのである。再開にあたっては、またしてもみごとな啖呵を切ってみせた。谷川雁《がん》のことである。

谷川雁（一九二三〜九五）は、戦争が終わろうとしていた一九四五年に陸軍に入隊し、八か月の軍隊生活の間に三回営倉に入れられたという。本当のことかどうかはわからない。復員する途上、汽車のなかで詩作を決意した。大学を卒業し、福岡で新聞社に入社。もっともその当時から同人誌仲間に、「ランボウみたいだ。いまに詩すら馬鹿げてるといって書かなくなるよ」と噂されていたという（安西均「むかしの痣」、現代詩文庫『谷川雁詩集』解説、思潮社、一九六八年）。その後、結核療養を続けながら詩作を続け、評論の分野で健筆を振るった。『大地の商人』『天山』と二冊の詩集を世に問い、詩壇から高く評価された。ところが一九六〇年にこれまでの全詩業を纏めた『谷川雁詩集』を江湖に問うにあたって、「あとがき」のなかで、「私のなかにあった『瞬間の王』は死んだ」と宣言し、詩への訣別を告知した。三十七歳のときである。

観念を猫とみなしてその髭をきるために、青年期の十幾年がついやされた。自己の内なる敵としての詩を殺そうとする努力が、人々のいわゆる「詩」の形をとらざるをえないのは、苦い当然であるとはいえ、私はそれを選んだのでもなければ望んだのでもなかった。眼のまえの蜘蛛の巣のように、それは単純な強制であった。そのゆえに私の「詩」は単純ならざるをえず、敵は自由な饒舌の彼方へのがれ去った。いまや饒舌をもって饒舌を打つことが老いるにはまだはやい私のみすぼらしい戦闘である。

難解というか、一読しただけでは何のことだかさっぱり内容の摑めない文章である。一字一句の背後に意味ありげな寓意が控えており、そのたびごとに読む側は注意深く自分の足元を確認しながら読み進めなければならない。谷川は自分の詩は単純だと書いているが、実際に彼の詩を前に悪戦苦闘した者からすれば、これは自己韜晦の最たるものだとしか思えない。「単純」だとか、「みすぼらしい」という表現が用いられているからといって、卑下をしているわけではない。実はその逆であって、作者はむしろ大威張りでみずからの来歴を振り返っているのである。この人はいつも大威張りだ。

詩を書くというのは、幼い頃から自分の内面にあって、理想や観念を相手に戦うことであった。詩が完成したとき、一瞬ではあるが、自分は王様になったような気持ちを体験したものだ。しかしそうした高揚感は、今ではもはや消えてしまった。

なるほど自分は青年時代に十数年、詩作に打ち込んできた。だが、詩という観念を敵と見なして闘ってきたものの、その結果が俗にいう詩の形をとってしか現われてこない。何という矛盾だろう。これは苦しみに満ちた行為である。自分はそれを望んだわけではなく、ただ強いられて、ひどく単純な詩作を続けてきただけにすぎない。今では自分にとって観念やら理想は詩を離れ、散文の方へと移っていってしまった。観念を相手のこれからの自分の闘いは、散文の饒舌をもってしなければならない。谷川はだいたいこのようなことを語ると、最後に決めの一手を仕掛けてみせる。

自分の「詩」を葬るためにはまたしても一冊の詩集が必要なのだ。人々は今日かぎり詩人ではなくなったひとりの男を忘れることができる。

詩という観念を殺そうとして戦った後に残されるものが、現実の詩作品である。それゆえに、自分の内側の詩を葬り去ったときには、闘いの痕跡が詩集となって残される。矛盾に満ちた逆理ではあるが、谷川はさらにこの論理をひと捻りしてみせる。詩に打ち勝つためには、詩集を刊行しなければならないのだ。どうしてもっと素直なものいいができないものかと思わず半畳を挟みたくなるが、谷川雁という詩人はつねにご意見無用の態度を崩さない。

ちなみに最後の一文はどう考えてみても、論理的におかしい。もしも文章の意図が、これからは以前のように詩人としてではなく、評論家として、あるいは労働組合の活動家としての自分を認知してほしいというのであれば、普通なら「人々は今日かぎり詩人であったひとりの男を忘れることができる」と書くはずだろう。それをあえて「詩人ではなくなった」と屈折した表現に変えてしまったため、文章に不自然な曖昧さが生じている。人々に忘れてもらいたいのは過去の詩人ではなく、これからも生きて、新しく活動をしようとしている、未来の自分であるという含意がどうしても生じてしまうのだ。これは突き詰めてみれば、もはや詩人をやめてしまった自分には、人々に記憶されるほどの価値はないという風にも受け取られてしまっても仕方あるまい。ともあれ谷川雁にとって詩との訣別は、このようにきわめて両義的な、どちらともとれる表現のもとになされた。勢いよく見得は切った。とはいうものの、韜晦に韜晦を重ねすぎてしまったために、動作そのものが虚しく宙を浮いてように見えてくるのだ。

さて、この谷川雁であるが、齢六十を迎えてしばらくした後、突然にもう一度詩作に戻ることを宣言する。二年後には新詩集『海としての信濃』が深夜叢書社から刊行された。谷川雁はいささかも変わっていない。詩集の末尾にまたしても一筋縄では理解できない文章を書きつける。題名は「人肉共食の儀式　──「あとがき」にかえて」である。

「六十歳。きたない水たまり。いまさら、それ以外の物質になる気もないが、だが、そう言ったからとて、あの発端が清められるわけではなかろう」

二十三年前に詩への訣別を宣言したときと同じく、この文章にも幾重にも自己韜晦が張りめぐらされてある。だがそれを承知したうえで、要約を試みてみよう。彼はまず復員兵として無蓋列車に乗り帰郷したときの、二十一歳の追憶から語り始める。

谷川は列車のなかで、自分が「四角な火にとりまかれた」という気持ちに突然襲われた。この思いがけぬ火を大切にしなければいけない。火はこれから先、自分の成熟の度合いを告げ知らせてくれる基準となりうるのではないか。そう考えた自分は、「六十歳の私」をすべての判断の「原器」として採用することにした。

だが悲しいことに、二つの年齢からなるこの関係は、三十七歳に至って停止してしまう。幻影は火とは逆方向へ、もっぱら水の方にむかって滑り出すことになった。自分の内側にあった火はやがて去り、自分は目下、暗渠のような場所に閉じ込められている。憑依の時期が過ぎ、単なる阿呆になってしまったのだ。

谷川はここで決意を立てる。六十歳を迎えた現在、かつての関係を逆転させてみよう。「しらみをつびした紫の点々としみつく軍服」を着たかつての自分に回帰し、時間の循環のなかに、詩と呼ばれる「ほのかな諧謔」を与えてみよう。寓意と韜晦に満ちた谷川雁の文章をどこまで正確に伝達できたかは心もとないが、文意を強引に要約してみると、だいたいこのような感じになる。

興味深いのは、ここで谷川雁が明らかにランボーの神話を意識していることだ。ランボーとはいうまでもない、十九世紀のパリに彗星のごとく出現し、『地獄の季節』と『イリュミナシヨン』という二冊の詩集を纏め上げるや、詩への訣別を宣言した天才少年のことである。彼はその後、武器商人としてアデンからアビシニアに渡り、三十九歳で世を去った。この破天荒なランボーの生涯は、現在にいたるまで、真の詩人とは詩と訣別する存在であるという巨大な神話の源泉となった。谷川雁は書いている。


ひさしく冷凍していた手製の儀式が、妙にちぐはぐなあんばいに溶けかかったのは去年の春だ。耳もとでだしぬけにぞんざいな口をきいたやつがいる。〈おまえの肉はいまどんな味がするのかね〉阿呆の声は若かった。それはあの世界大のからすをじりじりと褐色に焦がしていく力の短縮形であった。あの火がこの声なら、鍋のなかで煮えていたのは何だろう。


この託宣を、ランボーの『地獄の季節』の冒頭、「昔、もしわたしの記憶が確かなものだったら……」という有名な一句と比較してみよう。

そして春がわたしに、ものすごい白痴の笑いを運んできた。

さて、つい最近のこと、もう少しで万事休す、降参の音を吐こうとしていたとき、わたしは昔の大宴会の鍵を探し出してみようと考えた、ひょっとしてまた食欲《やるき》が出てくるかもしれないと思ってたのだ。
鍵とは愛のことだ。こんなことを思いつくなんて、きっと夢でも見ていたんだろう！
「おまえはまだハイエナをやってるんだって？　ブツブツ」悪魔がそう喚いた。昔、わたしに罌粟の花の冠を被せてくれたやつだ。

そうか、やっぱりランボーだったんだなと、わたしは思う。『谷川雁詩集』の後書きで詩への訣別を宣言し、自分が忘却されることを望むと書きつけたときから、彼は彼のランボー神話を生きようと考えていたのだった。年譜は谷川がその後、日本共産党を除名され、三池炭鉱の労働争議に深く関わったことを語っている。彼はその後、外国語取得運動の組織化に携わり、ラボ関係の国際交流センターの重役となる。詩作とはまったく無縁に見えるこうした生業に就いていた間中、おそらく彼の脳裏にはランボー神話が渦巻いていたのではないだろうか。俺はこうして刻一刻ランボーを生きているのだ。彼は自分にいい聞かせていたに違いないと、わたしは睨んでいる。詩作を再開するにあたって、つい本音が出てしまった。いくら隠喩を駆使し自己韜晦を重ねながらも、口を突いて出たのは、宮沢賢治などではなく、昔懐かしき『地獄の季節』の旋律の変奏だった。

谷川雁には一度会ったことがあった。新宿ゴールデン街の小さなバーでのことで、彼は土方《ひじかた》巽《たつみ》といっしょに上機嫌で呑んでいた。というより、わたしがバーの扉を開けて入っていったとき、二人はすでに底が抜けるほどに酔っていた。

土方が突然わたしに向かって、「お前は谷川雁を尊敬しているのだろう、だったら詩を暗唱してみろ！」と、命令口調でいった。わたしが咄嗟にそれに応じることができないでいると、土方は卓をどんどんと拳で叩いた。わたしはかろうじてその一行を思い出して口にした。「おれは大地の商人になろう」

「いいぞ！　いいぞ！」土方が卓を叩く。

「残った奴が運のいい奴」わたしがそういうと、土方はさらに興奮して卓を叩いた。わたしがさらにいくつか詩の断片を口にすると、土方は「そうだ！　そうだ！　いいぞ！」と繰り返し、どんどんと卓を叩き続けた。

谷川雁はウィスキーをぐいぐいと呷りながら、わたしたち二人のやりとりを黙って眺めていた。それからいきなりわたしを遮り、「九州が豊かなのは、半分朝鮮だからだ」といい放った。なぜそんな断言が唐突に出て来たのか、わたしにはわからない。だが彼がこの場の光景に満足していることだけはわかった。一九八五年二月のことである。

今から考えると、それは土方巽最晩年の出来ごとだった。彼は生きているうちに会っておきたい者たちを一人ずつ呼び出しては、酒を呑んでいたのである。この狂騒の一夜から数か月が過ぎた頃、わたしは彼が『海としての信濃』という新詩集を刊行したことを知った。谷川はひとたび詩人としての自分を忘れ去られたいという宣言を発したが、見ず知らずの年少者であるわたしが覚束ない口調で自分の詩を暗誦するさまを見て、宣言の無効を受け入れたのに違いあるまい。彼は苦笑とも微笑ともつかない笑いを、顔に浮かべていた。わたしが思うに、彼は自分の神話がみごとに第一部の幕を閉じたことも実感していたはずである。

絶対に読めないもの

あらゆる詩は読むことができるだろうか。読まれ、理解されることを前提として、書かれているのだろうか。

読者のなかには、いきなりこんな突拍子もない問いを前に、当惑を感じられる向きもあるかもしれない。だがこの広い地上にはときおり、どうしても読むことのできない詩、解読のしようがない詩というものが存在しているのだ。そしてそれは、解読不可能性ゆえに、逆説的に詩となりえていたりする。ではその場合、詩とはいったい何かという問題が生じてくる。実は詩人はこの根元的な問いを考え、また人に考えさせるために、あえてけっして読み通すことのできない言葉を詩行のなかに侵入させたのである。

詩作品のなかに非日常的な記号や符牒を持ち込むことは、これまで少なからぬ詩人によって試みられてきた。たとえば萩原恭次郎の『死刑宣告』（一九二五年）。アナーキズムとダダイズムが交差する地点において成立したこの詩集では、林立する感嘆符の間隙を縫ってありとあらゆる擬音語が氾濫し、一種異様な祝祭的狂騒状態を作り出している。巻末に置かれた「露臺より初夏街上を見る」という詩では、二頁にわたって、S、W、P、Vといったアルファベットに始まり、

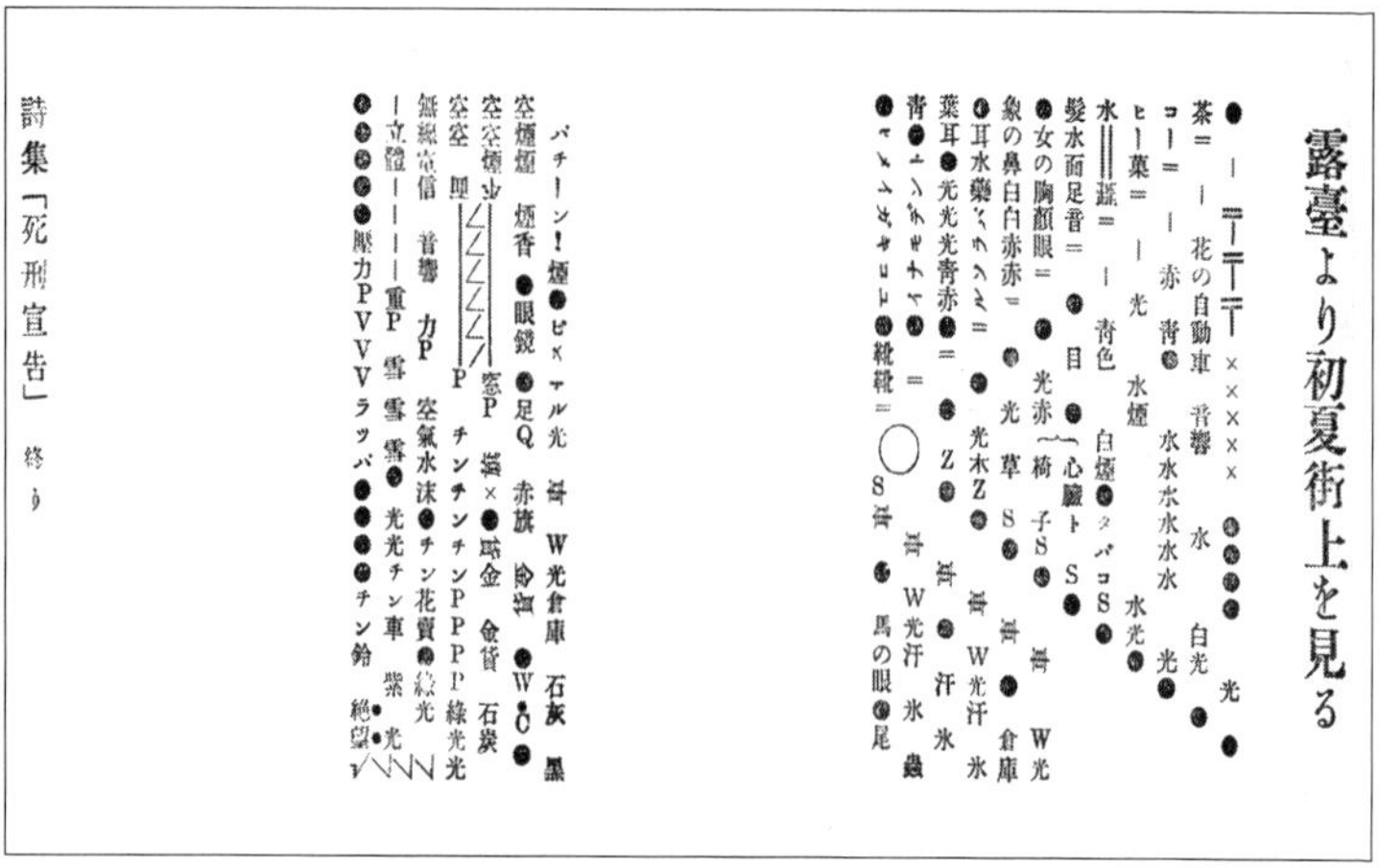

萩原恭次郎「露台より初夏街上を見る」（『死刑宣告』より）

●や×、＝といった記号が跳梁し、「白」とか「赤」「青」といった漢字が、あたかも点滅するネオンサインのように登場している。その隙間に「女の胸」とか「自動車」「絶望」といった言葉をかろうじて読み取ることができるのだが、詩全体を継起的秩序に従って読み通すことは不可能、というより無意味に近い。読者は一枚の巨大なタブローの上で点滅してやまない文字と記号を、ただ眺めていることしかできない。しかしそこから立ち上がってくるのは、一九二〇年代モダニズム華やかなりし大都会を、バルコニーの高所から眺めたときの絵画的光景である。この作品の場合には、いささかも難解なところはない。文字の集合をグラフィックな図柄に見立てる「コンクリート・ポエム」にかぎりなく接近した地点で、詩が詩たりえているのだ。

　萩原恭次郎の場合には、挿入される記号や図形と地の文の言語の間に、文化的連続性が横たわっていた。日本語を解する者であれば、これを音読することこそできないが、全体として詩の主題を把握することは可能である。だがこの連続性が切断され、詩行のなかに予期せざる形で、異文化の文字、それも言語学的にまったく異質の体系をもった文字が持ち込まれるとしたらどうだろう。エズラ・パウンドが最晩年まで執筆を続けた長編詩『キャントーズ』（一九三〇～六九年）の場合がそうであった。

『キャントーズ』は基本的には地の文が英語で書かれた長編詩である。「基本的に」と書いたのは、ジョイスの同時代人であったパウンドがその中に、ギリシャ語からラテン語、イタリア語、フランス語といった風に、西欧の諸言語を自在に取り入れ、いうなれば言語のオートミール状態を作り上げてしまったからだ。だが、その程度のことであれば、エリオットも『荒地』（一九二二年）で試みていた。パウンドが怪物じみて感じられるのは、そこにはさらにおびただしい数の漢字を導入して読者を仰天させたことだ。いや、漢字ばかりではない。義理の息子のエジプト学者から教えを受けたパウンドは、最後にはエジプトの象形文字までをも詩のなかに取り入れているのである。

『キャントーズ』百十七篇のうち漢字が初めて出現するのは、第三十四篇である。もっともこの時は「信」という文字が、小さく註釈として用いられているだけである。四十九篇ではKei Men Ran Kei / Kiu Man Man Kei といった具合に、日本語の音読みで漢字の音がアルファベットで綴られている。『帝舜南風之詩』の一節で、あえて原語の漢字に戻すならば、「卿雲爛兮／糺縵縵兮」である。一介のモダニズム詩人にすぎなかったパウンドにどうしてこのような高度な引用が可能となったかといえば、日本研究家アーノルド・フェノロサの遺稿ノートをその未亡人から託され、それを丹念に読み解くことで漢籍と日本古典を学んだからである。もっとも四十九篇でこのノートに記されたメモをそのまま写し取ったとき、パウンドは東アジアの表意文字が西欧人の読者に大きな美学的衝撃を与えるとまでは、積極的に考えてはいなかった。

漢字導入が頻繁となるのは、五十三篇あたりからである。「堯」「舜」「禹」といった古代神話の人物や「新日日新」といった賢人の聖句が、パウンドみずからの手書きによって紙面に登場する。かたわらにアルファベットで発音が添えられている場合もあれば、それがない場合もある。作者が精神病院に収容され、心の平安を回復して『詩経』の英訳を刊行した一九五〇年代中頃になると、漢字の使用はますます激しくなる。この時期に執筆された八十五篇では、十七頁の本文のなかになんと百四もの漢字が詰め込まれている。まず冒頭に「靈」の一字が大書されている。

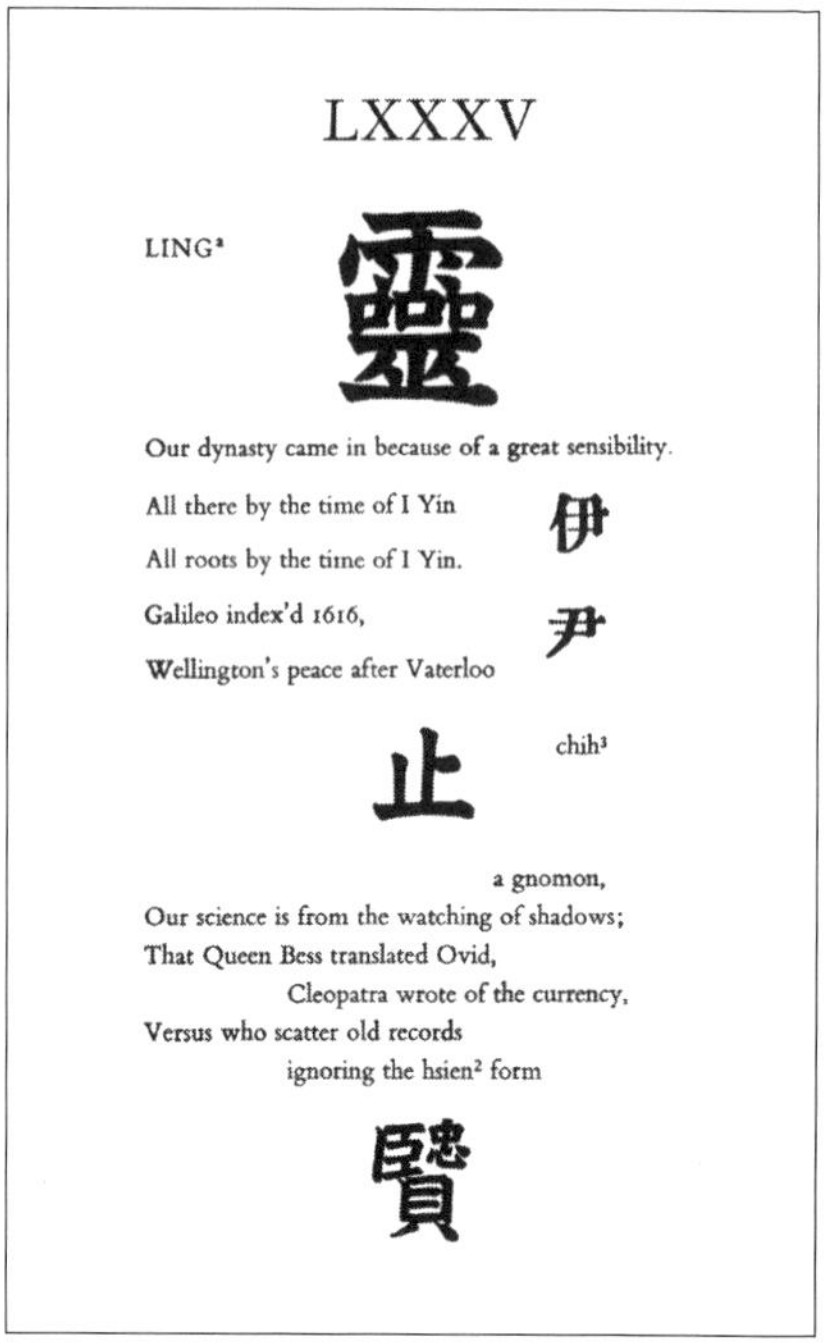
LXXXV

LING^2 靈

Our dynasty came in because of a great sensibility.
All there by the time of I Yin 伊
All roots by the time of I Yin.
Galileo index'd 1616, 尹
Wellington's peace after Vaterloo
chih^3
止
a gnomon,
Our science is from the watching of shadows;
That Queen Bess translated Ovid,
Cleopatra wrote of the currency,
Versus who scatter old records
ignoring the hsien^2 form
賢

エズラ・パウンド『キャントーズ』八十五篇

続いて「イ・インの時代にすべての起源が」という行のわきに「伊尹」。「ウェリントンの平和はワーテルローの後に」に「止」。その後、「仁」「智」「衷」「仁」「好」……と続く。途中からは一頁のなかにあまりに漢字の分量が多いため、英語の地の文がほとんど消滅してしまう現象すら生じている。「靈」の一字は繰り返し登場し、そのたびごとに「規則の礎」だとか「感性」といった註釈が、英語で添えられている。

『キャントーズ』に用いられている漢字のほとんどは、『詩経』『論語』『大学』『中庸』『孟子』『書経』といった、古代の思想書と詩歌集から採られている。その多くはパウンド本人が英訳に携わったものである。このことは、彼が単に異国情緒から漢字を用いたのではないことを物語っている。

七十四篇では「莫」の一字の傍に、ギリシャ語で「ウ・ティス」、つまり「誰でもない者」(『オデュッセイア』第九巻三百六十六行)と記し、さらに英語で「すでに日の沈んだ者」と言葉を添えている。「莫」が本来、四方を草に囲まれた太陽を示す形象に由来する文字であることを知る者であれば、パウンドの詩的直観力の鋭さに驚嘆できるはずである。ここで語られている、すでに日没の暗黒のなかで姿を見定めることができなくなった者とは、ムッソリーニに加担したことが原因で、戦後に名誉も地位もすべてを喪失して精神病院に監禁されている作者本人のことに他ならない。その心境を「莫」の一字に凝縮してみせるパウンドは、まさに根源的な次元においてこの表意文字を理解している。彼は師と仰いだ故フェノロサに倣い、漢語が本来的に携えている多義性のうちにこそ、ポエジーが宿っていると認識していたのである。

パウンドはこうして慎重な思索のもとに漢字を選び出し、それをきわめて暴力的な形で英語のテクストの上に刻み込んだ。読者は最初驚くが、やがてその意義を理解すると、その漢字がひとつの結節点となって、流れゆく詩行の継起的出現を堰き止め、範例的な秩序を形成していることに気付く。体系をまったく異にする文明からもたらされた表記に接近し、それが深く意味しているところを知る。この作業が上首尾になされたとき、『キャントーズ』一巻は古代中国の聖典の訓詁《くんこ》の書として、改めて顕現することになる。それはパウンドが生涯をかけて試みようとした、詩的実践であった。

なるほどパウンドの場合はわかった。たとえ未知の表意文字であっても、こうした知的蓄積を前提として、深い配慮のもとに引用がなされた場合、テクストは異化効果と了解可能性という、一見矛盾するかのような二つの性格を担うことができる。しかしさらに過激に、誰にもけっして読み解くことのできない言語で記されたテクストを、ポエジーの権能のもとに差し出すことというのは、はたして許されるのだろうか。その意味が絶対に封印されているテクスト、回収しきれない異物としてのテクストを「詩」と称して世に問うことはできるだろうか。これから論じることになるドゥニ・ロッシュの場合が、それに該当している。

わたしがパリに到着したとき、ドゥニ・ロッシュはすでに亡くなっていた。ポンピドゥー・センターの書店で彼の写真集を発見し、頁を捲っているうちに、彼が二〇一五年に七十七歳で生涯を閉じたことを知ったのである。写真集は死の直後、モンペリエの美術館で開催された追悼回顧展のカタログだった。そうだ、彼は写真家としても活躍していたのだと、わたしは思い出した。

カタログには一九六〇年代から死の直前まで、彼が折りに触れて撮影した写真が収められている。薊《あざみ》の咲く荒野に屹立するメンヒル。木漏れ日のなかの裸婦。窓の外を眺めている女性。無人の森にむかって設置された写真機と三脚。撮影している自分の黒々とした影を受けた草原（古代人の描いた洞窟絵画のように見える）。ある時期から写真家は、撮影直前の、カメラが置かれている光景に拘泥するようになったようだ。個人的に親交のあった文学者の肖像にも、印象深いものがたくさんある。『テル・ケル』を創刊してまもない頃の、挑発的な顔のフィリップ・ソレルス。うっすらと目を閉じた、最晩年のジャン・ケロール。旧友との再会に微笑んでいるセベロ・サルドゥイ。何かいうことを堪えているといった、深刻そうな顔つきのクロード・シモン……。ロッシュは一九七〇年代の初め、自作の詩を解体し、というより、詩という観念そのものがもはや容認されるべきではない、詩など存在していないと過激に宣言し、そのまま詩作を中断してしまった。けれども死ぬまで写真は撮っていたんだな、それも光を恩寵のように受け容れ、事物をくっきりと見せる写真をと、わたしは思った。もし『物の味方』のフランシス・ポンジュがカメラを手にしていたら、こんな写真を撮っていたのかもしれないとも考えてみた。

ドゥニ・ロッシュは一九三七年にパリで生まれた。大学を出ると文芸週刊誌（信じられないことだが、パリには存在する）の編集に関わり、やがてケロールに推薦され、『テル・ケル』に詩を発表した。ロッシュとマルスラン・プレネが加わることによって、この文学雑誌は詩のみならず、写真や絵画までを批評の領域とするようになり、紙面を豊かに充実させることができた。

ソレルスは以前からセリーヌやパウンドといった、戦時下でファシズムに接近した文学者の作品に関心を示していたが、一九六〇年代前半のパリではまだ彼らのテクストを雑誌に再録するには、理論的準備と勇気が必要だった。その点で、ロッシュの同人参加には心強いところがあった。彼は詩人であると同時にパウンドの優れた読み手であった。ファシズムが瓦解した時点でパルティザンに捕縛され、ワシントンの精神病院に収監された時期のパウンドが書き綴った『ピサ詩篇』を、いち早くフランス語に翻訳し、彼の広大な詩的宇宙を、カンディンスキーや俳句に言及しながら、堂々と紹介してみせた。ソレルスはこうしてパウンドを知ることでダンテの足掛かりを築いたばかりか、中国への熱狂を植え付けられた。やがて彼はパウンドに倣って、長編小説『数』（一九六八年）のなかに漢字を導入し、毛沢東主義の旗を振りかざすことになる。

ロッシュに戻ると、『物語ひと揃い』（一九六三年）、『ミス・エレニズの観念百等分』（一九六四年）、『エロス狂信』（一九六八年）と、編集者としての仕事のかたわらで次々と詩集を発表している。どれもが「テル・ケル叢書」である。短い断片を組み合わせた組詩が多く、初期にはそれぞれの断片の執筆に費やされた時間までが、細かく記されていたりする。大体が十一分とか十三分といった時間で書き切ってしまい、後は顧みないという方法を意図的に採用していたようだ。先にパウンドの名を挙げたが、ディラン・トマスからe・e・カミングスまで、フランスの詩人には珍しく英米の現代詩に精通していたこともあり、ミニマルで即興的な作風にはカミングスの影響がはっきりと窺われる。

ところがこれが、五月革命を過ぎたあたりから変わってゆく。詩という観念を何とか解体させようという思いが強くなり、過激な実験を重ねていく。一九七二年には『3つの詩的腐敗への序文』という、詩とも散文ともつかない短いテクストと、それまでの五年間に発表した十二篇の詩を集めた*Le Mécri*という詩集を刊行している。この「メクリ」というのが大変なシロモノで、まず題名をどう日本語に直せばよいのかがわからない。「エクリ」、つまり書かれたものという言葉に、否定の意味を持った「メ」を無理やりに結合させた造語だと思うのだが、「反エクリ」と書いても何のことだかチンプンカンプンだろう。「書き仕損じ」とか「反故」くらいに訳しておけばいいのだろうか。試みに「ダメ書き」としてみたが、わたしにもそう自信があるわけではない。普通のフランス人だったら、「えっ、軽蔑Mépris?」とか、「俺の叫びMon Cri」と聴き間違え、思わず問い直してしまうところだろう。

ちなみに『3つの詩的腐敗への序文』の冒頭はこんな感じである。

言葉を悪の意味作用に委ねたほうがいい。

壺、肉、暖炉。立って、耳！　椅子、住居、腐ったミルク、樹木の間に吊るされて、幹いっぱいに沈み込んで、揺れたり、また姿を見せたり、有用なエクリチュールのうんざりといわんばかりの卑猥さ、最初の愚劣なあり方。いつもの純粋さ、〈何ものもわたしが頂きに生きることを妨げることはない〉、無垢のポエジー、糞の前の、歩行の前の芝生にふさわしいすべての物体、強そうな猿、韻律の選挙義務。白く新しい物体——とうとう涎を垂らしそうだ！
だから詩よう《ポエモン》！　詩よう！
海藻《ゴエモン》、ポセイドン、

ポーズ、おお、エテ!

ここでは、たとえばフランス象徴派のマラルメに代表される、純白なるポエジーの無垢と純粋をめぐる観念に対して、神聖破壊的な悪態がつかれている。詩をめぐる高潔にして清浄な神話を相手に、汚れたもの、腐ったものをつきつけてみせようとする態度が窺われる。「海藻」以下は語呂合わせだろう。ロッシュのパウンドへの偏愛が、こんなところに顔を覗かせている。

このあと、ブルトンとエリュアールの詩論への言及があり、「音節とは詩行の近親相姦の申し子だ」という、チャールズ・オルソンの言葉が引かれている。カミングス、そしてパウンドが論じられる。「詩は死に行こうとしている、ボンドラ!/死のう、死のう、死のう!」最後に署名がなされる。「ドゥニ・ロッシュ　とりあえず/1972年2月20日」

今、冗談半分に「詩のう」と「死のう」という駄洒落に訳してみたのだが、このテクストに一貫しているのは、今日ではもはや詩が死に瀕しているという強烈な意識だ。いたるところに「詩的腐敗」が蔓延している。世界は腐ろうとしている。「猫はどこだ。封印はどこだ。何もかもを埋めるスコップはどこだ。精神の広大な織物の真ん中でもがいている糞の始末はどこだ」

この短いテクストが息せき切った調子の叫びで一貫しているとすれば、『ダメ書き』ではさまざまに具体的な形で、詩という観念に対する否定が実践されている。全体の基調となっているのは「詩は容認できない。そもそも存在しない」というメッセージである。

ロッシュは五月革命の直後、この言葉を題名とする詩を雑誌に発表した。十一連からなるその詩では、どの連の冒頭にもこの言葉が掲げられ、その後にほとんど自動記述に近いような、短い言葉の連なりが続いている。カルチェラタンを埋め尽くした学生のシュプレヒコールといった感じである。それにしても傑作なのが、この詩集に文章を寄せているソレルスだ。ロッシュの盟友であるこの小説家は、いつもながらの機知に満ちた調子で、「容認できないものは詩的ではない、そもそも充分に存在していて、われわれに付きまとってくる始末だ」などと、ロッシュと正反対の言葉を抜け抜けと記している。もっともこの抜け抜けさがソレルスの本質であることは、いうまでもないが。

『ダメ書き』では他にも、通常な意味ではとうてい詩とは考えられないような作品が収められている。単語を途中で分断し、あちこち穴だらけの原稿からなるもの。フランス語と英語のチャンポンで書き出され、表現という表現がひどく圧縮されているもの。「今はもはや引用などしている場合ではない」というレーニンの言葉を引用しながら、フランシス・ポンジュの「蜘蛛」という詩に書き込みと註釈を施したもの。だがそのなかでも、もっとも過激な試みは、「4つのテクスト」と、その名も「ダメ書き」と題された二つの作品だろう。

「4つのテクスト」を構成しているのは、まったく言語も字体も違う、いやそれどころか、表象システムの異なる四篇のテクストである。最初に中世フランス語で書かれた寓意詩が引用される。次に大小さまざまの活字見本で、「死は実は神聖なものである。知識の中心にして周辺である。……」といった文章が、英語で登場。次の頁では中世ドイツ語の詩の上に、それと垂直に交差する形でラテン語が加刷されている。いわゆるパランセプト、羊皮紙の重ね書きの実例である。最後の頁では見開きで、書斎から窓の外を眺める清朝の知識人を描いた挿絵と、その人物が作詩したと思しき漢詩が掲げられている。もちろんどのテクストにも註釈や翻訳などない。このテクストは一九七〇年に『テル・ケル』に掲載された。同誌が全頁を挙げて、中国の文化大革命と毛沢東思想への共鳴を口にしていた頃である。

とはいえ中世ドイツ語は無理だとしても、最後の頁に掲げられている漢詩ならばどうにかなるかもしれない。高校時代にヒイヒイいいながらも漢文を習ったおかげで、日本人なら何とか読めないことはない。「4つのテクスト」を構成している四篇のテクストはその気になれば解読が不可能なものではない。ロッシュが提示したかったのは、文字においても文化においてもかくも隔たったテクストどうしが強引に並置されることで生じる、何にも帰属することのない匿名の空間であり、そこにこそ未来のポエジーが横たわっているという理念であったと推測できる。その意味でこの詩的実践は、彼の同志であったプレネのロートレアモン論と軌を一にしている。

では「ダメ書き」はどうなのか。この作品は序文と六つの詩の断片、そして二つの引用とそれをめぐる註釈からなっている。この詩集のなかでも例外的に、作者みずからが作品の内部で説明を買ってでているというテクストである。

作者はまず詩を前にしたときはいつも、自己をより深く沈みこませていかなければならないと序文で宣言する。詩の素材を極限的な狭い場所へと引き摺りこみ、自分もまたそこに身を移していかなければならぬ。「エクリチュールをスペクタクルとしてより十全に整えられたものとするためには、詩的生産を、ダメ文化 méculture が極限となる地点にまで、明らかにポエジーたることがゼロ度に達する地点にまで、引き摺り戻さなければならないのだ。ここに掲げた詩行をこれ以後、請け合うことになるのは、もっぱらわたしの孤独であり、わたしが向かおうとする詩行についていては、もはや何人もわたしについていくことができない。」

『マルドロールの歌』の冒頭を気取ってみせたかのような序文の気迫を、どこまで訳文に反映できたか心もとないのだが、もうこれから先、自分は人跡未踏の地を行くことになるのだという気合だけは伝わってくる。「ポエジーたることがゼロ度に達する地点」というのは、いったいどのような地点なのか。とりあえず、ロッシュ本人が書きつけたテクストをひとつ直訳してみよう。ここでは文字は意図的に碑文の形に整えられている。

「神秘の映像」と壮麗なる王なる者をいまだ知らぬ者——カルタゴ
＝ヘレナはわたしの言葉に達せず「詩自由」それを破壊する夫人と

| 権利と嫌悪わたしが来てそれを刻み付けるときまで。 | で
| 三回なにごともお前もわたしを絶対に動じさせなかっ | で
| た、見ることのなかった文いうことのなかった　エク |
| リ農場は大きいなんてものじゃなかった言葉の術は坂 | を
| を上り兎のヘブライ語を語る唇詩行に身振りに「あな | た
| たのところへ行きます」席から席へ「われわれの言葉 |
| なきエクリを真似た身振りとわが傲慢むしろ信じるだ |
| ろうなどとはいわなかった | さ

何のことだかさっぱりわからない。原文としばらく睨めっこしているうちに、これはひょっとしてビートニクのウィリアム・バロウズが一時期用いていた「カット・アップ」の手法を取り入れたのではないかと思い当たった。一度はキチンと書かれた文章を挟みで切り貼りし、前後の脈絡を無視してもう一度結合させるという手法である。ということは翻訳どころか判読自体が不可能であったとしても不思議ではない。「ダメ書き」にある六つの断片は、すべてそうした形で作成されている。ロッシュは英語におそろしく堪能であり、英米文学に深い造詣

を抱いていたから、当時のフランスの平均的読者を驚嘆させることなど、おそらく児戯に等しい術だったのではあるまいか。

だがさらに意表を突いているのは、二頁にわたる、二つの碑文からの引用である。何とひとつはパスパ文字で、もうひとつはエトルリア文字で記されているのだ。いったいそれはどういうことなのか。作者の註釈を読む限り、いずれもが彼の先行する二冊の詩集と深い関係にあるとのことであるが。ところでこれをお読みの読者にお尋ねしたい。あなたは毛沢東思想については知っていても、パスパ文字について何を知ってますか？

パスパ文字とはモンゴル大帝国において、フビライが一二六九年に制定した表音文字である。帝国は二年後に「元」と名乗り、パスパ文字は以後一世紀にわたって、その公式の文字として用いられた。またその後、十七世紀以降はチベットのダライ・ラマが印章に記す儀礼的な文字としても使用され、李朝でハングルが考案されたときには、一説によればその源泉のひとつになったとも伝えられている。しかし二十世紀のフランスでこの文字で刻まれた碑文をテクストとして掲げ、それを読めというのも無茶な話である。ちなみにロッシュはこの文字は左から右に記されていると註釈している。もちろんそのような場合もないではないが、図版を見れば明らかなように、それは上から下へと、つまり現在のモンゴルや日本の文字と同様の秩序のもとに記されている。

もっとも世の中には中国文学者の中野美代子氏のように、優雅にパスパ文字を研究する人物は存在しているのだから、この碑文とてまったく何人にも読めないというわけではないだろう。ではその後に続くエトルリア文字はどうすればいいのか。ローマ人到来以前にイタリア半島に居住していたこの古代人の文字は、たしかまだいかなる考古学者によっても解読されてはいなかった

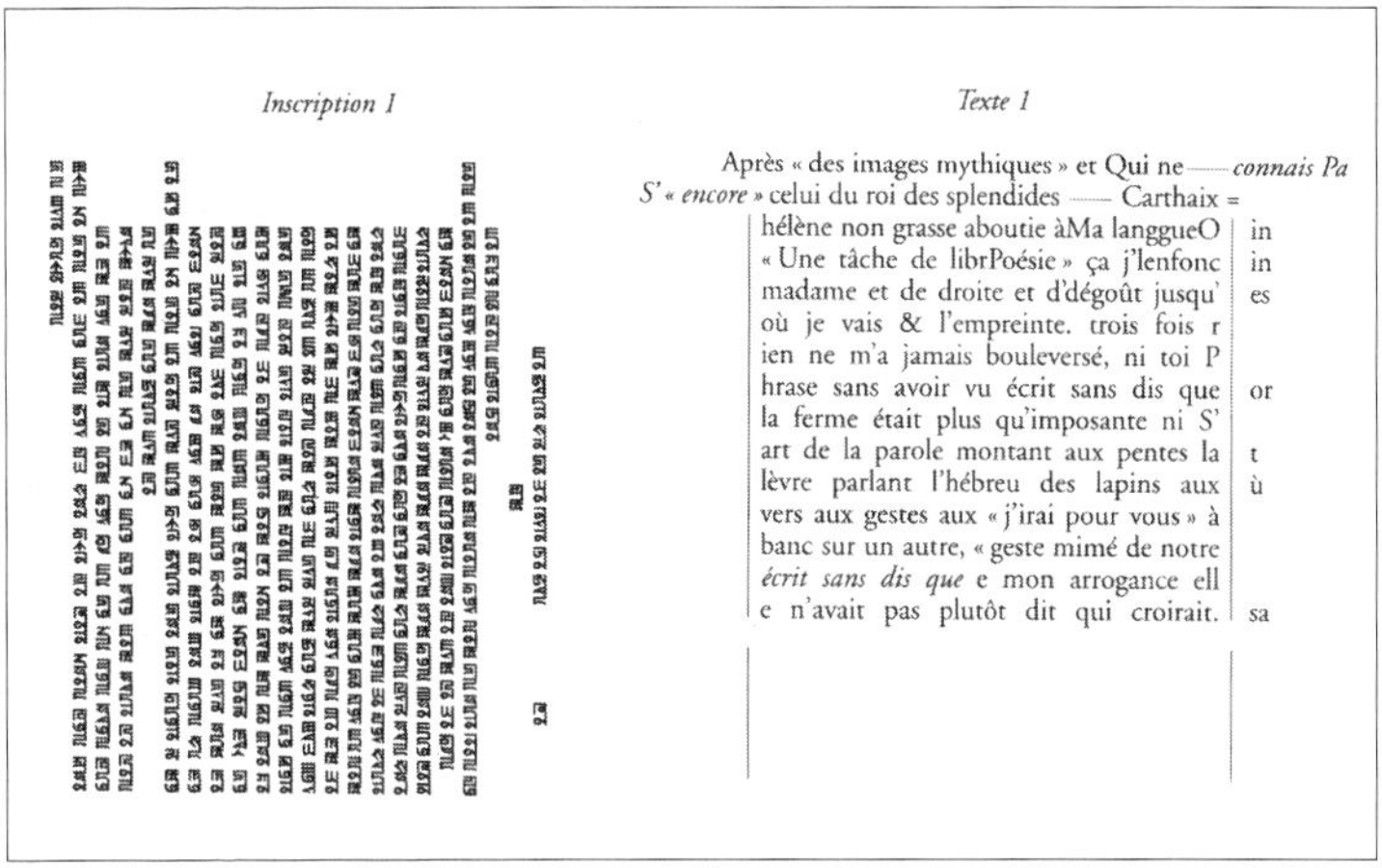

ドゥニ・ロッシュ『ダメ書き』（左頁）パスパ文字による碑文１、（右頁）フランス語による碑文１

のではなかったか。

このロッシュの実験は、つねに前衛文学を標榜してきた『テル・ケル』誌のなかでも話題を呼んだようである。パウンドの『キャントーズ』や毛沢東の漢詩ならば、それなりにフランス語に翻訳されれば理解することができる。しかし歴史学的にもほとんど誰にも読めず、考古学的にも解読がなされていない碑文を、はたしてロートレアモンの『マルドロールの歌』やジョイスの『フィネガンズ・ウェイク』と同じ水準において、テクストと呼ぶことができるとも思えない。ついにここまで来たか。しかしここまでやるかという疑問は、おそらく同人たちの間でも起きていたのではないだろうか。

ちなみにこの『ダメ書き』が『テル・ケル』に発表されたのが一九七一年の秋。翌年には早くも日本でも、侃々諤々の論争が起きている。『ユリイカ』（一九七二年九月号）が「総展望フランス現代詩」と銘打って、特集号を出したときのことである。篠田一士、菅野昭正、渋沢孝輔、阿部良雄、豊崎光一と、五人の英仏文学者が座談会を開いた席で、ロッシュを全否定する篠田と、何とか彼の意図を汲み取り、弁護役を務める阿部の間で激しい論争が闘わされた。阿部が「チベット《(ママ)》文字」を入れた詩を客観的な詩の極限まで行ったと褒めた瞬間、パウンドとカミングスの真似じゃないかと、篠田が怒りの鉄槌を振り下ろした。原詩が発表されてわずか一年の間の出来ごとで、イスラエルの秘密警察にも比すべき、日本の外国文学者の情報収集力に感嘆を禁じえない。ロッシュの試作品の訳出をわずかに試みたのは豊崎であったが、彼が夭折してしまうと、後を継ぐ者はなく、このフランス詩人は日本では完全に忘れ去られてしまった。

　ロッシュがパウンドに負うているものが大きいことは否定できない。彼はビュトールと並んで、『キャントーズ』をフランス語圏の読者に紹介するにあたって、大きな役割を演じた。漢字だらけの困難な詩行の翻訳を率先して行ない、クリスチーヌ・ブルック＝ローズを援用して、みごとな後期パウンド論を執筆した。だが『キャントーズ』における漢字の導入と、『ダメ書き』におけるパスパ文字の召喚の間は、決定的な意味で異なっている。

　パウンドは先行する中国古代のテクストに深く親しみ、その高雅な知を自作詩のなかに直接に連結させようとした。なるほど表意文字を知らない西欧の読者はこの異物の記号に衝撃を感じたが、彼はその衝撃の波に身を預ける形で、脇目も振らず資本主義の道を邁進する者たちの前に、中国という巨大な〈他者〉が携えてきた道徳と世界観を差し出してみせようと企てた。

　ロッシュにとってパスパ文字は、およそエクリチュールの地平に立つかぎり、絶対的な意味で

〈他者〉であった。彼はそれを読むことができなかったばかりか、この文字を手にしていた人々が携えていた宇宙観にも歴史哲学にも、まったく知識をもっていなかった。パスパ文字が援用されたのは、ひとえにそれが、いかなる人間にも読むことが不可能な、拒否としてのエクリチュールであったためである。もちろんこうした観念の背後には、もっぱらアルファベットのみを文明の礎としてきた西欧社会のもつ文化的共同体意識が、無意識的に横たわっている。西欧文明の側からすれば、頑強に読まれることを拒絶するテクストとは、美学的な極限を意味しており、それゆえにポエジーをめぐる既得観念を批判する視座を無償で提供してくれるものであった。

『ダメ書き』を発表した次の瞬間、ロッシュは詩作から訣別した。ここまで来てしまった以上、もう先には進めないと判断したのだろう。彼は英詩の翻訳と写真に戻り、前衛詩人であることを放棄した。そのあり方は、一種の自爆行為を連想させている。

今にして思えば、一九六〇年代の終わりから七〇年代の初めという時期は、世界が実験と前衛をめぐって、ある強烈な同時性のもとにあった時期であった。ゴダールは黒画面が延々と続くフィルムを撮り、ビートルズは録音室に閉じこもって、テープ音楽の編集に耽った。中平卓馬はピンボケ写真に拘泥し、赤塚不二夫の『天才バカボン』は、回を追うごとに過激さの階梯を登っていた。とはいえ彼らを苛立たせてやまなかったのは、彼らがいかに既存の表象体系の臨界において挑発的行為を実践しようとも、体系はいささかも解体せず、逆にかかる挑発をも平然と保証し、庇護してくれる寛容な領域として、彼らの前にもう一度出現してくるという事実であった。ゴダールとビートルズがいかなるジャンル破壊行為に情熱を燃やそうとも、それはみごとに映画であり音楽であった。赤塚と中平の実験は、今日では漫画史、写真史という物語の内側に回収されている。

ドゥニ・ロッシュの詩的錯乱の試みもまた、ここに挙げた前衛主義者の物語の変奏であると見ることは困難ではない。時代の興奮が過ぎ去ったとき、ビートルズは解散。ゴダールと中平は長い沈黙に入り、赤塚は凋落した。ロッシュもまたしかり。いうなれば彼はパスパ文字の石版を抱きかかえて、自爆を敢行したといえる。もうこれ以上、先には進めない。進んでみたところで仕方がないと見極め、すべての試みを放棄したのである。彼に欠けていたのは、盟友ソレルスのように抜け抜けと信仰から文体までを切り替え、平然と開き直るという才能であった。だがそのおかげで、われわれは（谷川雁の有名な捨て科白を真似るならば）、かつて詩人であった一人のフランス人のことを忘れることができる。

註釈する

何年か前のことであったが、ニューヨークに半年ほど滞在していたとき、佐藤紘彰氏に自分の詩集を英語に翻訳していただいたことがあった。佐藤さんは『万葉集』から萩原朔太郎、宮沢賢治、さらに現代の新鋭詩人までをみごとな英語に直してしまうことで、英語圏で高く評価されている人物である。『わが煉獄』というわたしの本も、マイアミに小旅行に出かけ戻ってくると、すでに第一稿が完成していた。後は作者と訳者とが鼻を突き合わせ、一行ずつ出典を確認しながら細部を検討するばかりだという。こうして英訳詩集は驚くべき速さで刊行されたのだが、そのときに少し驚いたのは、膨大な註釈がつけられていたことだった。『ヨブ記』と『コリント後書』への言及があった。ヘラクレイトスの哲学について、ディオゲネス・ラエルティウスの記述が引用されていた。ロバート・グレイヴスの『ギリシャ神話』が長々と引かれ、パゾリーニの略歴が説明として加えられていた。頁を捲ってみると、下欄の三分の一までが細かな活字の註釈で占められているところもあった。

わたしは憤ったのではない。むしろいかなる一行をも蔑ろにせず、そこに隠された意味をより正確に浮き彫りにするため、出典を確認するという地味な作業に、翻訳者として完璧を目指すという佐藤氏の道徳的姿勢を見てとり、敬意を抱いたのである。註釈で言及されていた固有名詞は、無駄に添えられたものではなかった。詩を執筆するにあたり、わたしはそこに掲げられた多くの書物から、霊感を授けられてきたからである。それはわたしが長らく読み親しんで来た書物の名前でもあった。

とはいえ、いくら何でも、この註釈の分量は多すぎるのではないか。なぜそこまで作品の種明かしをする必要があるのか。ヘラクレイトスのことなど、読者が自分で調べればすむことではないか。わたしは率直に翻訳者に尋ねてみた。日本語の原書では、詩集全体を通してわずか十三行の出典表記しかなされていなかったからである。すると数多くの日本の詩を手掛けてきた佐藤さんは、アメリカで出版し、アメリカ人に理解してもらうためには、このくらい説明をつけないとダメなのですよと、苦笑しながら答えられた。

わたしは彼の丁寧な気遣いに敬意と感謝を感じたが、それでもいくぶんかの戸惑いが残った。わたしは展覧会に行っても、絵画のわきに添えられている説明などまったく無視して、どんどん先へ先へと視線を進ませていくタイプの人間である。自分の書いた詩が過度にアカデミックな文脈のもとに読まれてしまうのではないかという懸念が、どうしても心に残った。

日本の現代詩一般のことを考えてみると、註解のある作品はきわめて稀である。あえて探すならば、萩原朔太郎が『氷島』の巻末に付けた「詩篇小解」くらいだろうか。もっともたとえ自註があったとしても、素っ気ない語句説明を越えて饒舌に耽ることは、まずないといってよい。

西脇順三郎の詩には古今東西の文学者や芸術家の名前が散見し、ギリシャ語の間投詞から漢詩のパロディまでが自在に現れては消えていく。にもかかわらず、作品にはいかなる註釈もない。

われわれはいかなる註釈もないまま、金子光晴から谷川俊太郎までの現代詩人を、平然と読んできた。吉岡実の作品の背後にどのような出典が隠されているかも知らず、そのエロティックにして謎めいた詩行を前に、不謹慎な想像を働かせてきた。そこに註釈が記されていなかったのは、それが必要だと見なされていなかったからである。

日本文学の伝統を振り返ってみると、詩的言語に添え書きをすることは珍しくはなかった。というより、いかなる状況のもとに、いかなる作者がそれを執筆したのか、若干の説明を加えることが常識的になされてきた。『万葉集』では、柿本人麻呂の長歌や山上憶良の連作にはかならず短い説明が添えられていて、読む者に導きを与えている。だが、この時点ではまだ、添え書きは歌の外部にあり、補足的な情報を提供する以上のものではない。歌との境界にあって、その批評的註釈としてはたらいていたのは、長歌の末尾に添えられた反歌であった。

とはいえこの添え書きが伸展し、確固とした物語的構造をもつにいたったとき、それは歌の外部に位置するというよりも、歌を包み込み、歌を根拠づける力として意味をもつことになる。『伊勢物語』という連作短編集の成立は、文学ジャンルの発展史にあって、過渡期的な事件である。歌物語の中に、やがて平安時代を特徴づけることになる長大な物語世界の胚芽が宿されていることについては、ここでわたしが言葉を重ねる必要もあるまい。トポロジカルな見方に立てば、『源氏物語』とは、あまたの登場人物のなせる韻文をめぐる、膨大な散文的註釈であると考えられなくもない。日本の古典文学において、多くの歌は、歌と散文の混交という形式のもとに発表されてきた。これは一篇の歌がつねにその歌の評釈とともに読まれてきたこととも、深く関連している。

にもかかわらず、現代詩は基本的に添え書き、寄せ書きの類を排し、散文との混交を忌避してきたように思われる。詩的言語は詩的言語のみで完結すべきであるという信念のもとに、作品の純粋性を誇示してきた。いかなる註釈や説明も、この純粋性を軽減するものとして、一段低いところに置かれてきたのである。

日本文学本来のあり方を振り返ってみるならば、この詩的言語の純粋性という思い込み《ドクサ》の方が歴史的な現象にすぎないことが判明する。では註釈とは何か。詩に註釈が添えられるとき、それは何を意味しているのか。今回はこの問いをめぐってなされた実験をまず取りあげてみたい。詩のなかに積極的に註釈を取りこみ、双方の構造的補完性をもって作品とするという試みである。次にそれが作者の予想もしなかったところに散種され結実したとき、いかなる形をとることになったかをめぐり、不思議な挿話を紹介しておきたいと思う。

入沢康夫は戦後詩にあって、もっとも体系的な啓蒙家の一人である。田村隆一も、吉岡実も、吉増剛造も、他人を啓蒙することに関心をもたなかった。鮎川信夫はときに啓蒙家の演技をしたが、心底ではそんなものを信じていなかったし、吉本隆明は啓蒙ではなく理論の全体性を説いた。入沢の周辺にいた岩成達也と天沢退二郎は、啓蒙と呼ぶにはあまりに難解な文体の持ち主だった。ただ一人、入沢だけが声を大にして、平易な言葉遣いで啓蒙を唱えた。

啓蒙とはどこまでも時代の関数である。残酷な事実ではあるが、ある時期が過ぎてしまえば、時代遅れのものとして嘲笑の的となることがありうることを、自覚しておかなければならない。入沢はそれに躊躇することなく、いや、むしろ、あえて道化的な振舞いに訴えることで啓蒙行為をまっとうした。

詩とは作者の感情を素朴に表現するものなどではない。詩の作者と語り手とは別のものである。作品として完結した詩だけが詩であるわけではない。詩人が絶え間なく詩を改稿し、テクストがそれ自体生命をもったものであるかのように、変化し発展していく過程こそが、詩と呼ぶのにふさわしい。半世紀前に入沢が繰り返してきたこうした主張は、今日では詩を書く多くの者にとって、もはや常識的な共通了解として共有されているのかもしれない。年少の詩人からは、何を今さらという声が挙がるかもしれない。ポストモダンとは、こうした視座の転換が無自覚に共有され、あらゆる言説が順序を欠き、不思議な浮遊状態のうちにあることを指しているからだ。

とはいうものの、入沢康夫は吃音を恐れることなく、繰り返し語った。この国では詩は侮辱されている。この国では詩は侮辱されている、と。

入沢の詩作品はときとして実験的ではあるが、難解なものではない。どの詩も理路整然とした構造体を呈しているため、彼の詩論を頭に入れ、その手法に慣れてしまうと、精巧にして高雅な拵えものとして受容することができる。『かつて座亜謙什と名乗った人への九連の散文詩』は、入沢が長きにわたって情熱を傾けた、宮沢賢治のテクスト・クリティック体験から導き出された連作詩であり、そこには疑うべき曖昧なところは何一つない。『わが出雲・わが鎮魂』から『漂ふ舟』にいたる連作詩は、古代的なるものを背景とし、母なる女神の探究と冥界への降下という神話をめぐるパスティッシュである。ひとたびこの事実が判明してしまうと、読者はきわめて安定した距離を保ちながら、それを手に取ることができる。入沢康夫の詩作品は隅々にいたるまで細かく計算され、あらかじめ分析＝再構築されたものとして、われわれの前に供される。そこには力任せの筆の痕跡もなければ、無意識の逸脱もない。もし「日本的」という言葉が、江戸時代の根付《ねつけ》から現在の「かわいい」文化にまで通底する傾向を呼ぶ言葉であるとすれば、入沢が書き続けた、「作り物」としての詩は、まさに日本的という形容にふさわしいだろう。

とはいえ、わたしにとってもし入沢康夫が興味深く思われるとすれば、それは彼が偉大なる啓蒙家であるからでも、日本的な細工物に長けた詩人であるからでもない。それは偏《ひとえ》に、彼が戦後詩において、はじめて自作に長々とした註釈を施したことに尽きている。いや、この表現は充分ではないかもしれない。入沢は『氷島』の朔太郎とは異なり、詩の外部から内部にむかって註を付けたのではなかった。詩の本文と註釈とを対等に扱い、その全体をもって一篇の詩として、われわれの前に差し出したのである。それはまさに方法論的に選択された所作であった。彼は註釈という、作品の外部にあって、作品を批評しうるメタレヴェルの言説を、作品と同列に、あたかも論理的に同格であるかのように並置してみせた。その結果、詩的言語の階梯に遊戯的な攪拌がもたらされた。入沢康夫はわれわれを、詩的テクストとは本来的に自己言及を宿命とするという認識へと誘っていったのである。

いささか話が抽象的になったので、話をわたしの得意分野である香港ムービーに喩えてみよう。ブルース・リーとジャッキー・チェンのフィルムの違いは、前者が単一の物語を時系列に沿って語る悲劇であるとすれば、後者が本筋とは別に、さまざまな（使用されなかった）ショットや楽屋落ちのショットを羅列し、いかなる悲痛な物語をも、ありえたかもしれない喜劇へと作り変えてしまうところにある。ジャッキー・チェンはアクション場面の決定的瞬間の映像を提示した後、それがいかに演出され撮影されたかを、複数の映像を通して説明していく。映画観客は、フィルムがひとたび幕を下ろした瞬間から開始されるこの註釈的映像を、あらかじめ心ひそかに期待しながら、ジャッキーの映画を全体として体験するのである。入沢康夫とジャッキーに共通するのは、テクストをめぐるポストモダン的覚醒に他ならない。

『わが出雲・わが鎮魂』(一九六八年)は、入沢がはじめて明確な方法論的意識のもとに書き上げた長編詩である。初版本によれば、詩の部分にあたる「わが出雲」が(挿絵を含めて)四十五頁。その「自注」にあたる「わが鎮魂」が三十八頁。本文と註釈とがほぼ同じ分量という、前代未聞の作品である。

基軸として採用されているのは、語り手による出雲探究の旅だ。彼は自分と瓜二つの友人の魂が「あくがれた」ために、それを取り戻しに出雲に来た。この旅が『古事記』のスサノオノミコトによる母親の探究をはじめ、さまざまな相の探究物語と重ね焼きされて、テクストを動かしている。出雲に実在する地名は数多く登場するが、この旅はけっして現実世界における旅ではない。まず冒頭を引いてみよう。

やつめさす
出雲
よせあつめ　縫い合わされた国
出雲
つくられた神がたり

出雲
借りものの　まがいものの
出雲よ
さみなしにあわれ

「出雲」とは物理的な実体でも、現実の空間でもない。それは夥しい書物の断片のコラージュ（「よせあつめ　縫い合された」）を通して漠然と浮かび上がってくる、想像物としての出雲なのだと、語り手は宣言する。『万葉集』や『出雲国風土記』に始まり、芭蕉、T・S・エリオットから蒲原有明、萩原朔太郎まで、古今東西の神話伝承と詩歌がさまざまに声を響かせ、引用の網状組織を作り上げている。だが、そのいずれもが虚構（「つくられた神がたり」）であり、正統性を欠落させた出雲の模造simulacre（「借りものの　まがいものの」）なのだ。冒頭になされるこの託宣は、長編詩全体の方法序説を意味している。これから書かれようとする詩は、現実に参照物をもたず、どこまでも文字空間の内部での引用・残響・痕跡の集積に外ならない。この作品は、みずからのテクスト的身体以外に、いかなる正当化の根拠を持たないものである。いうまでもなくここで語られているのは、古代神話における出雲表象が、実のところ起源神話としての神聖なる威厳を欠き、イデオロギー的に操作されたブリコラージュ（寄せ集め仕事）であって、それを詩のテクストが模倣しているという認識である。

次に「ふみわけた草木」「かきわけた草木」と称して、三十二の植物の名前が掲げられている。もっとも誰が踏み分け、掻き分けた草木なのか。語り手なのか、友人の魂なのか、それとも古代のスサノオなのか、主体はいっこうに定かではない。だが、それは逆に、出雲に向かうあらゆる者の原型的形象であると、ボルヘス的に考えることができなくはない。では、その植物のリストを点検してみよう。

やまかがみ
みらのねぐさ
まつほど
やますけ
やまあさ
なるはじかみ
くらら
つちたら

この後もカタログは延々と続いている。ここに掲げられているのは、『出雲国風土記』に物産として記載されている植物である。「山薮」は漢方でいうビャクレン、「みらのねぐさ」はサイシンであり、いずれもが解熱や腫物、風邪、頭痛、口熱に効果のある薬草である。以下、「なるはじかみ」「くらら」……「まゆみ」まで、二十四の植物の名前が登場する。「にれ」や「まゆみ」のように、現在でも親しまれているものもあれば、「つちたら」や「ありのひふき」のように、ウド、キキョウと説明されて初めて合点のいくものもある。だが、いずれにせよ、それらは実在の植物である。
リストに微妙な変調が生じるのは、「まゆみ」を過ぎてからの八つの言葉である。

らふえる
まい
あめく
ざあび
あるみ
とろめ

かいな
あてのうら

これは一体、何だろうか。古代の植物の名前のように見えて、実はそうではない。作者による註釈によると、「らふえる」から「あるみ」までは、ダンテの『地獄篇』第三十一歌で、バベルの塔の建設を提唱した巨人ニムロドが、その罪ゆえに地獄で鎖に繋がれながら挙げる叫び声であるとされる。「とろめ」から「あてのうら」までの三語には、さらに異なった操作が施されている。それらはいずれも『地獄篇』に描かれている地獄の最深部にある地名であり、裏切り者の堕ちるところであると、解説がなされている。この二つの指摘は、いったい何を意味しているのだろうか。

先に掲げた古代の植物名は、書誌学的な情報である。『出雲国風土記』なりその解説書を繙けば、作者でなくともその情報に接することは充分に可能であるし、古代研究の専門家にとってすれば、もとより親しい語彙であったかもしれない。だがその延長上に、ダンテの登場人物が口にした謎の言葉や地獄の細かな地名を、いかにも植物名であるかのようにそっと忍び込ませてみせるというのは、あきらかに実験的な詩的実践である。仮に作者による楽屋落ち的な註釈が存在していなかったとすれば、おそらく平均的な日本語の読者は、独力で出典に到達することなどかなわなかっただろう。ここではもはや註釈は外部からではなく、作品のまごうかたなき一部として、内側からなされている。古代の植物の連なりのなかにダンテの創造した地獄の光景を招き寄せるという行為そのものが、この詩作品の本質に深く関わっているのだ。

ちなみにここで、ダンテの原文に当たってみる。今、わたしの手元にある『神曲』で該当部分を確かめてみると、なるほど『地獄篇』三十一歌二十三連目（行数でいうと六十七行目）に、Rafel mai amech zabi almi という五つの単語が記されている。綴りは版によって若干の異同があるが、これをどう読み解くかをめぐっては、中世以来さまざまな学説があった。一時は、シリア語ではないか、あるいはアラビア語ではないかという説が唱えられた。もっとも新しい日本語訳（原基晶訳、講談社学術文庫、二〇一四年）には、「巨人達よ。なんということだ、我らの聖なる住処を焼く者がいる」という意味のヘブライ語が変形されたのだという解釈までが紹介されている。

もっともこのようなトンデモ解釈を次々と招き寄せるところが謎の謎たる所以である。これは人類原初の統一言語をかくも分裂させる原因を作った、罪深きニムロド王に対し、ダンテが懲罰として与えた、何人にも理解しえぬ言葉であると解釈しておくのが妥当であるように、わたしには思われる。ニムロド王が口にするこの言葉について最初に註釈したのは、まさにその場にいあわせたローマの大詩人ウェルギリウスであった。ウェルギリウスは王のおかげで現世の言語が乱れてしまったことを非難し、ダンテに向かって、あの者は放っておけと忠告している。Chè così è a lui ciascun linguaggio / Come 'l suo ad altrui; ch' a nullo è noto.（彼の言葉が他の者に通じないように、いかなる言葉も彼には通じない。誰も彼の言葉を知らないのだ）。要するに、いかにもありそうに見えて、その実、地上には存在していない言語だと理解しておけば足りるだろう。『徒然草』に七不思議があるように、『神曲』にも七不思議が存在しているのだ。

自作のなかにさりげなくこの謎の科白を挿入したとき、入沢康夫は当然のことながら、ニムロド王のバベルの塔建設失敗の物語を知悉していた。彼は註釈のなかで、大胆にも往古の出雲大社が現在のそれよりも、高さにおいてはるかに勝っており、しばしば倒壊したという所伝に触れている。また神の門を意味する「バベル」と、出雲古郡名の一つ、神門郡《かんどぐん》との間に、あたかも何か関連があるかのような物いいをしている。

『わが出雲・わが鎮魂』という作品の底に水脈のように走っているのは、こうした偽史めいた韜晦ぶりである。この作品は詩の部分を地上に、註釈の部分を地下に持つことによって、その相補性において成立しているのだ。両者は語彙の照合関係を靭帯として、互いに増幅しあい、反響しあっている。その増幅と反響を通して、テクストは新しい触手を伸ばし、さらなる詩的連動を組織してゆく。インターテクスチュアリティの意識に長けた読み手であれば、ここに顔を覗かせた

「バベル」（門、戸口）の一語から、西脇順三郎の*Ambarvalia*の冒頭の一篇、「天気」を想起するであろうし、詩的夢想はさらにそれを越えて、自在に伸長していくことだろう。

『わが出雲・わが鎮魂』の意義とは、それまでは本文をめぐって従属関係にあった註釈という言語を、作品のなかで本文と対等な声として扱ったことに始まった。両者の呼応を通して、テクスト内部の階梯は休みなく切り崩されては、新しく築き上げられていくことになる。それは自己回帰の運動でもある。註釈はここに到って、作品の内側に組み込まれた作動因として、積極的な役割を果たしている。

『わが出雲・わが鎮魂』は一九六七年に『文藝』に一挙掲載され、翌六八年に単行本として刊行された。この長編詩が日本現代詩の世界にどのような衝撃を与えたかについては、さまざまな角度から論じることができる。それは奇しくも同じ一九六七年に発表されたビートルズの『サージェント・ペパーズ』が、ロック界にコンセプト・アルバムの道を示唆したように、物語的な構造をもった長編組詩という可能性を詩壇にもたらした。詩とは作者の苦悶せる、ロマン主義的な内面などから絞り出されるものではない。むしろ他者の書物の引用とパロディを基軸に据えることでこそ、詩は今日的に成立しうるものだ。そうした立場が、少しずつ市民権を得るようになるために、この詩集の果たした役割は小さくなかった。だが、それればかりではない。言語空間を媒介としての出雲への回帰を謳ったこの長編詩は、日本語世界の津々浦々にまで種子を散らし、その結果、思いがけない果実を結実させることになったのである。「津々浦々」と書いたのは文飾ではない。それは熊野新宮の被差別部落に生まれ育った青年に、決定的な影響を与えたのだ。

中上健次が入沢康夫の作品に初めて接したのは、『岬』や『枯木灘』といった小説作品によって脚光を浴びる、はるかに以前のことだった。

この文学青年を最初に魅惑したのは、小説ではなく、詩であった。彼の詩作品は今日、二十四篇が残されている。それらは十八歳から二十二歳の間に執筆され、地元の高校の文芸部誌やタウン誌に掲載され、現在では集英社版全集第十四巻に、すべてが収録されている。中上の入沢詩との出会いは二十一歳の時点でなされた。彼はその当時すでに上京し、故郷への訣別を文学としていかに表象するかという問題に悩んでいた。『文藝』に一挙掲載された『わが出雲・わが鎮魂』を読んだ中上健次は、そこにみずからの解放をめぐる強い予感を認めた。出雲についての詩が書かれうるのであれば、熊野についての詩があってどうしていけないことがあろう。ヤマト政権による国家的統合のなかで、この二つの地はともに貶められ、敗者の役を宛てがわれて、神統譜の周縁へと排除されてきたではないか。入沢康夫の長編詩は中上に、神話そのものが詩の題材となりうることを教えた。彼はただちにこれまでの習作の作風を放棄し、入沢の圧倒的な影響のもとに、改めて詩作を開始した。入沢の出雲連禱に倣って、「四つの断章からなる季節の試み」という組詩を執筆し、「八雲たたぬ八重垣／はやたたぬ八重垣」と書きつけたのである。

とはいうものの、神話物語の今日的脚色だけでは不充分なことも明らかであった。文学的野心に燃えた青年は、おのれを育んできた被差別部落と、そこで少年時代に体験した差別と屈辱、怒りと憎悪をも、詩的に結実させる方法を取得しなければならなかった。かくして一九六九年、七十七行にわたる「故郷を葬る歌」が書かれ、タウン誌「さんでージャーナル」に掲載される。冒頭を引いてみよう。

熊野
くそもじ、みくそもじ
やあれあっぺの豚どもが文明論をほえたてるところ
海もなく山もなく川もないどろだらけの犯罪者が永山アパート下の拘置所で悔悛するところ
熊野よ
おお裏切りの列車のまま俺を逆立ちさせ足をも断ちきる
たち切られた俺の足
足のままで立てもせぬ俺の足
熊野よ

激しい攻撃衝動に満ちた詩行である。熊野という聖地に向かって呼びかけているのだが、その名は「くそ」と重なり合って、汚穢に満ちた対象と化している。語り手は世界のあらゆる方向に向けて、強烈な憎しみを投げかけている。言葉は蹴躓《けつまず》いたり、吃ったりしながらも、機会あるたびに「熊野」の一語に引き戻され、それを苛立たしく反復する。圧倒的な閉塞感と脱出への欲望。周囲の誰彼への罵倒と自己去勢。声は相反する力に引き裂かれ、行き場のない暴力を持て余している。唐突に登場する「永山」の一語は、連続射殺犯永山則夫を指すとともに、作者の生地である被差別部落をも意味している。一九六九年の時点でその名をあからさまに口にすることは、新宮にあって厳重な禁忌であった。中上はあえてこの禁忌を破り、読者に挑発を仕掛けている。

市長を殺せ
教育長を殺せ
裏切り者渡辺靖男をしばり首にしろ
母千里を殺せ
父、七郎を殺せ、留造を殺せ
姉、鈴枝を殺せ、静代を殺せ、君代を殺せ
熊野よ、わがみくそもじよ
わが町、春日を燃やせ、野田を燃やせ
この連澪にしるされたもろもろを
呪え

有体にいって、これははたして詩なのだろうか。ここには、詩と呼ぶにはあまりにも直接的すぎる感情の噴出がある。両親はもとより、親戚縁者、生まれ育った町までが、すべて現実の固有名詞のまま登場し、呪詛の対象とされている。「熊野」の一語を「くそもじ」「みくそもじ」と読み解いたとき、あらゆる禁忌が解き放たれたのだ。

中上健次はこうして自分の起源に関わるすべての人物、すべての土地に呪いを浴びせかけると、詩の後半ではその根底にある熊野に向かって、あらんかぎりの憎悪を表明する。

熊野よ
くそもじ、わが故郷よ
くだけろ
さけろ
つぶれろ
もえろ
けむれろ
きえろ
うづけろ、つづけろ
ふやけろ、しんでろ、ぐねれろ
ごねろ、ごらねろ、どろねろ、とめれろ
おおわが故郷
この連濤をとめろ
犯罪者中上健次の足を断て
手を断て
目を断て
男根を断て
皮膚を断て
熊野、くそもじ、わが故郷

この一節の前半は、入沢康夫の『わが出雲・わが鎮魂』であるならば、二十六の植物と八つの地獄の言葉・地名の部分に対応している。だが中上は、無限の書物の引用からなるテクストのユートピアになど一瞥もしない。彼が代わりに書きつけるのは十五の動詞の命令形である。もっともそのうち、最初の六つまでは日本語として判別がつくが、それ以降となると、オノマトペとしての色彩の方が強く感じられてくる。「うづけろ」や「ぐねれろ」「ごらねろ」といった言葉は、それを発語する際の唇の歪みや捩れがまず想像され、その触覚的な語感から、何か凶悪なものが泥のなかでのたうち廻っているといった印象がある。

中上は後にエッセイ集『破壊せよ、とアイラーは言った』のなかで、一九六〇年代の終わりに新宿のジャズ喫茶でフリージャズの世界に耽溺した体験を書き記している。ここに掲げた造語の背後に、わたしはアイラーやコルトレンのサックスの残響を聴き取ることができるような気がしている。興味深いことにこの一節では、一般的な言葉があえて平仮名で記され、それがいつしか架空の意味不明な言葉へと変容していくという手法が採用されている。それはまさに入沢が行なったことでもあり、そっくりそのまま模倣されているところに、中上の入沢への傾倒の深さを窺うことができる。

ここに引いた部分の後半では、自己去勢への強い欲求が記されている。語り手はみずからをスサノオになかば同一化し、彼が高天原《たかまがはら》を追放されるにあたって受けた受難を、わが身に招き寄せている。中上健次は単に世界のいっさいを嘲罵するばかりではない。返す刀で、嘲罵する主体であるみずからをも懲罰の対象としているのだ。

「故郷を葬る歌」は、作者が二十一歳のときに執筆された。中上健次の詩的頂点を極める作品であるといえる。もっとも先に記したことだが、このあまりに個人的な感情の表白に満ちた作品を、はたして尋常の意味で詩と呼べるかどうかは、評者によって意見が異なるかもしれない。それはかろうじて詩作品の形こそ取ってはいるが、その形式を食い破りかねないほどに強い憎悪の発現であり、詩行の隅々にいたるまで、中上の怒鳴り声が響き渡っているかのような言表なのだ。この詩を書き終えたとき、作者は一つの境界を乗り越えたのだと感じたのだろう。その直後に『日本語について』という短編小説が執筆され、それ以後、中上健次はもっぱら散文に情熱を注ぐようになる。彼は二十三歳で詩作を中断し、小説に邁進する。わたしが本書の前の方で論じたように、彼の身の上にも「詩との訣別」が生じたのだ。

入沢康夫と中上健次の違いはどこにあるのだろうか。

入沢はつねに冷静に詩作品を分析し、作者と話者は論理的に別の次元に属していることを指摘した。彼は自分を現実的に取り囲んでいる世界、たとえば家族の存在を封印し、省みなかった。そして先の前提に基づいて、神話を援用しつつ、無限の書物空間のひとつの結節点としての詩を作成した。中上は入沢から強い主題的示唆を受け、手法においても模倣を続けながらも、どこまでも詩行のなかに地声を響かそうと試みた。彼は話者を想定するかわりに、みずからを演劇的形象として詩のなかに投入させた。入沢が古今東西の神話と文学を参照項目としたとき、中上は近親者はもとより、故郷の地名と人名に向かって、容赦ない罵倒を繰り返した。彼は家族から眼を逸らさなかった。入沢が探究の物語を作品の骨子に据えたとき、中上は詩作を通して、訣別という事件を生きようとした。故郷の過去の物語に訣別を宣言することは、とりもなおさず詩を書くことへの訣別でもあった。彼は文学的記憶にひとたび白紙還元《タブララサ》を施すと、小説という未知のジャンルに向かうことになった。

『わが出雲・わが鎮魂』には、詩行にほぼ等しい分量の註釈が付随している。「故郷を葬る歌」にはいかなる註釈もない。中上健次はもっぱらみずからの解放のためにこの詩を書いたのであって、そこに描かれている、錯綜した家庭事情を他人に説明する必要も義務も感じていなかった。たとえ読者が「永山」や「千里」や「七郎」といったローカルな固有名詞を理解できなくとも、それは彼の関心外のことであった。

中上健次がまだ生きていたころ、わたしは彼に尋ねたことがあった。もう詩は書かないのか。詩集を纏めて刊行する気持ちはあるのかと。

彼はいった。芸ごとの詩をいくら書いても仕方がないと。

発語する

発語について考える。人はいつ発語するのか。いつ口を開き、何かを伝えようとして、叫びとも言葉ともつかぬ音声を、そこから発しようとするのか。

いくつかの感動的な光景が、わたしの記憶に蘇ってくる。現実の光景ではない。舞台で、スクリーンで観たことのある映像だ。

生れてまもなく森に迷い、狼たちの間で育てられた少年が、人間たちの世界に戻ってくる。彼は四つん這いになって歩き、あちらこちらの臭いを嗅ごうとし、服を着ることを拒む。ある青年医師が少年を何とか文明の世界に引き戻そうとし、忍耐強くその作業に取り組む。成果はなかなか現れない。少年は激しく抵抗し、逃亡を企てる。とはいうものの、医師の努力が実り、彼はついにコップに注がれた白い液体を口にすることを受け入れる。医師は少年に、「レ（lait）」と発音すれば、いつでもそれが与えられることを教える。だが、少年は理解できない。彼は機嫌を損ね、暴れ散らす。だが、ふと思い直して、「レ」と口にしてもみる。目の前にはまたしても牛乳《レ》が差し出される。少年はこの美味なる飲物が「レ」であることを知り、強い歓喜に襲われる。トリュフォーのフィルム『野生の少年』（一九六九年）のなかの一場面である。

もうひとつ、今度は舞台にあって強く印象付けられた体験を辿ってみよう。

舞台の暗闇のなか、だしぬけに空間を切り裂くようなヴァイオリンの音が聴こえてくる。ほんのり明るくなった舞台には、いつの間にか二人の人物が現れ、屈みながら床を擦ったり、そのあたりを歩き回っている。一人が奇声を発し出す。何か言葉を訴えたいのだが、まだ言語として充分に分節化されておらず、叫びの域に留まっている声。叫びは歓喜とも威嚇ともつかぬ独自の抑揚をもち、ひとつの単語に収斂しかけてはそれに挫折し、ふたたび叫びに引き戻されてしまうかのようだ。ハムハムハ……ハハハ……彼は暗闇で何かを弄《いじく》るかのように音声を発し続け、いくたびも、いくたびも試行錯誤をした末に、ようやく科白に到達する。「わた……わたたた……し、しし……わたしは……わたしはハムレットだった」

アヒナー・ミューラーの『ハムレットマシーン』を、岡本章が能役者を用いて演出した（世田谷パブリックシアター、一九九八年）ときの舞台である。

この二つは、現実の日常生活のなかで起きた発語ではない。どこまでも物語的虚構のなかで表象された発語である。だがそこには、発語という行為をめぐる本質的なものが横たわっているように思われる。それは世界に向かって投企することだ。いくたびかの躊躇のすえに、怯懦を克服して、思い切って口を開いてみること。眼前に立っている他者に向かって、自分の身を投げ出してみせること。発語された言葉がすでに分節言語の態をなしているか、あるいはいまだに分節をともなっていない叫びの段階にあるかは、それほど重要ではない。問題は口を開き、息を吐き出すことなのだ。すべてはそこから始まる。

発語とは言語の起源ではない。起源は神話の中でしか成立せず、言語学的につねに検証不可能な域に留まっている。発語とはたまたま複数の力が重なり、競合しあったときに生じてしまう現象である。それは〈始まり〉ではあっても、本質を開示するような〈起源〉ではないのだ。あるときさまざまな抵抗と妨害にもかかわらず、逡巡と躊躇ののちに言葉が発せられる。沸騰した水が薬缶の蓋を持ち上げるように発語は成立する。それを押しとどめることは、誰にもできない。そしてひとたび発語されたとき、すでに決着は着いたのだ。と同時に、発語の瞬間から人は〈語る主体〉となり、言語が築き上げている網状組織の内側に組み込まれてしまう。発語は事件である。発語について語りうるのは、〈訣別についてがそうであったように〉詩の言語である。

書くことはつねに語ることに遅れて開始される。書くというのは、それ自体が遅れをともなったこと、遅れそのものである。では書くことにおいて、発語に相当するものとは何だろうか。人がいくたびもの逡巡ののち、思い切って紙に何かを書き記そうとするとき、そこで起きているのはどのような事態なのだろうか。

二〇〇七年、作家の寮美千子は、奈良少年刑務所から「社会性涵養プログラム」と呼ばれるプロジェクトへの参加を要請される。少年刑務所の壮麗な煉瓦造りの建築に漠然と関心をもっていただけの作家は、建物のなかに足を踏み入れ、自在に見学してみたいというだけの動機から、それを引き受ける。彼女は教育専門官から受刑者の少年たちについて説明を受け、プログラムの意図するところを理解する。求められていたのは、彼らを相手に童話や詩を用いて、情操教育の授業をすることだった。

受講予定者のなかには、強盗、殺人、強姦といった凶悪犯罪で、重い刑を受けている者がいた。だが、それと同時に、幼少時に両親から育児放棄されたり、惨たらしい虐待を受けてきた者も存在していた。内気さゆえに自己表現ができずに誤解を受けたり、動作が緩慢なために学校で「落ちこぼれ」と判断されてきた者もいた。抑圧的な環境で育ち、情緒的な体験に恵まれていなかったため、自分の感情を理解することも、それを表現することもできないまま成長した者もいる。担当官の説明を聞いているうちに寮美千子は、自分が対面する予定の受刑者たちが、「加害者であると同時に、この社会の被害者なのかもしれない」という印象を抱くようになった。ともあれ彼女は、まさに手探りで童話と詩の教室を担当することになった。

アイヌ民話の絵本をいっしょに読み、全員でそれを芝居にして演じてみる。金子みすゞとまど・みちおの詩を読みあい、互いに感想を述べあう。回を重ねるほどに受刑者たちは少しずつ心を開き、伸びやかな表現を口にするようになる。そこで頃合いを見計らって、寮は彼らに詩を書かせようと試みた。これは簡単にはいかなかった。突然に詩といわれても、何を書けばよいのか、誰もわからなかったのである。受刑者たちはこれまで自己表現が許されたり、それに耳を傾けてもらったりということを、一度として体験してこなかったのである。

寮はしばらく考えた後、好きな色について書いてみてはどうかと提案した。これは効果があった。これまでほとんどモノをいわなかった少年も、表情の起伏が感じられなかった少年も、このヒントを与えられ、生れて初めての詩を執筆した。

ぼくのゆめは……

重い懲役刑で服役中の少年の書いた詩の全文である。いや、正確には、詩として結実する以前に言葉が尽きてしまい、立ち枯れてしまった言葉の残骸である。夢が多すぎて書き切れないというのでも、ひとつも夢をもっていないというのでもない。自分の夢について人から尋ねられることもなかったし、たとえそれを語ろうと思っても、それを言表として差し出すという体験がなかったため、この後を書き続けることができないのである。

この未完成の一行は、その背後にある沈黙の大きさによって図られるべきだろう。何か必死の思いをともなって、一つの言葉が発せられようとしている。だが、それはあまりの外圧に堪え兼ねて、書き文字としてこれ以上伸展できずにいる。結果として、未然に終わった発語の瞬間だけが、ストップモーションのように文字として残されることになった。

では、次のふたつの詩はどうだろうか。

空が青いから白をえらんだのです

ぼくは　黒が好きです
男っぽくて　カッコイイ色だと思います
黒は　ふしぎな色です
人に見つからない色
目に見えない　闇《やみ》の色です

少し　さみしい色だな　と思いました
だけど
星空の黒はきれいで　さみしくない色です

最初のものは、七年前に母親を亡くした少年の手になるものである。母親は病弱で、家庭内暴力の犠牲者だった。父親に殴られている母親を前に、幼い少年は何もできずにいた。「つらいことがあったら、空を見て。そこにわたしがいるから」というのが、病院で母親が口にした、最後の言葉であった。

寮美千子によれば、この一行の詩が書かれるまでには、相当の時間が必要であった。だが、ひとたび書き終わると、ふだんはひどく寡黙であった少年は、突然に堰《せき》を切ったかのように語り出した。ここには詩的な構成もなければ、特別な語法もない。われわれが窺い知ることができるのは、それが純粋な発語であるということだけである。

二番目のものは、最初のものと比べて、詩をめぐる構築的意志が認められる。黒という色彩を契機として、さまざまな空想と思惑とが綴られている。そこから推察できるのは、社会的弱者として生きてきた作者の心理的来歴である。人に蔑ろにされると同時に、人の視線からも身を隠してきた人生。一篇の詩のなかで彼は黒という色を「さみしい色」と呼び、次にそれを否定して、「さみしくない色」といい直している。黒は最初、否定的な陰影を帯びていたのだが、詩の途上で転換が生じ、一気に星空へと押し拡げられた。詩作という行為が予期しない形で、開かれた終わりを準備した。

寮美千子は二〇〇七年から二〇一六年にかけて、こうした詩のクラスを担当した。その結果は現在、二冊のアンソロジーに纏められている。もっとも彼女が目指したのは、受刑者の表現力を錬磨する術を教授することでも、文学的に洗練されたアンソロジーを編纂することでもなかった。寮の念頭にあったのは、詩作を通して少年たちが人間的にいかに変貌し、共同体のなかで情緒的なコミュニケーションの力を獲得してゆくか、その過程を見据えることであった。彼女は最初のアンソロジー『空が青いから白を選んだのです』の末尾に寄せたエッセイ「詩の力　場の力」のなかで書いている。

「たとえ、それが世間で言う『詩』に似ていなくても、それは確かに『詩』だ。日常の言葉とは違う言葉だ。ふだんは語る機会のないことや、めったに見せない心のうちを言葉にし、文字として綴り、それを声に出して、みんなの前で朗読する。」

「この教室をやってみて、わたしは『詩の力』を思い知らされた。それまで、詩など、なんの関係もなかった彼らのなかから出てくる言葉。その言葉が、どのように人と人をつなぎ、人を変え、心を育てていくかを目の当たりにした。それは、日常の言語とは明らかに違う。出来不出来など、関係ない。うまいへたもない。『詩』のつもりで書いた言葉がそこに存在し、それをみんなで共有する『場』を持つだけで、深い交流が生まれるのだ。」

〈詩の力〉とは何か。蜃気楼のように一瞬でもいい、もし詩が共同体を現出せしめるとすれば、それはどのような共同体なのか。

永山則夫が処刑されて、もう短くない歳月が過ぎ去ろうとしている。おそらく戦後日本社会にあって最大の獄中文学者であったこの人物のことを、人は少しずつ忘れようとしている。世間を震撼させたあの連続殺人事件の残響のなかで、彼が牢獄から発表した書物がベストセラーであった時代は、もう遠い昔となってしまった。にもかかわらず、彼は監禁状態のなかで書くことに遭遇し、外界から久しく遮断されながらも、その外界を舞台に詩や小説を書き続けた。処刑される直前までなされてきたこの行為の文学的意味については、まだ充分に探究されているとはいいがたい。人が書くという行為にどのようにして遭遇するかという問題をめぐり、永山の最初の著書『無知の涙』は、今なお、根源的な問題を突きつけているように、わたしには思われる。

永山則夫の来歴についてはあまりに多くのことが語られているから、ここでは手短かに語っておくことにしよう。彼は一九四九年に、北海道網走市呼人《よびと》番外地に八人兄姉の末っ子として生まれた。父親は林檎の剪定職人であったが、賭博で借金を重ね失踪。母親が行商をして、子供たちを育てた。もっとも彼女は三度にわたって子供たちを置き去りにした。姉は統合失調症。兄の一人は犯罪を犯し、服役をしたことがあった。則夫は貧困と家庭内暴力のなかで育ち、高校進学を断念。中学卒業後は集団就職で東京渋谷のフルーツパーラーに就職した。だがほどなくしてそこを飛び出し、牛乳販売店員、沖仲士、クリーニング店員、喫茶店のボーイなど、さまざまに職を変えた。その間、香港に密航しようとして発見され、日本に送還されるという体験をした。彼は横須賀の米軍宿舎に忍び込むと、拳銃を盗み出し、ホテルのガードマンやタクシー運転手など、四人を射殺した。一九六九年の春に逮捕されたとき、彼はまだ十九歳だった。

悲惨な家庭環境であったにもかかわらず、永山はつねに読書に悦びを見出す少年であった。小学生時代には啄木に親しみ、吉川英治の『宮本武蔵』に読み耽った。東京で職を転々としている間も、時間を見つけては『嵐が丘』や『若きウェルテルの悩み』といった西洋文学を好み、とりわけドストエフスキーに熱中した。彼は困難な状況のなかで、『罪と罰』から『白痴』『カラマーゾフの兄弟』までを読破していた。また逮捕され、刑が宣告されたのちも、獄中でカント、ヘーゲル、マルクス、そしてフランツ・ファノンまで、哲学書、社会思想書を熱心に読み、みずからを語る理論的武器とした。だがそれは後の日の話である。わたしにとってもっとも気になるのは、彼がいつ、どのような形で、詩を書くことを始めたかという問題である。

『無知の涙』は一九七一年に合同出版から刊行された。一九六九年に逮捕されて以来、永山が東京拘置所のなかで書き綴った手記である。手記といってもその大部分は詩であり、詩と詩の間に身辺雑記の散文が挿入されているという構成となっている。初版は一万部。だが最初の三週間で六万部が出て、一躍ベストセラーとなった。印税は遺族に送ることが銘記されていた。

逮捕されたのが四月七日。筆記許可が下りたのが七月二日。永山はただちにその日から一冊の大学ノートを「ノート君」と呼び、「私は君との世界を確立する積もりだ」と宣言すると、熱心に詩を書き始める。まず冒頭を引用してみよう。

罪人よ
あゝ罪人よ
罪人よ
死のみ考えた者がいた

その者は若かった　青かった
自殺ではなくして　死があった
成人になる前に　死を選んだ
なれど死ねなかった
そして成人に成って間もない
今それを実行したら……
栄光があると信じている
その死は自殺である

死にはいろ〳〵ある
病死　事故死　自殺　他殺
死ぬならば
安楽死――
誰しもこの死を考えるはずだ　まず、何も考えず
なんの理由もなく　なぜ死ぬのも分らず　助けも叫ばなく
苦しみもなく
そして死さえも意識せず
その時さえも知らず　突然消える
この地上から命の灯が消える

そして最悪の死　刑死である
こんな死に方……死んでも……
死［に］きれない
若者であれば　尚更耐えられないだろう
苦しく　悲しくもあろう
刑場に行く前に
石を投げられないだけましかも

永山則夫が最初に書いた詩とは、このようなものであった。

暗黒。寄る辺なさ。孤独感。罪悪感。疲労感。さまざまに否定的な感情が絡みあい、縺れあっている。その根底にあるのは（精神分析の言葉を用いるならば）タナトス、つまり死への欲動である。世界は死で充満している。死から逃れるすべはなく、死のことを考えることしかできない。そしてこの苦しみから逃れるためには、死しか方法はありえない。どこに足を向けようともかならず死にぶつかってしまうという閉塞感のなかで、書き手は言葉を紡いでいる。彼は四人の人間を殺害した自分が、いずれは死刑に処せられることを、はっきりと自覚している。死刑は死として最悪の死なのだが、それから逃れるすべはもはや残されていない。

永山の精神鑑定をめぐって一冊の書物を著した堀川惠子によると、逮捕から一か月後、練馬の東京少年鑑別所に送られた永山は、「全神経を集中させて自殺することばかりを考えていた。警察の留置所では、脱いだシャツで自分の首を絞めようとして自殺未遂を図ったという情報もあり、

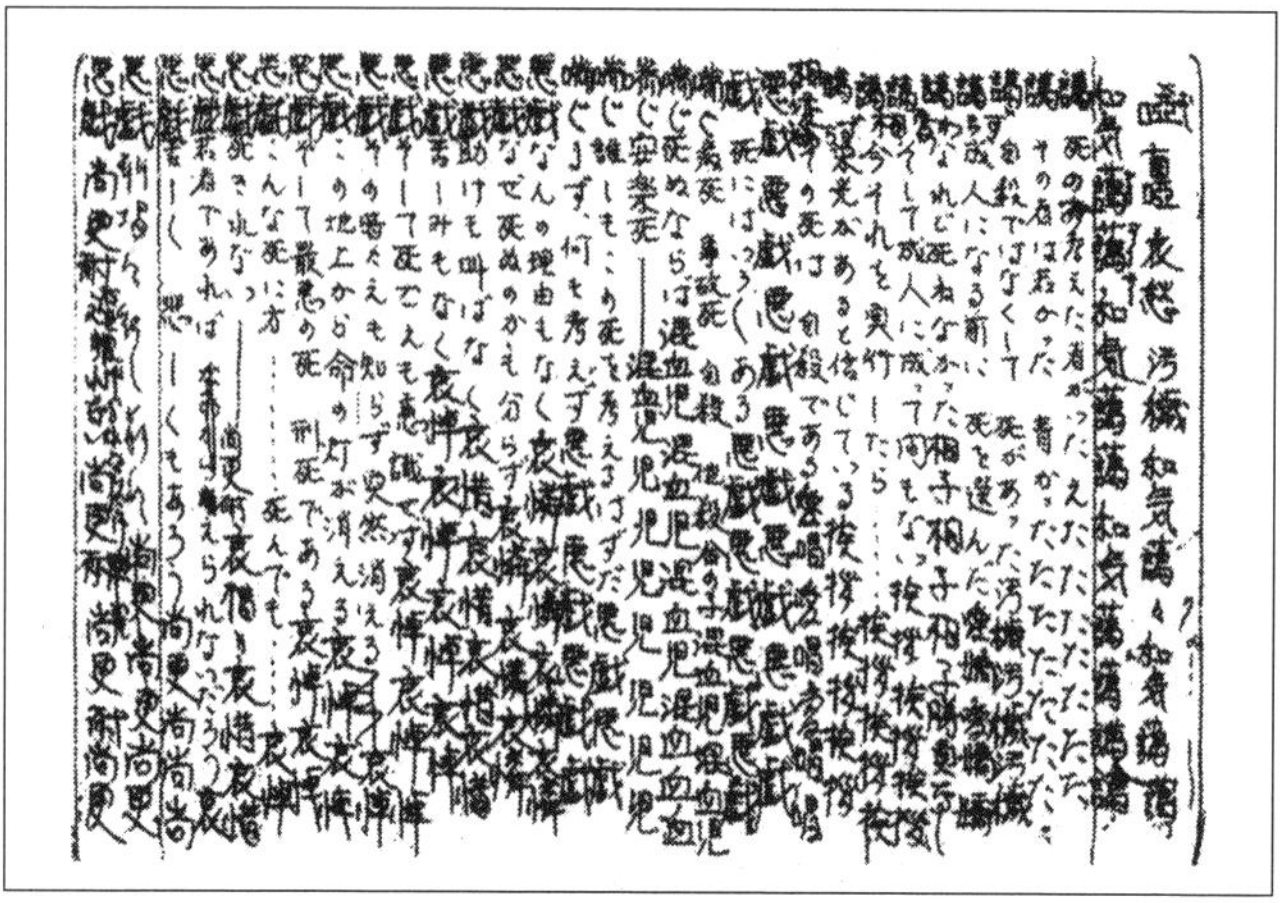

永山則夫『増補新版　無知の涙』（河出文庫）より

鑑別所でも格段の注意が払われていた。だが職員が目を離した僅かな隙に、今度は房に置かれていたシーツを切り裂いて首を吊ろうとした。」

こうした記録から窺われるのは、詩を書き始める時期にいたるまで、永山の内面には死の観念しか存在していなかったという事実である。八月八日に東京地方裁判所で初公判が開かれたが、彼は放心状態のままであり、自分の名前を語ることもできなかった。法廷は検察官による起訴状の朗読だけで、わずか二十分で閉廷した。その後も公判の場にあって、永山はほとんど発言をせず、沈黙を続けた。ただ独房で一人になると、ノートに詩と文章を書き続けた。

現在、河出文庫として刊行されている『無知の涙』は、初版時以降に見られた編集の手をできるだけ排除し、原ノートそのままを復元しようという姿勢で編まれている。そこにはここに引いた詩の二連目以降が、原稿のまま、図版として掲げられていて、読む者に一種異様な印象を与えている。

具体的にいうと、横組みの大学ノートの見開き二頁に、無理をして縦書きの文字が並んでいる。それも隙間もなく、びっしりと。中央に記されているのは、今、ここで引用したばかりの詩である。だがその周囲には漢字、それも同じ文字が繰り返し書きつけられている。その文字が異様なのだ。

たとえばある頁の第一行目では、「啞」「盲啞」「哀愁」「汚穢」「和気藹藹」。この最後の「和気藹藹」が第二行目では何回も繰り返される。その後、詩の余白には、「悪戯」「尚更」「混血児」「愛嬌」「挨拶」「哀悼」「哀惜」「愛情」「愛唱」「哀憐」……。これはいったい何だろうか。

まず考えられるのは、同じ文字がいくたびも反復されていることから、永山がこのノートを漢字練習帳として用いていたという可能性である。「ア」で始まる漢語が目立つことは、彼が国語辞典を片手に、知らない単語を片っ端から書きつけていったと考えることも可能だ。わたしには不分明だが、紙の節約のため、拘置所においてはノートの余白をそのままにしておくことが許されないという規則が存在していたのかもしれない。

だがこの余白不許可説は当てにならない。というのも、紙の上から下まで隙間なく文字が書き連ねられているのは、ここに引いた最初のノートだけだからだ。『無知の涙』は十冊のノートから構成されていて、河出文庫版にはそれぞれのノートから二頁ずつ、図版が掲載されている。しかしこうした空間恐怖の書記は、二冊目以降のノートにはない。これはやはり、モノを書き出した直後の永山が、心理的な強迫観念に駆られ、懸命に書き綴ったものだと考えるのが妥当だろう。彼は頁に余白が残されてしまうことに耐えられなかった。

書き方のわからない漢字を国語辞典で調べて書き写し、文字の練習をしたという説も、こうなってくると怪しげに思われてくる。なんとなれば、選ばれている熟語の連なりを眺めてみると、そこに不気味な表象が浮かび上がってくるからだ。ちなみにこうした感想を抱いたのは、わたしだけではない。先に名を掲げた堀川惠子は、まず弁護士からこのノートを渡された作家、井出孫六の感想を書き記している。「暗い雰囲気の漢字を、物凄い勢いで何回も何十回も、繰り返し練習している。あまりに強い筆圧で、紙の裏までぼこぼこだった」

「悪戯」「汚穢」「哀悼」……。永山則夫はどうしてこうした単語ばかりを選んで、余白を埋めていったのか。彼の犯行について多少なりとも知っている者の側からすれば、まるでそこには、「連続射殺犯」として日本中を震撼させたこの十九歳の青年のこれまでの人生が、凝縮されているように感じられてくるのだ。だが、ここで見方を逆転してみよう。われわれはこの頁を前にして、最初に死をめぐる詩が執筆され、その余白に漢字が隙間なく書き記されたと考えてきた。しかしもし漢字の連なりが地で、その上に詩が書きつけられたと考えてみたらどうだろう。おぞましさ（アブジェクション）に満ちた漢字の無限の連なりが最初にあり、その上にあえて作者が蓋をするように詩を書きつけたと考えてみたらどうだろうか。このとき、一篇の詩は背後の書き物を抑圧し、それを忘却へと貶《おとし》めることによって実現される。永山のノートが興味深いのは、この書き物が消去されず、詩の近傍に現前していることにある。死の恐怖と寄る辺なさを語る詩を根拠づけ、それを圧倒的な力で取り囲んでいるのが、「悪戯」であり、「哀悼」であると考えてみたとき、われわれは書き手永山則夫の無意識の根源に、少しでも接近できたのかもしれない。まさに彼に詩を発語たらしめたのは、詩の周辺に書きつけられている夥しい漢字の群れであった。それらの漢字は詩を可能とするための母体であり、ノートの白い拡がりの下から浮かび上がってきた根茎の網状組織であった。

わたしはここで、寮美千子が訪れた少年刑務所の一室を想像している。彼女を前に自作の詩を披露しようとして失語し、また吃音に襲われたりした少年たちの内面にも、永山則夫のノートの周辺に書きこまれた漢字の連なりのようなものが存在しているのではないだろうか。もちろんそれが明るみに出されることはなかった。とはいえ、先に引いた「ぼくのゆめは……」という言葉の断片の背後には、発語されなかった夥しい言葉の集積が存在していたはずである。永山のノートは、われわれにそれを暗示しているように思われる。

かつて田村隆一が「四千の日と夜」のなかで、「一篇の詩が生れるためには、／われわれは殺さなければならない／多くのものを殺さなければならない」と書いたとき、彼は実に正鵠を射ていた。われわれはただ一言の発語のために、数多くの言葉を「殺し」、沈黙の側へと追いやってきたのである。


ところでここでこのエッセイを終えれば、「発語の詩学」はみごとに問題提起として完結するはずであった。だが実はこの時、永山則夫の詩を全否定する人物が現れ出る。前章に言及した荒ぶる人、中上健次である。彼は永山が一九六九年四月に逮捕されると、ただちに翌五月と六月に二部からなるエッセイ「犯罪者永山則夫からの報告」を同人誌『文藝首都』（三十八巻八号）に発表。熱気を帯びたラブコールを行なった。

この時点では永山にはまだ筆記許可は下りておらず、彼は純粋なる行為者（「犯罪者」）の域に留まっている。中上は永山をカミュの『異邦人』の主人公ムルソーに喩え、行動はなしえても自己の「言葉」を所有していない存在だと見なしている。だがそれは逆にいうならば、自分は行動ではなく言葉に生きるのだという、中上本人の宣言であると読むことができる。

「ぼくはなぜ書くのか？

なぜ実際の犯罪ではなく、書くことの犯罪であり、意識の、想像力の、永続の救いを拒絶する他者への否《ノン》であるのか？

なぜピストルではなく万年筆なのか？」

中上はここで、犯罪者ジュネを弁護し、彼の実存を分析して見せたサルトルの論法に依拠している。サルトルは『聖ジュネ』のなかで、泥棒にして男娼であった青年が獄中で詩を書くことを覚え、現実の犯罪を犯すよりも、それを文学として表象することを選んだところに、ジュネの実存的選択を見てとった。中上は、永山は犯罪を通して、一瞬ではあるが「自同律の不快」から解放されたと考える。とはいえ、彼は行動に留まっているかぎり、「不安と分裂と退屈」に内面を蝕まれるばかりである。「言葉」を持っていないかぎり、内面に襲い掛かって来るさまざまな暴力の由来を知り、それを見定めることなどできない。結局、彼はさらなる暴力によって、問題の克服を試みるだけだ。こうした先取りされた挫折に陥らずに生き延びるためには、書くという道を選択しなければならない。これが中上の結論であり、そう書いたとき、彼はもはや詩作に訣別し、小説の執筆に邁進している最中であった。ちなみに「故郷を葬る歌」も、一九六九年に発表されている。

やがてモノを書くことを覚えた永山が、『無知の涙』に始まる一連の著作を発表し出したとき、中上はふたたび彼について書く。「時は流れる…」（一九七五年）は徹頭徹尾、罵倒に満ちたエッセイである。

「永山則夫は一度として、死んでいく自分自身をみつめたことはない。それなのに、なぜ、死する者よりなどと言えるのか。なにやら、永山則夫に対する悪口ばかりになってしまうが、永山則夫の手記を読み、言葉とは、いくつ重ねても、犯罪の内実にたどりつかぬし、傷をなおすことのないのを知るだけである。一体、言葉とは一体なんだろうか？　いや言葉によって自己表出するこの自分はいったいなんだろうか？　犯罪と言葉とは同じところに根を張っているが、言葉はあまりに無傷だ。あまりに軽すぎる。一本の草が一本の草であることを耐えているように、言葉は言葉を耐えてそこに実在することはない。言葉は嘘である。ひとり自己の犯罪にたどりつくこともない。」

永山の詩を前に、中上健次はひどく苛立っている。文体は乱調であり、表記には不統一が目立つ。おそらく一気呵成に書きあげてしまい、読み返すことなく、原稿を編集者に渡してしまったのではないだろうか。だが、ある距離のもとにこの文章を読んでみるならば、中上が苛立っているのは永山の書き物に対してではなく、どこまでも言葉の側に立つことしかできない自分のあり方であったことが判明する。この時点で彼はまだ、みずからの出自と来歴を十全に語るだけの言葉と決意を持ち合わせていなかったのだ。その閉塞した感情が、もはや失うものとてなくなった永山に向けられていると、今のわたしは考えている。

永山則夫と中上健次は、こうして対称の位置に立っていた。いや、この表現が適当であるかどうかはわからない。正確にいうならば、その対称性は中上が築き上げた観念であって、獄中の永山にはおそらく与り知らぬところであったはずである。とはいうものの、二人は、エクリチュールの実際の場にあって、きわめて相同的な身振りのもとにあった。いずれもが眼前の白紙を前に、強い空間恐怖を感じていた。永山則夫が大学ノートの余白という余白に、アブジェクションに満ちた漢字熟語を書きこんだように、中上健次も集計用紙の端から端まで、いっさいの改行を拒み、一部の隙間もなく文字を書くことをつねとしていた。彼らはともに余白に対して恐怖を隠そうとしなかった。それは思うに、彼らが無意識のうちに感じていた、宿命をめぐる恐怖の表象であった。その実存のあり方は、追い詰められた場所に一人立ち、万全の勇気をもって、みずからの発語の瞬間に立ち会うところにあったように思われる。

翻訳する（一）

チラナン・ピットプリーチャーの詩を日本語に翻訳している。詩集の名前は『バイマーイ・ティ・ハーイ・パイ』。一九八九年にバンコクで刊行されるや、同年の東南アジア文学賞を受賞し、一躍ベストセラーとなった本である。直訳すれば、「消えてしまった葉っぱ」。ちなみに「葉《バイマーイ》」とは、武装闘争時代に第二〇部隊の隊長であったときに彼女に与えられた、ゲリラ戦士としての名前である。

翻訳を志してもう四年になる。本人に会って、印税などいらないからねと許可をもらったのが三年前。もっとも当方のタイ語はといえば、食堂で註文するのがようやくといったありさまだ。バンコクでうろうろしながら、どうしたものかと途方に暮れていたところ、暁の寺《ワット・アルン》に鎮座する仏たちのご加護があったのか、運よく協力者を見つけることができた。京都大学でタイ王政史を主題に博士論文を書いている、櫻田智恵さんである。櫻田さんはタイ語はぺらぺら。文学の専門家ではないと謙遜しているが、一九七〇年代のタイ知識人の意識形態という点でチラナンには興味があるといってくださった。それどころか、迅速なる行動力をもち、すぐさまバンコクに飛んで原作者と会うと、すっかり気に入られてしまった。

こうして二人で翻訳の共同作業が始まった。まず櫻田さんが詩の一行一行の単語の字義を細かく調べ、びっしりと書き込みのあるノートを作成する。わたしがそれを受け取り、ときに口頭で説明を受けながら、日本語の詩行を練り上げていく。櫻田さんがそれをさらに確認し、細部を訂正し、註釈を付けてくださる。疑問点が生じると、バンコクのチラナンに問い合わせをする。「フェノロサ＝パウンド方式」である。といってもそんな言葉はこれまで誰も使ったことがないと思うので、この文章の後ろの方で説明しておくことにする。

こうして四年がかりで四十篇近い詩を日本語に直すことができた。外国語の翻訳詩集を刊行してくれるところなどどこにもないと諦めていたところ、以前にわたしの詩集を出してくださった「港の人」があっさりと提案を受けてくださった。こうして訳書が刊行された頃、チラナン本人が来日し、劇場と大学で自作を朗読してくれた。

チラナン・ピットプリーチャーは一九五一年二月、南タイのトラン県に、書店経営者の娘として生まれた。地元の高校を卒業すると、バンコクのチュラーロンコーン大学に入学し、薬学を専攻した。チュラー大は宮様が通う名門校だから、さしずめ日本では学習院大学だろうか。この時期、彼女はすでに古典的な韻律に基づいて詩作を開始しており、人生への期待に満ちた詩が残されている。

大学二年生のとき、彼女に最初の栄光が訪れた。大学で才色兼備トップの女性に与えられる「ダーオ・チュラー」（チュラー大の星）という称号を与えられたのである。たちまち彼女は衆人の注目するところとなり、あらゆるサークルから勧誘された。このとき社会科学系のサークルに入部し、現行の政府のあり方に強い疑問を抱くようになったことが、チラナンの人生を大きく変えていく端緒となる。

一九七一年に生じたクーデター以後、タノムの軍事独裁政権は混迷を極め、大学生の間には社会的な危機意識が急速に拡がっていった。七二年には「日本商品ボイコット運動」が組織された。七三年には学生と機動隊との間で大規模な衝突が生じ、百人以上の学生が殺害された。また政府関係の少なからぬ建物が焼き打ちされた。この時期、チラナンはＮＳＣＴ（全タイ学生センター）の精力的な活動家、セークサン・プラセータクンに出会い、チュラー大学女子学生組織の幹部として、彼と行動をともにすることが増える。二人が恋に落ちるのには時間はかからなかった。セークサンはタマサート大学政治学部の学生であったが、スラムでの貧民救済運動に従事しており、事実上は退学同然の身の上であった。

一九七三年の「血の政変」以来、独裁政権が倒れた余波でタイの政局はひどく不安定となり、白色テロが横行するにいたる。セークサンは日本の新左翼に招かれ、しばらく日本に滞在し、次

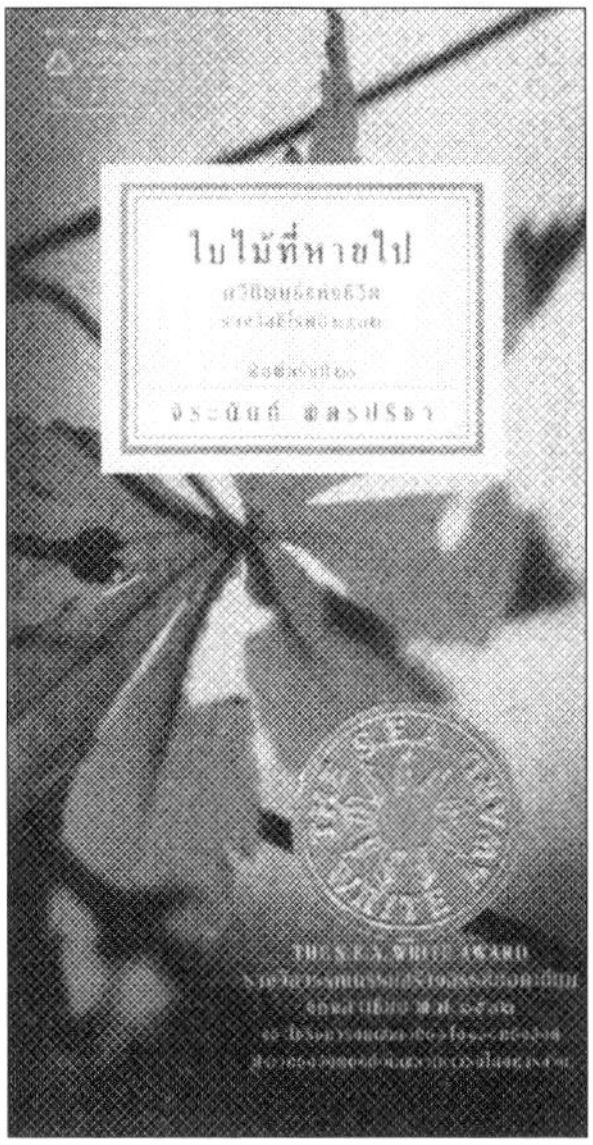

チラナン・ピットプリーチャー
『消えてしまった葉』

にタイ共産党の勧めでパリ経由で北京へと、波瀾万丈の逃亡の旅に出る。このとき同行したのがチラナンであった。一九七五年、二人はラオスで武装訓練を受け、翌年からはタイ国境で本格的なゲリラ活動に従事するようになった。森に潜伏中、彼女は同志たちとともに雑誌を刊行し、そこに詩を発表するようになる。

　　森の道　荒れた草叢を越え　蛇行し寒暖の差に疲弊する
部隊はときどき休憩をとる　渓流の淵では水に戯れ
　　輝く星が空に満てるとき　隊員たちは足を伸ばして一服だ
竹林では休みがとれる　ハンモックを並べ　寝る準備
　　岩に滴る水を飲み　松明を頼りに蛙や蝦、貝を採る
ミズワラビの小さな束　品定めをして茸を摘みとる
　　三脚の石を並べると　俯いて火を吹き　米を炊く支度
鍋を置いて時間を待つ　これで一晩中　お腹は大丈夫だ
　　疲れたら眠ろうよ　力が抜けたら　休んで回復
眠る友よ　わたしは銃をとる　危険を忘れず　外へ出る　夜警だ

「部隊の休息」

一九七六年から四年間を森のなかで過ごしたことは、チラナンの人生にとって決定的な意味をもっていた。生活は苛酷であり、生命の危険に晒されてはいたが、彼女は初めて農作業を体験し、

少数民族の女性たちに助けられて双子を出産した。だがその一方で、タイ軍の攻撃に怯え、共匪狩りの農民によって友人同胞を失わなければならなかった。チラナンはこうした極限状況にあって育児が困難であると知り、生後九か月の子供を人に託し、親戚のもとへ向かわせる。子供を見送った彼女には、ふたたび新しい戦線が待っていた。

とはいえ森のなかでは困難が続く。タイ共産党に入党したセークサンは、党内部の官僚主義に嫌気がさし、毛沢東主義者たちの独善ぶりを前にすっかり孤立してしまう。だが最悪の危機は、中越戦争の時期に中国がヴェトナムを牽制する目的でタイ政府と和解し、タイ共産党を切り捨ててしまったときに生じた。森に逃げ込んだ学生たちは後ろ盾を失い、絶望的な状況に陥った。だが一九八〇年に発足したプレーム政権は穏健政策をとり、彼らに恩赦投降を呼びかけた。その翌年、セークサンとチラナンは投降し、バンコクに戻ると、その足でコーネル大学へ留学した。

もっとも生命の危機からは脱しえたものの、新しく与えられた境遇のあまりの差異に、チラナンはひどく当惑し、安堵とともに到来した喪失感と対決しなければならなかった。アメリカの名門校で博士論文を準備しながら、彼女は書いている。

あの日
勇敢に手をとりあい　確信に満ち　空は白く
稚《おさ》なげにも　輝く星の夢を追った
男と女は若くして心に決めた　炎を手づかみにしてやろう

この日
旗は千切られ　硬い土に埋められた
光は消えかかり　目ではわからない
砕かれ　篩《ふるい》にかけられ　底に沈んでいる砂利粒

「あれは過ぎ去った道」

やがて彼らは博士号を取得すると帰国し、セークサンは現在、母校タマサート大学政治学部の学部長である。チラナンは写真家として、博物館の学芸員として、また環境問題の活動家として、縦横無尽に活躍を続けている。彼女は詩人として高い評価を受け、森の生活を描いたエッセイ集はベストセラーとなった。わたしは十年ほど前、タイ映画研究のため、バンコクに数か月滞在したことがあったが、わたしが出会う若手学芸員や大学院生にとってチラナンは憧れの女性であり、知的産業に携わる女性にとって圧倒的な人気の的であった。

わたしは一度、セークサンに、なぜコーネルを選んだのかと尋ねたことがあった。森を離れたくなかったからだ、コーネルは森の中にあると聞いていたからだと、彼は笑いながら応えた。わたしはその話を聞いて、タイと日本の政治体制のあまりの違いに、愕然とした気持ちになった。彼らと同じように森に入り、武装闘争を始めた日本の連合赤軍の末路を、どうしても比較しないわけにはいかなかったからである。

チラナンとセークサンの物語は、映画にさえなった。『月の狩人』（二〇〇一年）というそのフィルムで、セークサン本人が脚本で参加している。もっともこの鴛鴦《おしどり》カップルは最近離婚したと風の便りに聞いたが、わたしにはその真相はよくわからない。

ところで……と、わたしは自問する。わたしはどうしてこんな手間暇をかけて、チラナンの詩の翻訳に携わっているのだろうか。映画研究や社会批評の論考を執筆するのに忙しいというのに、そもそも自分の詩作のための時間まで犠牲にして、専門分野でもないタイ語の書き物を前に格闘を続けているのだろうか。

端的にいってみよう。それはチラナンの詩を読みたいからである。いや、この表現ではまだ充分ではない。わたしは個人的に、彼女の詩をより深く読みたいのだ。そのために最上の方法とは、詩行の一字一句の字義を確かめた上で、それを日本語に翻訳することである。これは逆に、こうもいえないだろうか。そもそも翻訳とは、詩を深い次元において理解するためにもっとも適切な方法であると。

とはいえ、今回の翻訳に関しては、純粋に個人的な動機だけが働いているわけではない。わたしは彼女の詩を日本語に移し替えることで、蕪村から有明、朔太郎を通し、現代の詩人たちの作品のそばに置いてみせ、その星座のような布置をわが眼で確かめてみたいのだ。その出自がどうであれ、ひとたび日本語に翻訳された詩はすでに日本の詩である。パゾリーニの翻訳に心血を注いだとき以来、わたしの胸中には、こうした信念が頑強に住み着くことになった。わたしは自分が媒介者となって、チラナンの詩作品を日本の膨大な詩の集蔵体《アーカイヴ》に接続させ、そこで生じる衝突と融合のさまに立ち会ってみたいのである。さらに大きな文脈のなかでいうならば、チラナンが詩を通して語った武装闘争の体験を、一九七〇年代以降の日本の文脈のなかで同時代に向き合う際の、説得的な参照項目として認識しておきたいという希望が、わたしの内側にはある。ちなみにいうと、それはわたしがこの翻訳と並行して、まったく私事ではあるが、重信房子の歌集『ジャスミンを銃口に』(幻冬舎、二〇〇五年)を英語に直す作業に従事していることに相応している。

わたしのこれまでの詩的体験を振り返ってみると、外国語で書かれた詩作品を読み、それを翻訳するという行為が、ときに母国語での読書と詩作を凌駕しかねないほどに大きな意味を占めてきた。もう二十年以上前のことになるが、イタリア留学を前にパゾリーニの膨大な詩集を案前に積み上げ、その幾ばくかでもいいから翻訳してみようと決意しなかったとしたら、個人的には十歳代のある時期に中断して振り返らなかった詩作をもう一度再開することはなかっただろう。このイタリアの詩人は、詩を書こうとするわたしに向かって、勇気と情熱と、さらにいえば倫理的規範をも与えてくれた。

他の詩人たちはどうだっただろうか。わたしは夏宇《シャーユイ》の、也斯《イエース》の、リオネル・マルケッティの、エミリア・ガルシア＝モンティエーリの詩を、それぞれの言語から翻訳した。中国語もスペイン語も、わたしは独学である。わからない部分があると、直接に彼らに尋ねた。彼らは悦んで教えてくれた。わたしのこの作業には、実生活にあって親しい友人であったり、その作品に感嘆の念を抱いていた彼らのことをより深く知りたい、さらに理解したいという強烈な願望が働いていた。翻訳の途上で細部の疑問点を尋ねるという行為を通して、わたしは彼らとさらに親密な間柄となり、より深い信頼感を互いに感じあうようになった。わたしは彼らの仮面《ペルソナ》を被り、仮面を通して彼らの詩的体験がわたしの内側にある言語の領野のなかに新しい場所を見つけ、予期せざる発展をしてゆくことに快感を覚えたのだ。友人たちの詩を翻訳することは、それを朗読することとパラレルであった。わたしは彼らの詩を他者の声として自分の声の内側に取り入れたときに、強い詩的緊張を体験したといえる。

アフリザル・アルマはジャカルタで、わたしのインドネシア語の先生であった。わたしたちは彼の作品をいっしょに読み、恐ろしく鈍い速度であるが、一字一句を日本語に直した。それが語学のレッスンだった。いくつかの詩が翻訳されたとき、わたしはジャカルタを離れ、日本に戻った。十年が経過し、ふたたび研究調査でジャカルタに戻ったわたしは、彼が政治運動に走り、地下に潜行したことを知らされた。再会はかなわず、ただ翻訳の原稿だけが手元に残った。

マフムード・ダルウィーシュとアドニスの場合には、かつて短期間ではあったが滞在したことのあるパレスチナとレバノンの地で、難民と亡命者がどのような文学を築き上げてきたのかという関心が、まず先にあった。わたしが会ったことのある日本のアラブ文学者たちは政治とフェミニズム研究には忙しくとも、どうやら同時代の詩人たちには関心を抱いていないようだ。この二人の詩人がノーベル文学賞候補に挙げられてきたというのに、原語から彼らの作品を翻訳することはおろか、いかなる紹介をも行ってこなかった。そこでわたしは、彼らの詩を読むには自分で翻訳してみるしかないなと腹を括った。そこでヨルダン河西岸のラマッラーに住むダルウィーシュのもとにファックスを送り、直接に翻訳の許可を取り付けた。アラビア語はできないので、英語、フランス語、イタリア語で詩集を揃え、それを比較対象して訳稿をひとまず仕上げると、講演で赴いたベイルートの大学でいろいろと訳し間違いを直してもらった。

アドニスの場合にはまず本人に会いにいった。わたしたちは彼を囲むシンポジウムの数日を、ほとんど共に過ごした。彼はきわめて寛大な人物で、何でも好きな詩を自由に翻訳したまえと、いってくれた。フランス語からの重訳でいいですかと尋ねると、それはきみたち日本人の問題であって、自分の問題ではないよと、あっさりと返答が戻ってきた。

わたしはこのようにして、いくつもの言語を横断しながら、その場その場で詩の翻訳を続けてきた。おそらくこれからも機会を見て、この「罰せられざる悪徳」（ヴァレリー・ラルボー）を続けていくだろうと思う。それはわたしの内側にある詩的情熱を起動させるために必要なことであり、ほとんどの場合には（たとえ相手がすでに死者であったとしても）その作者たちとより深く、より親密な関係を結ぶ助けとなってくれるだろう。あるときこの果てのない作業を、『キャントーズ』の詩人に因んで、「エズラ・パウンド計画」と名付けてみた。パウンドについては本書でも前の方で触れたことがあるが、人類が始まって以来なされたすべての詩的体験を、強引なまでに自分の体内に取り込んでみせようという、誇大妄想的な理念を抱いていた詩人である。不幸にしてファシズムに蹶躓《けつまず》いたが、二十世紀最大の詩人の一人であったことは間違いない。これから少し、この計画の発端となったパウンドの翻訳について書いておきたい。

フェイバーから出ている*The Translation of EZRA POUND*を銀座のイエナ書店で発見したのは一九七五年、大学でまだ宗教学を専攻していたときのことである。その直後に新倉俊一の訳で『キャントーズ』の抄訳が刊行されており、パウンドはわたしの文学における守護聖人になったばかりだった。わたしは新しい天体を発見した天文学者のような気持ちでこの翻訳集成を手に取ると、直感的にレジへ走った。四百頁を越える大冊である。刊行されたのは一九五三年。国家反逆罪の起訴こそ免れたものの、まだ彼がワシントンの精神病院の四畳ほどの部屋に収監されていた時期の出版だ。だが驚くべきは分量だけではなかった。帰宅して目次を眺めてみたとき、わたしは翻訳された文学作品の多様さに、文字通り息を呑んだのである。

まずホラティウスとローマの碑文。カトゥールス。中世ではアッシジの聖フランチェスコ。フィレンツェに生き、ダンテの発見者であったカヴァルカンティ。トゥルバドールであったアルノー・ダニエル。十九世紀にまで下ると、レオパルディ、ランボー、ラフォルグ、レモ・ド・グールモン。だが西欧世界の詩だけが渉猟されているわけではない。象形文字で記された古代エジプトの宮廷対話篇から、十六世紀インドの詩人カビールの恋愛詩までが、この翻訳集には収録されている。とりわけ分量的に注目すべきは、漢詩と日本の謡曲である。漢詩は『詩経』の「采薇」に始まり、李白、白楽天まで十八篇。謡曲は『卒塔婆小町』『羽衣』『須磨源氏』『田村』『熊坂』など十五篇。ちなみに日本の部分は百五十頁近くにわたり、もっとも大きな分量を占めている。古今東西を問わずとはまさにこのことで、目次をつらつらと眺めているだけでも、パウンドが携えていた詩的ヴィジョンの壮大には驚かざるをえない。こうした訳稿が根底にあって、『キャントーズ』の華麗なる多言語的文体が可能となったのかと思うと、詩的感受性の革命家としてのパウンドの大きさが、今さらながらに了解されてくる。

原典となった詩の言語はいくつあるだろうか。古代エジプト語。ラテン語。プロヴァンス語。中世イタリア語。フランス語。イタリア語。古代中国語。中世日本語。ヒンディー語……ざっと数えだしただけでも九つはある。パウンドは十九世紀生まれのアメリカ人であり、ラテン語、イタリア語、フランス語までは、まあなんとか学校で勉強こそしただろうが、他の言語はどうしたのだろうか。だがそこはよくしたもので、きちんと、それぞれの言語の専門家である相談相手がいた。彼らの書いたものを参考としながら、共同作業という形で翻訳を進めている。古代エジプト詩の場合には、義理の息子であるエジプト学者、ボリス・デ・ラケウィルツがひとまずイタリア語に直したものを重訳した。カビールの場合は、カリ・モハン・ゴーズによる英訳を参考にするという形をとった。

パウンドにとって最大の幸運だったのは、フェノロサ遺稿を手にできたことだろう。かつて東京帝国大学に「お雇い」外国人教師として招かれ、日本研究のかたわら、森槐南《かいなん》に漢詩を学んだアーネスト・フェノロサが遺したノートを、その未亡人の手から直接に託されたのである。ノートにはかの碩学が志半ばで放棄した夥しい漢詩と謡曲の翻訳草稿が、精緻な日本語の漢文読み下しのメモとともに記されていた。パウンドは日本語にも中国語にもほとんど知識をもっていなかったが、生涯一度も相見《まみえ》ることのかなわなかったフェノロサの衣鉢を継ぎ、このノートをもとに翻訳の決定稿を作り上げ、『キャセイ』という翻訳詩集に纏めたのであった。一九一五年のことである。ちなみにこのエッセイの冒頭で、わたしがチラナンの翻訳を「フェノロサ＝パウンド方式」で進めていると書いたのは、実はこうした作業のことである。

パウンドの翻訳詩は、一般的にいってけっしてアカデミックな厳密さを意図したものではない。『キャントーズ』の詩人にとって本質的なこととは、現代詩として通じる、力強い詩行を創造することであって、原典を訓詁学や語学の教材のように見なし、フェティッシュな神聖化や長々しい註釈を施すことではなかった。ランボーの「水から生まれたヴィーナス」という、女性の肉体への嫌悪と嘲笑に満ちた詩を翻訳したときには、四連ある原詩の後半の二連をばっさりと削ってしまい、表題も「アンディオメーヌ」と変えてしまった。またその逆に、漢詩を翻訳する際には、二篇の詩を結合させて一篇の詩と見なし、何食わぬ顔でそのまま翻訳してしまっている。詩を翻訳する場合、起源である詩に束縛されてはならない。必要とあらば、原詩のいかなる部分をも省略してもかまわない。これがパウンドの基本的態度である。原詩とは素材であり、より優れた詩を創出するためには、いかなるものを犠牲にしてかまわないと、彼は信じていた。

一般的にいって、外国語の詩を自国語に直す場合、問われているのは語学力ばかりではない。もちろん対象となる外国語の語学力は重要ではあるが、それ以上に究極的に問題となるのは、翻訳者がこれまでに蓄えてきた自国語をめぐる文化的感性であり、詩的体験の質である。数多くの詩作品に親しみ、またそれを自然に暗誦することのできる者だけが、深い意味での詩の翻訳を達成することができる。いいかえれば、翻訳を詩として提出することが許される。わたしがパウンドの詩の翻訳をすばらしいと思うのは、一行一行の背後に、彼がそれまで読んできた詩人たちの詩が複雑に残響しあっているからだ。この現象に気付いた瞬間には、多少の言語的逸脱に目くじらを立てることが卑小に感じられてくる。ひとつだけ、例を挙げてみよう。

パウンドは李白をとりわけ好んだ。『キャセイ』を構成している十八篇の漢詩翻訳のうち、その作品は十一篇に及んでいる。彼は「古風五十九首其六」に“South-Folk in Cold Country”（寒い国の南部族）という表題をつけ、「驚沙亂海日　飛雪迷胡天」という二行に着目した。

異国の地に駐屯する兵士の孤独を描いたこの詩は、日本でも深く親しまれているから、ご存知の方も多いだろう。日本では伝統的に、「驚沙《けいさ》　海日を亂し／飛雪　胡天に迷う」と読み下す。人間の気持ちというものは、その土地土地の風習に基づくものである。北国の馬は南国に行きたいとは思わないし、南国の鳥も北国を恋しいとは思わない。なのに兵士たちは今、雁門の関所を出て、龍庭の警備に就いている。砂漠では砂埃が舞い上がり、海には陽光が散っている。異国の空には吹雪が飛んでいる。詩の情景を説明すれば、大体こんな感じになるはずである。「海」とあるのはもちろん現実の海であるはずがない。眼前に無限なまでに拡がっている砂漠の隠喩である。ところがパウンドはこの二行を、次のように訳した。

Surprised. Desert turmoil. Sea sun.
Flying snow bewilders the barbarian heaven.

これではまるで漢字をそのまま羅列しただけじゃないかという声があがるだろう。なるほど、改めて日本語にしてみると、「驚き。砂漠は揺れる。海の太陽。／飛ぶ雪が蛮人の天空を惑わす」となる。だがこのパウンドの翻訳を、単なる翻訳の放棄だと見なすのは浅薄である。一九一〇年代の彼が俳句に憧れ、イマジズムと称して、短い詩行のなかに印象的な光景を活写することに熱中していたことを、ここで想起しておかなければならない。『キャセイ』の刊行の直後に生じたロシア革命から出現した映画作家エイゼンシュテインも、表意文字である漢字の構造にモンタージュ理論の原型を見出していたではなかったか。パウンドのこの二行は、詩的映像のモンタージュに他ならない。だがさらにわれわれはここに、ランボーのかの有名な「永遠」の残響を読み取ることができるのだ。“Elle est retrouvée. / Quoi? / ――L'Éternité./ C'est la mer allée / Avec le soleil.”（「見つかった。／何が？　――永遠が／それは海／太陽といっしょに行った」）。このように考えてもみると、パウンドが二行を翻訳するにあたって依拠していた文化的な地層の厚さに、当然のことながら想いが過《よぎ》る。「海日」の二字にくだくだしく註釈を重ねることを避け、単刀直入にSea sunと翻訳することを彼に決意させたものが何であったかを考えてみたとき、われわれは初めて、詩の翻訳とはすぐれて詩的体験の結実であるという真理に到達するのだ。それを誤訳と呼んで憚らない者がいるとすれば、それは外国語で記された詩を理解するには、単に語学力だけで充分であるという傲慢な思い込み《ドクサ》に蝕まれた輩にすぎない。

パウンドは唐代に執筆された詩であるという理由から、李白の詩に観光主義的な異国情緒の衣を被せることにも、偽古典趣味の英語を対応させることにも、何の関心も抱いていなかった。今、この時点で翻訳され、現代の読者によって読まれるはずの詩は、もっとも新しい様式のもとに、もっとも新しい言葉によって翻訳されるべきであると確信していた。自国語の詩の感受性が、翻訳詩の大胆な到来を契機として、より伸展してゆくことに、期待をかけていたのである。

パウンドの翻訳詩集成を読み進んできて少しずつ理解されてくるのは、彼がみずからの詩作と翻訳詩の間に厳密な境界など設けていなかったという事実である。自分のペンから生まれ出る詩は、たとえ別の言語の中に起源たる作者が存在していようとも、またなかろうとも、自分自身の詩であることに変わりがないと、彼は頑強に信じていた。

初期詩集『大祓《ラストラ》』に、「パピルス」という謎めいた詩が収録されている。「春……………／永すぎる……………／ゴンギュラ……………」という、三行しかない作品だ。その短さと簡素さから、ついエリック・サティのピアノ曲を想起したくなるほどの、簡素な美しさを湛えた詩であるが、実はパウンド本人の創作ではない。古代ギリシャの詩人サッフォーが遺した詩の断片を、そのまま丸ごと引用し、そこに新しく表題を与えただけなのだ。だがここにこそ、パウンドの翻訳原理が横たわっている。ある詩行を本来の言語的文脈から引き離し、別の言語的文脈の中へと移植するという翻訳行為そのものを、彼は創作であると見なしていた。

それにしても……それにしても何と広大な詩的宇宙であろう。パウンドが生涯をかけて英語に翻訳した詩の多様さを目の当たりにするたびに、わたしは嘆息をしないわけにはいかない。彼の詩集の一冊が*Personae*『仮面』と名づけられていることからも明白なように、この詩人は仮面を被ること、仮面のもとに他者の声色を用いて書くことを主義としていた。この伝でいくと、翻訳とは畢竟、見知らぬ異国の詩人の仮面を被ることとなる。そして代表作『キャントーズ』とは、夥しい数の仮面＝声の集合からなる長編詩である。

パウンドの詩人としての生涯とは、次々と仮面を取り換え、他者の声をみずからの内側へと誘い込んできた長大な物語であった。彼はアメリカで長く精神病院に収監された後、七十三歳にしてようやく第二の故郷であるイタリアに戻った。『キャントーズ』の完成を目指して心血を注いだ。彼が最晩年をヴェネツィアの小さな家で過ごしたことは偶然ではない。なんとなれば、運河と迷路からなるこの城市こそ、無数の仮面のすれ違いからなる場所だからである。


メアリー・フォン・ラケウィルツ・ブルンネンブルグ公爵夫人からの絵葉書がわたしのもとに届いたのは、わたしが自称「エズラ・パウンド計画」の一環として、チラナンの詩の翻訳を半分ほど終えた頃であった。絵葉書の表は、彼女が住まうスイスのブルンネンブルグ城館の航空写真だった。わたしがパウンドとそのパートナーであったオルガ・ラッジについて書いたものを、自分の英訳詩集を添えて送ったことへの礼が、そこには記されてあった。

自分の母のヴァイオリン演奏は、CDどころか、LPを見つけることすら、もはやかないません。自分の手元に残っているのは、EP（彼女は父親をこう呼んだ）の誕生日の夜、彼が孫たちに囲まれて笑っているところを録音したカセットテープだけですと、メアリーは書いていた。パゾリーニは一度、ヴェネツィアの家に来たことがありましたが、父とばかり話していて、母とわたしにはぞんざいな態度でした。あなたのお気に入りの詩人、クリスティナ・カンポは、長い間、わたしの親友でした。わたしは現在、九十二歳ですが、まだまだ無知で、いろいろと学ばなければいけないと思っています。

一枚の絵葉書の裏にはこうしたことが、ひどく細かな、しかししっかりとした文字で記されていた。それは長い歳月をかけて、父親の長大な『キャントーズ』の全体をイタリア語に直した娘の文字であった。

わたしはチラナンにこのことを伝えなければと思った。彼女はパウンドを読んだことがあるだろうか。『キャントーズ』にはタイ語の翻訳がはたして存在しているのだろうか。

翻訳する（二）

前章ではどうも個人的事情ばかりを書き連ねてしまったようで、いささか反省している。今回は少し角度を変え、比較文学の立場に立って、最初に理論的なことを少し、次に具体的な翻訳詩について書いておきたい。

いったい詩なるものは翻訳が可能なのだろうか。この問いに正面切って、もちろん可能に決まっていると、自信をもって答えた人物がいる。ヘーゲルである。この怪物的なスケールの哲学者は『美学講義』のなかで、詩は翻訳どころか、散文に書き直すことだって簡単だしそこに何の支障もないと、大見得を切ってみせた。

ヘーゲルによれば、芸術とは真なるものを感覚として表示することに他ならない。たとえば彫刻は石を、絵画は色を、音楽は音調を用いて、芸術であることを実現している。詩の場合、感覚的要素としては言葉が挙げられるように思われる。だがそれは表面的なことであって、詩において真に重要なのは内的な表象、精神的な直感そのものであるはずだ。言葉とはたかだか表面上の記号に過ぎず、人は言葉などを通り越して、詩の本質に向かいあうのである。言葉は詩を規定などできない。その任務はただ詩を伝達することである。したがって翻訳を通して言葉がいくら変わろうとも、詩が損なわれるという事態は生じない。これがヘーゲルの考えである。まあ堂々たるものだと、感心してしまう。

わたしは親鸞の『正像末法和讃』のような宗教詩については、ヘーゲルは当たっているかもしれないと思う。この非僧非俗の宗教家は、可能なかぎり詩から感覚的映像を排除し、信仰の観念を簡潔にまとめ、韻文の形に仕立てあげたからである。もっとも現実に詩作に携わっている人間は、そう簡単にヘーゲルに説得されるわけにはいくまい。マラルメはヘーゲル的な観念の統合性に、それなりに魅惑を感じていたが、その一方で、詩は徹頭徹尾言葉によって構築されるべきものであると信じていた。詩はそれ自体で孤高に完結したものでなくてはならず、特定の主題や観念の表象物であるはずもなかった。イギリスのノンセンスな童謡、『マザー・グース』の翻訳者であったマラルメは、翻訳によって喪失してしまうものの大きさという問題に、充分に自覚的であった。

わたしの知るかぎり、詩の翻訳可能性を高らかに肯定するのはヘーゲル一人である。だがこれを否定して、翻訳不可能論を唱えたり、懐疑的な言葉を口にした者はといえば、枚挙に遑《いとま》がない。ニーチェは『善悪の彼岸』のなかで、翻訳が原詩に固有であったテンポを毀損してしまうことを憂いたし、ハイデガーは詩どころか、思索の翻訳ですら不可能だと説いた。記号学者のヤコブソンは『一般言語学』のなかで、定義からして詩は翻訳不可能であり、想像的な置き換えのみが可能であると宣言した。もっとも新しいところでは、ジャック・デリダと豊崎光一が、その名も『翻訳論そして／あるいはパフォーマティヴ』（守中高明監修、法政大学出版局、二〇一六年）なる対談集のなかで、人は翻訳することと同時に翻訳しないことを余儀なくされるというダブルバインドに、つねに囚われていると語り合っている。はたして詩は外国語に翻訳が可能なのかという問いに対しては、それに否定的あるいは懐疑的な論者の方が、圧倒的に多いかのように思われる。

では、どうして詩の翻訳は不可能であると考えられてきたのだろうか。原理的に不可能だという論者もいれば、完璧な翻訳は期待できないという、かなり相対的な意見の持ち主もいて、さまざまである。統一的に語ることはできない。だがとりあえず誰もが了解できるのは、詩的言語の本質に横たわっている多義性、つまり複数の意味を同時に併せ持っている言説としての性質が、ある言語から別の言語へと移行していく間に、決定的に毀損されてしまうという事実だろう。わたしは抽象的な話を続けることがあまり趣味ではないから、ちょいと思いつくままに例を出して考えてみたい。

I cain but are you abel ?

ジョイスの『フィネガンズ・ウエィク』にある一行である。いったいこの文は、どう日本語に翻訳すればいいだろうか。

なるほど、これを"I can, but are you able?"という文章の綴り間違いだと見なして、「僕にはできるけど、きみはできるかい?」と翻訳することは簡単である。中学生にだって出来るだろう。だが『旧約聖書』の世界に少しでも親しんでいれば、ここにアダムとイヴの息子であるカインとアベルの名前が埋め込まれていることに気が付くはずだ。当然考えられるのは、「僕はカインだけど、きみはアベルなのかい?」という訳文である。この二通りの訳文を重ね合わせてみたとき、突然に惨たらしい光景が眼前に浮かび上がってくる。全能の神への厳粛な供犠の場にあって、兄が弟に示した優越感。その報いとしての神の不機嫌。さらに兄による弟殺し……。驚くべきや、この単純な一行のなかには、人類最初の殺人、しかも近親殺人の予兆がこっそり隠されているのだ。

とはいうものの、以上は解釈にすぎない。この一行の内側に隠された意味の凝縮を、丁寧に解きほぐしてみるとこうなりますよという見本である。しかしこの重厚な多義性をわずか一行の表現に纏めあげることなど、はたして日本語に可能なのだろうか。

いや、日本語の例だけだと不公平に見えるので、もうひとつ、今度は日本の詩人（俳人）の例を挙げておこう。はたして以下の三句を、英語でもいい、中国語でもいい、外国語に翻訳することはできるだろうか。

切株やあるくぎんなんぎんのよる
まだレクラムの星のどれみふぁ空すみれ
漏斗す用足すトマスアクィナスを丘す

加藤郁乎の言語遊戯の巧妙さとその多岐にわたる出典については、すでに松山俊太郎による研究書（『球体感覚御開帳』）が存在している。ここでは詳しく語ることは遠慮しておきたい。ただ、冒頭の句についてだけ、簡単に説明しておこう。

これは単に、夢幻的な夜の光景を描いているだけの句ではない。「歩く銀杏銀の夜」と読み解けば、銀杏の大樹が切り取られ、その脇に落ちていた実が、胡桃割り人形と鉛の兵隊のように、夜になって行進をしている映像となる。確かにそれは美しい情景だが、作者は騙し絵のように、そこにもう一つの光景を重ね合わせている。「歩く銀杏銀の夜」を「ある苦吟難吟の夜」と読み解いてみようではないか。俳句を創出することができず、深夜に悶々としている作者の、マラルメ的な苦悶がそこに隠されていることが判明する。ここでもジョイスの場合と同じことをいっておきたい。長々とした評釈は可能だ。だが詩的緊張と凝縮力において、原文と等価な翻訳を成し遂げることは、全能の神においてさえ不可能なことだろう。

詩的言語が携えている意味の複数性を前に、翻訳という行為は無力である。あまたある意味のうち、どれかに焦点を合わせ、それに特化して翻訳をすることは、なるほどできなくはない。だがそのとき、翻訳テクストは原テクストと比べ、恐ろしく平板で、単調なものとなる。複数の意味のなかからひとつだけを選択し、残余を排除することは原テクストに暴力的な可変を加えることであり、それは翻訳という行為がその根源において暴力であることを暗に物語っている。翻訳者は無垢な原典に襲いかかり、それを押し倒し、ねじ伏せ、そこから単一の意味だけを抜き取ると、意気揚々と帰路に就いていく。

では、ヘーゲルではないが、言葉の背後にある直感と精神が重要なのだといってみればどうなのだろうか。具体的な文字の連鎖などに囚われず、その裏に隠されている精神、個々の言語の差異を乗り越えた場所に超越的に君臨するロゴスを読み取り、それを別の言葉に移し替えればすむことではないかという反論が、あるいは出てくるかもしれない。しかし、「歩く銀杏」や「どれみふぁ空すみれ」の背後に、いったいどのようなロゴスがあるというのか。こうした言語は徹底して深奥が欠落し、いかなる超越性へと送り届けられることがない遊戯的言表なのだ。

ジョイスと加藤郁乎の短い一行を前にしただけでも、あらゆるテクストは絶対に他言語への翻訳が可能であり、要請されるべきであるというイデオロギーは、もののみごとに崩壊してしまう。翻訳という行為の普遍性を高らかに叫ぶ者たちは、実は世界中のいたるところに、どこまでも翻訳を拒むテクストが遍在しているという事実に耐えられない。こうしたイデオロギーは、それを排除し隠蔽することでしか、存続を許されていないのだ。

いきなり突拍子もない、前衛的な例を立て続けに出したので、当惑された向きもあるかもしれないが、わたしがいいたいのは単純なことだ。およそ詩的テクストに関するかぎり、多義性を多義性のまま、そっと他言語へと移植することは不可能なのである。意味の複数性を少しでも拾い上げようと努めたとき、翻訳は原典よりもついつい長くなってしまう。緊張感を欠き、弛緩して、冗長なものと化してしまう。解凍に失敗し、水分バランスを崩してしまった冷凍食品のように、本来のテクストのもつ構造的な緻密さからほど遠いものに化してしまうのだ。

とはいうものの、にもかかわらず、詩の翻訳はいつの時代にも精力的に行われてきた。それは現在もなされているし、今後もなされることだろう。近代とは、実に多くの詩人たちが、率先して外国語の詩を母国語に翻訳してきた時代のことである。

ボードレールはポーを、ゲオルゲはそのボードレールを訳した。リルケとツェランはヴァレリーを、ウンガレッティはゴンゴラを訳した。アルトーは（まあすごい訳だが）ルイス・キャロルを、パスとルーボーは芭蕉を訳した。ボンヌフォワはシェイクスピアを、そしてアドニスはそのボンヌフォワを訳した。眼を日本に向けると、西脇順三郎がエリオットを、中原中也がランボーを訳した。安東次男がエリュアールを、多田智満子がサン・ジョン・ペルスを、天沢退二郎がグラッグを訳した。諏訪優がギンズバーグを、茨木のり子が沢山の韓国詩を訳した。日本でも外国でも、優れた詩人はかならずどこかで、外国語で書いた詩人と本質的な関係を結んでいる。必ずしも翻訳として結実するわけではないとしても、少なくともその詩人を深く読み込むことを契機として、みずからの詩作に強い根拠を与えられるといった例は、洋の東西を問わず、それこそいくらでも転がっている。

翻訳詩がもたらしたものの大きさについては、わたしが言葉を重ねる必要はない。どこの国でもよい、文学史を繙いてみればそれは瞭然としている。ローマ帝国で文学が興隆したのは、ギリシャ詩と戯曲の翻訳が契機であった。屈原作と呼ばれる『楚辞』は、中国では詩の古典的規範として崇拝されたが、その出自を問うならば、南方系の言語（楚語）を中原の漢語に翻訳したものであった。日本ではどうかというと、もし漢詩の読み下しという、簡潔にして巧妙な翻訳システムが存在していなかったとしたら、中世から近世近代にいたるまで、日本語の書き言葉は太い背骨を見失い、軟弱で不定形なものに留まっていただろう。漢文脈による文語体が伝統として定立されていなかったとしたら、『平家物語』から江戸期の漢詩人、そして鷗外、漱石、鏡花まで、日本の詩と散文は、現在あるような形としては成立していなかったはずである。明治以降、フランスの象徴詩とイギリス・ロマン派の抒情詩が日本の近代詩に与えた影響は、いかに強調しても足りることはない。加えて戦後の現代詩がエリオットの『荒地』を出発点として分かち合ったという事実も見落としてはなるまい。

こうした翻訳は単にそれに出会った詩人たちに霊感を与えただけではなかった。大局的に見て、一国の言語の領野を押し拡げ、その文学的地平を開拓することに力あったのである。言語そのものが潜在的に抱え込んでいる詩的感受性の容量が、こうして発展することになったといえる。最後に個人的なことをいうならば、中学生時代に矢野文夫を通してボードレールを、長じて中井久夫を通してカヴァフィスを読まなかったとしたら、またみずからパゾリーニの詩編の翻訳に手を染めていなかったとしたら、わたしは詩作を続けることはなかっただろう。

一篇の詩の等価物、相同物を他の言語において構築するということは、厳密にいうと不可能である。現行に存在している翻訳詩は、いずれもが大なり小なり妥協の産物にすぎない。だが、それがもたらす文化的行為には大きなものがあることは、何人も否定できない。互いに他者である言語と言語、意味と価値の体系が、一篇の詩を媒介として相手の存在を認め合い、それをみずからの内側へ迎え入れようとしたとき、そこには文化をめぐる、無償の意志が働いているように思われる。

わたしはといえば、詩の翻訳という作業を、個々の単語の照合の是非といった次元の問題であるとは考えていない。それは詩の朗誦や解釈、批評的註釈といった作業と同じく、テクストへの敬意を前提とした高い次元における行為の一つであって、ただその方向と媒介物だけが異なっているという風に考えている。一篇の詩が作られる。その後、それが朗誦されたり、研究対象として分析されたり、他言語に移し替えられたりすることは、詩が等しくFortleben（死後の生）を生きることなのだ。わたしはベンヤミンが『翻訳者の使命』のなかで用いたこの言葉こそが、（その後の彼の晦渋な純粋言語へのユートピア的な夢想には、いささかの留保を置くことにしても）翻訳なるものの本質をみごとにいい当てていると思う。

朗誦する者は声を媒介として、原典への敬意を表明する。評釈と研究を旨とする者は、みずからの学識と探究の方法に基づいて、同じ敬意を実践する。ハーフィーズの朗誦に長けた者は、ハーフィーズを深く極め、その深遠さを解釈しえた者でもあるということをわたしに教えてくれたのは、たまたま庭の草刈りに来たイラン人の青年であった（本書冒頭を参照）。であるならば、ハーフィーズのペルシャ語を苦心して他の言語に直してみせる翻訳家も、その同じ列に並んでいるのではないだろうか。朗誦する者と評釈する者、そして翻訳する者が居合わせることによって、原典の詩は死後の生を生き、不滅という稀なる事態を体現することになるのだ。

とはいえ、ここに奇妙な現実が横たわっている。原典はつねに単一である。にもかかわらず、その翻訳はけして単数ではありえないという事実である。翻訳は翻訳者の数だけ存在しており、一人の翻訳者がいくたびも改訳を繰り返すならば、さらにその数を増やしていく。プラトンのイデア説を信じるならば、すでにこの事実だけで、超越的な原典に対する翻訳の劣位を証し立てるのに充分だろう。では、複数の、いや論理的に無限の翻訳が存在しうるという事実は、これをどう考えればよいのだろうか。

ここでしばらく音楽の喩えを借りて考えてみよう。バッハの楽譜の少なからぬものは、楽器の指定がいっさいなされていない。したがって原理的にはいかなる楽器で演奏することも許されている。だがそれは同時に、地上にあるいかなる楽器をもってしても、楽譜に記されている音楽が完全な形で現前することはないという意味でもある。精緻に記された楽譜そのものが、音楽のイデアとして完結しているのだ。現実の演奏は、いかなる技量の演奏家を招喚したところで、その超越性に到達することがかなわず、論理階梯において劣位に留まっている。

だが、もし現実に誰かが特定の楽器を用いて演奏を行わなかったとすれば、バッハのその曲ははたして地上に存在しえたといえるのだろうか。音楽、いくら完璧に作曲されていたとしても、楽譜の内側で静かな眠りに耽っているだけのものであってはならない。それは小学生のピアノの発表会で、音大生の練習室で、リサイタルホールで演奏されて、聴衆の感覚に訴えたとき、初めて実在したと呼ぶことができる何ものかである。もちろんそのたびごとに演奏、つまり実現のあり方には微妙な差異が横たわっているだろう。また弾き間違いにしたところで、それを避けるわけにはいかないだろう。だが楽譜の段階に留まっているかぎり、それは完璧なテクストではあっても、音楽としての自己実現をなしえていないのだといわざるをえない。

詩の翻訳に関しても、同様のことが指摘できるのではないか。翻訳者たちは思い思いの知識と情熱を携えて、原典に向かいあう。彼らはさながら楽譜を前にしたピアニストのようだ。だがピーター・ゼルキンが弾く『ゴールドベルグ変奏曲』が、グレン・グールドのそれと異なり、同じグールドの演奏でも、初期と最晩年のそれがまったく異なっていることに留意しなければならない。加えてそれら現代の演奏は、バッハが貴族から不眠症治療のための音楽を注文された時代の演奏とも、大きく異なっているはずである。詩の翻訳者たちのことを考えるたびに脳裏を過《よぎ》るのは、こうしたピアニストたちのことだ。どのピアニストがもっともバッハを体現しているかといった問題ではない。要はピアニストの音楽観と、彼を育んできた時代、その時代の音楽状況と美学イデオロギーなど、さまざまな要素によって、演奏は大きく左右され決定されてゆく。演奏がつねに絶対から見放された場所において、一回性の事件として成立するように、詩の翻訳も相対的な状況のなかで事件として実現される。いかなる翻訳者もみずからの視座からは自由になれず、というより、その視座に基づく解釈行為としてしか、翻訳という行為を成し遂げることができない。翻訳とは解釈であり、あえていうならばいくらでも可能な解釈のうちの、たまたまひとつにすぎないのだ。わたしは翻訳という行為をより大きな時間の相のもとに理解し、現代の消費社会においてほとんど文化商品として通用することのないこの無償の行為を、われわれが分かち合うべき豊かさのひとつとして歓待したいのである。

ここで例として取り上げてみるのは、ボードレールの『悪の華』にあってひときわ人口に膾炙している詩篇、「われとわが身を罰する者」である。ちなみにこの詩は原題がギリシャ語になっていて、L' HÉAUTONTIMOROUMÉNOS（ロトンチモルメノス）という。冠詞を取り除いてみると、それは古代ギリシャとローマで当たりを取った、著名な喜劇の題名であった。作者はそれを踏まえ、あたかも舞台の上で道化役者が独白する科白であるかのように、この詩を書いている。けして難しい構文ではないのもそのためである。まずは原詩の冒頭を引いてみよう。

Je te frapperai sans colère
Et sans haine, comme un boucher,
Comme Moïse le rocher !

Et je ferai de ta paupière,
Pour abreuver mon Sahara,
Jaillir les eaux de la souffrance.

日本で最初に『悪の華』を全訳した矢野文夫の、一九三四年の時点での「我と我が身を罰する者」の訳文は、次の通りである。

屠殺者のやうに、頑固爺のモーゼのやうに、俺はお前を引つぱたく。だが怒つてゐるのではない、憎んでゐるわけでもない。
俺はサハラ沙漠のやうな心の渇きを医すために、お前の眼瞼から、苦悩の水を噴き出さす。

この訳詩には行替えがない。わずかに連ごとに一行ずつ、間が開けられているだけである。その間の事情を訳者は、「従来の訳詩の形式——即ち意味もなく雨滴のやうに断絶して、行を換へる行き方は、格別、脚韻を踏むわけでもない日本の自由詩に於て全く無意義であり、訳詩の際には、殊に前後の脈絡を絶つて、難解ならしめるのみなので、断然その形式を排除した。そして、たゞ、各stance毎に行を換へることとした。更に雅文調の難解な美辞麗句を排撃し、出来るだけ素朴に、詩によつては、童話風の行き方をさへ取つた」と、後記に記している。

ところがこの矢野は戦後、平易な口語訳を捨て、朗々たる文語調に回帰してしまう。一九四八年に刊行された『ボオドレエル詩集』から、同じ詩を引いてみよう。

怒りもなく憎しみもなく、屠殺者のごとく、岩を打つモーゼの如くわれ汝を打たん。われは汝の瞼より

わが内心のサハラ沙漠を浸《ひた》さんがために苦悩の水を噴き出さしめむ。

最初の訳では「モーゼ」と「岩」とが並置されていると思い込んでいたため、「頑固爺のモーゼ」という訳語が採用されていた。改訳では「岩」を目的語と見定めたので、「岩を打つモーゼ」という表現に改められた。また「サハラ沙漠」が隠喩として明確に打ち出されることになり、「やうな」という表現が割愛された。全体としてはキリリと締まった文語体であるが、かといって特別に難解な詩語が濫発されているわけではない。

齋藤磯雄の文語訳『悪の華』（三笠書房）は、この矢野の文語訳に二年遅れ、日夏耿之介以下，錚々たる諸氏の推薦文を添えて、一九五〇年に刊行された。表題は「我とわが身を罰する者」である。

われ怒りなく、憎しみもなく、
屠殺者のごとく、はた磐《いは》を撃つ

モオセのごとく、汝《なんぢ》を打たむ。
斯くしてわれは汝《な》が瞼《まぶた》より、
わがサハラをば潤《うるほ》さむため、
苦悩《なやみ》の水を噴《ふき》出《い》でしめむ。

同じ文語体であっても、矢野訳と齋藤訳では大きく印象が異なっている。矢野はつとめて平易な日本語を用いているが、齋藤はわざわざ「岩」を「磐《いは》」と記し、ルビの権能《ちから》を借りながら、古語と雅語を取り入れている。その理由は簡単で、彼はすべての詩行が七音ずつ区切られ、一行が十四音で統一されることを望んでいるためだ。声に出して読んでみるとただちに判ることだが、日本に伝統的な五七五の律とも違うこの音律は、なかなか心地よいものである。

では一九三六年に『悪の華』（版画荘）を刊行し、戦後になって改訳を重ねた村上菊一郎の場合はどうだっただろうか。一九六六年の角川文庫版から「われとわが身を罰する者」を引用してみよう。

われ汝を打たん、怒りもなく
憎しみもなく、屠殺者《とさつしゃ》のごとく、
岩を打つモーゼのごとく！

われは汝の眼瞼《まぶた》より
わがサハラ沙漠に漑《そそ》がんため
苦悩の水を噴き出さしめん。

この引用部分を見るかぎり、村上訳は原文の語順を可能なかぎり忠実に再現しようとしている。矢野訳が隠喩の説明に腐心して、あれこれ試行錯誤を続けていた「サハラ沙漠」の一節を、村上はあっさりと簡潔な直訳ですませ、後は読者の判断に任せますよという姿勢をとっている。もっとも矢野にしても、齋藤、村上にしても、本国フランスにおけるボードレール研究の水準からは、ほど遠いところにいた。彼らは渡仏もままならぬ敗戦国日本にあって、きわめて限られた情報量だけを頼りに、孤独に訳筆を進めなければならなかった。アカデミズムの名のもとに『悪の華』の校訂研究が飛躍的に発展したのは、それ以降のことである。

阿部良雄は国際的ボードレール学者として活躍し、最新研究の成果を踏まえて『悪の華』を全訳した。彼はまず「ロトンチモルメノス」という原題が、一般のフランス人にはさっぱりわからない外国語であることに着目し、これを意図的にカタカナで「ワレトワガ身ヲ罰スル者」と訳している。翻訳者は相手の言語の内側にさらに別の言語が象嵌されているとひどく戸惑うものであるが、その点、阿部はボードレールのスノビッシュな多言語嗜好をよく理解していた。

私はきみを打つだろう、怒りもなく

憎しみもなく、まるで屠殺人のように、
岩を打つモーゼのように！
そして、きみの目蓋《まぶた》から、

私のサハラ砂漠を潤すために、
苦しみの水を湧き出させよう。

阿部訳では村上訳にさらに輪をかけて、平易な言葉が用いられている。ちなみにフランス語では二人称に親密さを示すtuと、敬意と距離を示すvousの二種類があり、原詩ではtuが用いられている。矢野が最初にそれを「お前」と訳したとき、彼は詩的直観に忠実であった。だが後に彼は、それを「汝」という、いかにも威厳ある口調に改め、村上もそれに従った。阿部はこの「われ／きみ／汝」という文語的な詩的美化を退け、いかにも戦後の民主化教育を受けた世代として、「私／きみ」という中性的な表現に切り換えてしまった。加えて「きみ」と名指された女性のモデル問題から旧約聖書の出典にいたるまで、精緻にして膨大な註釈を施し、作者がこの作品を構想中に執筆した書簡との照合関係までをも傍証として差し出してみせた。

とはいうものの、こうしたアカデミックな労苦にもかかわらず、阿部は訳文にそれを充分に反映させることができなかった。彼はこの詩の題名が古典喜劇からの借用であるという重大な事実を指摘まではしたのだが、残念なことに訳文を道化の支離滅裂な科白として読み解くまでには、充分な演劇的想像力を持ち合わせていなかった。この想像力、平たくいえば芝居っ気を翻訳の根底に据えたのが、杉本秀太郎であった。
杉本はまず「悪の華」という、日本のフランス文学者が神聖にして不犯であった邦題の抽象性を、一気に相対化してしまう。彼は自分の訳書を『悪の花』と名づける。そういえば、この詩集は作者自身が序文で、いささかも厳粛な書物ではありませんよといわんばかりに、小気味のよい神聖冒瀆の口上を述べていたではないか。杉本訳の題名は「われとわが身を打ち据える男」である。「者」ではなく「男」と明記することで、語り手がキャラ立ちするのだ。

おまえを打ち据えてやる、
腹立ちまぎれでも、憎いがためでもない、
屠殺人のように、岩を打ちのめすモーゼのように、
そしておまえのまぶたから

おれのサハラ砂漠をしめらせるべく、
苦悩の水を噴き出させてやろう。

まるでミック・ジャガーが歌っているかのようだ。ここまで来ると、十九世紀の象徴詩というよりも、黒人ブルースの歌詞といった雰囲気がしないでもない。『悪の花』が刊行されたとき、東京を中心とする『悪の華』派のフランス文学者はいっせいに鼻白んだというが、実際、杉本が翻訳の解釈格子として用いた演劇的世界観にまで立ち入らないかぎり、彼の試みを神聖冒瀆だと

叫んでも仕方がないことだろう。

二十世紀に刊行された『悪の華』の日本語訳から、つごう六冊を選んで対比してみた。全般的な傾向としていえるのは、初訳当時は厳粛にして高踏的な印象のもとにあった訳文が、時間を経るごとに平易で、日常感覚のものに変わっていったことである。いうまでもなくここには、日本語が戦争を通り越したことで、大きく変化したことが働いている。だがそれだけではない。華麗な詩語を鏤《ちりば》めた蒲原有明や三木露風、日夏耿之介といった詩人たちが後退し、谷川俊太郎のように普段着姿のまま作品を書く詩人たちが台頭したことで、日本人の共通了解のなかにある〈詩〉が大きく変化したことも与《あずか》っている。加えて原典をめぐるアカデミックな研究の進展は、翻訳者に大量の情報をもたらした。この詩がギリシャ喜劇の舞台の上で役者が演じる、お笑いの科白を捩《もじ》ったものであるという知識があるとないとでは、翻訳をするさいの姿勢にも大きな違いが生じるだろう。

さて、この翻訳歌合戦の幕を閉じるにあたって、特別ゲストとしてイタリア語での翻訳を掲げておこう。ルチアーナ・フレッツァが一九八一年に刊行したもので、ボードレールの翻訳として、まず標準的なものと見てさしつかえない。

Ti colpirò senza collera,
Senz'odio, come un beccaio,
O come Mosèla roccia !
Farò dalla tua palpebra,

Per dissetare il mio Sahara,
Sgorgare l' acqua della sofferenza.

「なーんだ、これって」と、思わずのけ反ってしまう読者もいるかもしれない。イタリア語訳ではフランス語で書かれた原詩の単語を、そのまま一つずつ、イタリア語に置き換えていくだけで、ほとんど翻訳が成立してしまう。そこには語順や人称をめぐって、何の迷いも躊躇いも入り込む隙間がない。日本の翻訳者が一世紀にわたって訳文を練り上げ、試行錯誤を続けたことなど、どこ吹く風といったふうなのだ。もちろんこれは、フランス語とイタリア語が、ラテン語から派生した兄弟関係の言語であることに起因している。トルコ以東の言語である日本語は、彼らの親密な関係からははるかに遠いところに位置しているため、翻訳に際してもまず構文をゼロから設定し、あまたある人称の一つを選ぶという基礎工事から開始しなければならないのだ。

とはいうものの、イタリア語を侮辱する気は毛頭ないが、わたしにはこの訳詩がほとんどボードレールのパロディのように思えてきてしまう。イタリア語とフランス語は、個々の単語がきわめて似ている場合が少なくない。原詩を知る人がもしこれを朗読したとしたら、まるで冗談で方言を使って書いてみた詩じゃないのと、勘違いしてしまうのではないだろうか。

その意味でいうと、言語学的な近親性を与えられていない分だけ、日本語への翻訳は、翻訳者の裁量が発揮できる領域であるといえる。フランスと日本という、文明も、宗教も、社会習俗も怖ろしく異なっている二文化の間で、厳密に言語的対応物を探し出すのは、さぞかし骨の折れることでしょうね、というのが、一般の見方である。しかし挑戦心をもった翻訳家にとっては、事態はまったく逆なのだ。日本人はイタリア人には想像もできない労苦と情熱をもって、これまで『悪の華』を翻訳してきた。正確に数えたことはないが、この百年で二十冊近い訳書が存在しているはずである。いや、ボードレールばかりではない。ダンテも、シェイクスピアも、ランボーも、マラルメも、近代化のなかで多くの日本人は彼らの詩作品を日本語に移植し、日本の詩の富を豊かにしようと努めてきた。

もう読者にはおわかりのことだろう。わたしがここで、それぞれに異なっている翻訳の、どれを優れたものとして賞賛し、どれを誤訳として排除しようなどとは思っていないことを。いかなるバッハの演奏もそれぞれ異なっているように、いかなるボードレールの翻訳も異なっている。その違いの根底にあるのは、翻訳者が生きた時代の日本語の言語状況、翻訳者の文学観と世界観、その無意識と個人の歴史……といった様々な要因だが、端的にいって、翻訳者の身体《におい》である。わたしはここで、その全てを肯定してみたい気持ちに駆られている。翻訳者たちは日本人の『悪の華』理解に貢献したばかりではなかった。彼らは日本の近代と現代の詩人たちに「新しい戦慄」（ユゴー）をもたらしただけでもなかった。彼らはボードレールを媒介として、翻訳者の側の言語にさらなる豊かさを与えたのだ。プロテウスのようにつねに形を変え、いかなる雑音をもたちどころに嚥下してしまう、日本語という言語《ランゲ》に。

書き直す

いかなる人間も一気に詩を書き上げることはできない。即興詩という約束ごとでもないかぎり、ひとたび書き上げたものを丁寧に見直し、不要な部分を削ったり、足りない部分を補ったりして、ようやく発表に到るというのが普通である。思い切ってすべてを没にしてしまうこともあれば、長い歳月の後に旧作を読み返し、それに手を入れて、新しい作品として世に問うということもある。詩には一定期間の熟成が必要なのだ。

一篇の詩はいつ完成に到達するのか。それを決めるのは詩人である。では一度は完成したはずの詩が改めて書き直されることは、何を意味しているのだろうか。単純な誤字、誤植の訂正はこのさい措《お》くことにしよう。改稿は詩人の自作をめぐる認識、いや、大きくいえば、詩観念と世界観をめぐる認識に、根本的な変化が生じたことを示している。しかしその改稿が一度ならず、二度三度と、偏執的に反復されたとしたら……。

本章では蒲原有明《かんばらありあけ》と鮎川信夫という、二人の詩人の改作について考えてみたい。一人は日本の象徴詩の最高峰を究めた詩人であり、もう一人は戦後詩にあってもっとも先鋭な批評精神を発揮した詩人である。詩風も違えば、時代の文化環境も違う。おそらく詩論家が二人を直接に並べて論じたことは、これまでなかったはずだ。だが彼らにとって過去の自作を点検し、語句を変更したり、新しいヴィジョンのもとに再編成することは、本質的な行為であった。彼らは一時代を画する詩人でありながら、自身の代表作をいくたびも書き換え続けたのである。ちなみに有明と鮎川の間には半世紀近い年齢差があるが、これから問題とする有明の詩の改稿作業が停止したのは、鮎川詩が最終決定稿に到達する一九五五年のわずか五年前、一九五〇年のことであった。

蒲原有明（一八七五〜一九五二年）は日本の近代詩において最初の職業詩人である。彼は透谷や藤村が開拓した新体詩の道を、さらに深奥へと突き進み、典雅な形式化をもたらした。二十世紀の初頭、詩語としての日本語はまだ稚《おさな》く、西洋の象徴主義の詩風を映し出すほどには成熟していなかった。有明は古文体を採用し、積極的に古語を導入した。適切な言葉が見当たらないときには、古語を「考案」までした。マラルメとロセッティを同時代人として見据え、体系的ではなかったが、その作品の翻訳を試みた。彼らが得意とするソネットの様式を日本語で定着させようと腐心し、さらにイギリスの物語詩《バラッド》の模作に及んだ。日本に伝統的な七五調の律を複雑に変奏し、その一方で頭韻に細かく気を配って、自作の詩をかぎりなく音楽へと接近させようと試みた。道徳と情動との対立。渦巻のごとき不吉な恍惚。廃墟を前にしたノスタルジアと悔恨。対象も定かでない、曖昧なメランコリア。有明は西洋の象徴派詩人と多くを分かちもっており、みずから象徴詩人を自認した。

日清日露の戦争に明け暮れ、出世主義を国民的理念とする当時の日本には、廃園もなければ、世紀末の頽廃もなかった。有明は恐ろしい孤独のうちに砂上に美しい楼閣を築き上げた。とはいえ周囲は荒涼とした砂漠であり、楼閣の繊細にして完璧な構造を理解できる者は、詩壇にはほとんど存在していなかった。これはワインで喩えてみるならば、葡萄栽培が開始されてまだ間もない畑から、いきなり稀有なヴィンテージワインを造り上げる作業に似ている。しかもいくら高貴なワインが樽詰めされたところで、ソムリエもグルメも、まだ存在していないのだ。

一九〇八年、三十三歳に到ったとき、有明は『有明集』を世に問い、自分が象徴詩を極めたという自負をもった。「月しろ」という一篇を引いてみよう。

淀《よど》み流《なが》れぬわが胸《むね》に憂《うれ》ひ悩《なや》みの
浮藻《うきも》こそひろごりわたれ黝《くろ》ずみて、
いつもいぶせき黄昏《たそがれ》の影《かげ》をやどせる
池水《いけみづ》に映《うつ》るは暗《くら》き古宮《ふるみや》か。

石《いし》の階《きざはし》頽《くづ》れ落《お》ち、水際《みぎは》に寂《さ》びぬ、
沈《しづ》みたる快楽《けらく》を誰《たれ》かまた讃《ほ》めむ、
かつてたどりし佳人《よきひと》の足《あ》の音《と》の歌《うた》を
その石《いし》になほ慕《した》ひ寄《よ》る水《みづ》の夢《ゆめ》。

花《はな》の思《おも》ひをさながらの禱《いのり》の言葉《ことば》、
額《ぬか》づきし面《おも》わのかげの滅《き》えがてに

この世《よ》ならざる縁《えにし》こそ不思議《ふしぎ》のちから、
追憶《おもひで》の遠《とほ》き昔《むかし》のみ空《そら》より
池《いけ》のこころに懐《なつ》かしき名残《なごり》の光《ひかり》、
月《つき》しろぞ今《いま》もをりをり浮《うが》びただよふ。

書き写しているだけで、詩的緊張が伝わってくるような作品である。さまざまな感覚が寄せては返す波のように到来し、その残響のなかで次の感覚に場所を譲ってゆく。夕暮れどき、最初に暗く陰鬱な内面が提示され、それに対応して廃墟の宮殿が現れる。宮殿を反映する池の表から水という主題が導き出され、かつて水際を訪れた美しき女性への追憶が浮かび上がる。一瞬、超自然的な恍惚が実現するが、それも追憶とともに消滅する。今や静謐なる水面は、月の明るい光を湛えている。

「ひろごり」や「階《きざはし》」といった古語、雅語が、意図的に用いられている。韻律においても細心の配慮がなされている。音読を試みると、言葉がさながら岩間に設けられた噴水のように、流麗に零れ落ちていくことが体感できる。こうした工夫がもっとも美しく結実しているのが第二節で、そこでは朽ちた宮殿の石段と、その下に暗く横たわる水が、主題的にみごとな結合を見せている。垂直軸を構成している硬い石は、経年によって今にも崩れようとしている。だが水平軸の水は無時間的な存在として、少しずつ石を侵食し、形あるものを無定形へと引き戻すであろう。この一連の運動のなかに、佳人の幻影が出現する。だがそれは、「この世ならざる縁《えにし》」として、次の瞬間には消滅し、後には不動の月の光だけが水面に残される。つぶさに音韻を確かめてみると、一行目から二行目にかけては、「石《いし》」「階《きざはし》」「沈《しづ》みたる」と［s］音が連なり、三行目では「かつて」「たどりし」「音《と》の」「歌《うた》を」と、［t］音によるタッピングがなされている。この二音の対立が四行目の「慕《した》ひ寄《よ》る」によって統合されてゆくわけで、この押韻のあり方には舌を巻かないわけにはいかない。

人によってはこの一節からヴェネツィアやブルージュの運河を想起し、西洋のロマン主義が好んだ廃墟崇拝を見てとる人もいるだろう。仏教の説く、煩悩が霧消した後の心の平安を説く、ニルヴァーナ（涅槃）の境地の表象を読み取る人がいたとしても、不思議ではない。現に有明の同時代人は、彼の象徴操作の背後に仏教的なものを認めていた。「月しろ」の一篇はこうした多義性を内に含みながら、みごとに象徴詩として自立している。

とはいうものの、『有明集』という精緻を極めた詩集に対し、成立して間もない詩壇は冷淡であった。いや、有り体にいって、仮借ない罵声を浴びせかけた。当時、売り出し中の口語自由詩陣営は、ここには美化された感情はあっても、人間が自然に抱く切実なる感情が微塵も存在していないと論じ、一刀両断した。本来であれば有明を弁護するべき側もまた、作者がいたずらに思索を弄んでいるとし、彼が丁寧に設えた声調の細やかさを、煩わしいものとして遠ざけた。有明が年少者たちの悪意を前に、深い絶望に襲われたことは、容易に想像がつく。皮肉なことに、彼が犠牲《スケープゴート》の山羊として煩悶しているすぐ傍《そば》を、白秋と露風が平然と通り過ぎていった。彼らは有明が苦心して彫琢した象徴詩の詩法を平然と自作に取り入れ、優雅な遊戯に耽っていた。

有明は晩年（一九四七年）に執筆した回想記『夢は呼び交す』のなかで書いている。

「かれにも油の乗る時期はあった。そうはいうものの、久しからずして気運は一転し、またたく間に危機が襲いかかった。危機はもとより外から来た。しかしかれの内には外から来る危機に応じて動くばかりになっていたものを蔵していたということもまた争われない。内から形を現わして来たものが外からのものよりも、その迫力がむしろ強かったという方が当っている。それに対して抵抗し反撥することは難《むずかし》かった。理不尽に陥ってまでそれを敢《あえ》てすることはないとかれは思っていたからである。

孤立であったかれは、譬《たと》えば支えるものもない一本の杭《くい》のごときものであった。その杭の上にささやかな龕《がん》を載せて、浮世の波の押寄せる道の辻に立てて、かすかな一穂《いっすい》の燈明《とうみょう》をかかげようと念じていたことも、今となってはそれもはかない夢であった。かれには夢が多すぎた。しかもその夢はいつしか蝕《むしば》まれていた。危機に襲われて、これまで隠していた弱所が一時に暴露したことを、かれは不思議とは思っていない。それがためにかれは独《ひとり》で悩み、独で敗れることになったのである。」

有明がもしここで詩作の筆を折っていたとしたら、事態はまだしも救われたかもしれない。おそらく『有明集』の厄難は文学史のなかの不運な偶然として記憶され、時満ちて彼はロートレアモン伯爵よろしく、「呪われた」天才詩人としてみごとな復活を遂げたことだろう。だが実際に生じたのは、より不幸な事態だった。栄光の座から転落した詩人は、自分が堅く信じた詩の観念に疑義を抱いてしまい、それ以後、際限のない改作地獄へと転落してしまったのである。

有明はこの事件から二十年後に編纂された自作アンソロジー『有明詩抄』の「自序」で、書いている。

「言葉を深く究めれば究めるほど詩の内容は豊富になつて来る。私の多年に亙る詩生涯に於て悟り得たところのものが、万一あつたとすれば、唯この一事のみである。私はその一端を現代の衣装の下に暗示したに過ぎない。然しこれが決して安易に達し得らるべきものではなかつたから、私はいつも言葉の究め方の不足と、その表現に伴ふ未熟とを嘆じた。それ等の理由から、これ迄機会のある毎に旧作を点検して改刪《かいさん》を施して来たのである。従つてまたこの詩抄を出すに当つても及ぶだけでその事に心力を竭したのであるが、その為にいよいよ天分の拙さを恥ぢなくてはならぬこととなつた。」

『有明集』が不評に終わったのは、何も自分に反感を抱いた詩壇が熾烈な攻撃を加えたからではない。言語をめぐる自分の探究が未熟であり、表現に稚拙なところがあったからだ。かくなるうえは、より完璧な詩行に到達するために、さらなる研鑽を積まなければならない。有明に過去の「名作」をいくたびにもわたって書き直させた動機とは、そのようなものである。不幸なことに、彼は自分がおよそ日本の詩的言語において絶頂に立っていた事実が、すでに理解できなくなっていた。

「月しろ」というソネットは発表から十四年後に、『有明詩集』(一九二二年)において、最初の改竄を受けた。紙数の関係から全体を引けないのが残念であるが、とりわけ完璧ともいえる完成度を見せていた第二節がどう変えられたかを見てみよう。

石の段階《きざはし》も、あはれ見よ、寂《さ》びて頽《くず》れぬ、——
沈みたる快楽《けらく》を誰かまた尋《と》めむ、

かつてたどりし手弱女《たおやめ》の跫音《あのと》の歌を
うちたへになほ慕《した》ひ寄る水の夢。

改稿以前には静謐な夢想として完結していた詩行が、にわかに騒々しくなっている。「階」が「段階」に、「佳人」が「手弱女」に変えられ、平俗な説明臭が強くなったばかりではない。場違いな呼びかけ「あはれ見よ」のおかげで、廃墟に忍び寄っていた水がすっかり遠のいてしまう。もっとも有明はこの改作には満足できなかったようである。岩波文庫で一九二八年に『有明詩抄』を自選したときには、この作品をあっさりと落としている。何ということだろう。さすがに本人もそれを後悔したのか、ふたたび改作に腐心したようだ。『現代詩人全集　蒲原有明集』（一九三五年）、『有明全詩抄』（一九五〇年）では、それぞれに新しいヴァージョンを披露している。ここでは後者を引いておこう。

石の段階《きざはし》壊《くづ》れ落ち、水際《みぎは》は寂《さ》びぬ。
沈みたる快楽《けらく》を誰《たれ》か喚《よ》びいづる。
かつてたどりし手弱女《たをやめ》の跫音《あのと》ひびかず、
還《かへ》り来《こ》ぬ昔《むかし》をしのぶ水の夢。

三回目の改作には、いくぶん原初の詩行を復元した形跡が窺われる。だが全体の調子の平板さは否定できない。「快楽《けらく》」はしめやかに讃美するものから、招喚するものへと化した。足音を歌と見なす情趣は失われ、「還《かへ》り来《こ》ぬ昔《むかし》をしのぶ」という表現の抽象性は、生命あるもののように「慕《した》ひ寄《よ》る」水のもつ物質的想像力を喪失している。足音の幻影が無残にも遮断されたこともあって、この改作は優雅さとはほど遠い。いうなれば、初回時の詩行の干物である。

この第三回目の改作を行なったとき、有明は七十五歳。最初に『有明集』を世に問うてから、なんと四十五年が経過していた。さすがに矢野峰人《ほうじん》をはじめとする象徴派の旧友も、この事態には当惑を禁じえなかったようである。創元社は一九五二年に『蒲原有明全詩集』を編纂することになったとき、先行の四冊の詩集を初版の形のまま、一字一句変更せずに収録するという方針を取り、頑固一徹の作者に願いに行って許諾を求めた。有明は高齢もあって、とうとうそれを受け入れた。彼は校了の前に身罷った。だがもし彼がまだ気力に長けていて、校正を手にしていたとしたら、どうなっていたかはわからない。

蒲原有明が生涯の半分を費やして行なった改作、もとい改竄は、これをどのように考えるべきだろうか。若き日にかくも崇高な詩行を書き得た彼の天才《ジェニー》を知る読者にとって、それは大きな躓きの石である。しかし有明は徹頭徹尾、真面目なのだ。彼は自分が旧作に対して無残な暴力を振るっていることに、気がついていない。われわれは半世紀にわたって究極の表現を求めた詩人の真摯に、感動すべきなのだろうか。それともみずからの天才《ジェニー》の消滅を理解できず、過去の栄光を毀損してやまない詩人の愚行を嘆くべきなのか。

誰もが見て見ぬふりをした。かくまでも有明は忘れられ、見捨てられていたのだ。ただ一人、歯に衣を着せず否定的評価を下したのが、日夏耿之介であった。『明治大正詩史』のなかで彼は、有明の改作を「原作の神韻と幽玄と史価とを失ひ、散文的説明の固癖にさへ堕してゐる」と批判している。もっとも有明には日夏の言葉は耳に入らなかっただろう。それほどまでに『有明集』を否定され、詩壇から追放に処せられたことのトラウマは大きかったのだ。いつの時代にも詩壇ジャーナリズムとは愚かなものである。有明を攻撃した川路柳虹以下の面々の詩を、今日、いったい誰が繙《ひもと》いて読むというのか。日本の近代詩はこうして象徴主義を中絶させたまま、現在に至っているのだ。

ちなみに有明が生涯にわたって遺したすべての異文は、死の五年後に刊行された『定本蒲原有明全詩集』(河出書房)に収録されている。彼のさまざまな改作はいずれも忘れ去られており、それを知るにはこの書物に向かうしかない。今日の読者が手軽に接近できる詩集はといえば、岩波文庫の『有明詩抄』か、思潮社の現代詩文庫(近代詩人篇)にある『蒲原有明詩集』であり、先にも記しておいたが、前者は全作品にわたって、二度目の怖ろしい改竄がなされたときの詩集である。「月しろ」は収録されていない。この詩を読むことは後者を除けば、今では困難なことになってしまった。

鮎川信夫(一九二〇〜八六年)は『荒地』の同人として、戦後詩を代表する詩人の一人である。だがこの紹介は正確ではない。『荒地』はそもそも一九三九年に発刊されていたし、同人の共同体意識は当時から強烈に存在していた。鮎川本人もすでに戦時下において、少なからぬ作品を発表している。したがってもし彼を戦後詩人と規定するなら、戦争体験を通して彼の詩が変容していった過程を、きちんと見据えておかなければならない。鮎川は近衛歩兵連隊の兵士としてマレー半島に向かい、傷病兵としてスマトラから内地に送還された。この時期の彼の壮絶なる思索は、後に『戦中手記』として纏められている。

彼は復員してしばらく後に、長編詩「橋上の人」を発表し、それは今日では、『荒地』派の輝かしい成果と見なされている。また同時期に執筆された「繋船ホテルの朝の歌」「アメリカ」とともに、初期鮎川の詩業を代表する作品であるとして、詩史的に高く評価されている。だが、ことはそう単純ではない。彼はすでに一九四二年の時点で「橋上の人」の初稿を書き上げており、それを畏友三好豊一郎に託して、戦場へ赴いたのだった。それは「戦前、戦中における私の詩的な総決算のつもりで書いた詩」であり、翌四三年に三好の主宰する同人誌『故園』に掲載された。五十六行の、けして長くない詩である。「そのとき私はもう軍隊に入っていて、内地を離れ、スマトラの守備についていたが、遺書のつもりで残してきた詩が活字になってはるばると南方の陣地に送られてきたときの驚きと感激を、今も忘れない。」

鮎川は軍隊時代には詩を書いていない。ただ一冊、手元にある同人誌に載った「橋上の人」に「書入れをしたり、心覚えに二、三行記すくらいが関の山であった」。すでにここでテクストへの加筆が開始されている。

牟礼慶子『鮎川信夫　路上のたましい』（思潮社、一九九二年）によれば、敗戦後四年目の一九四八年、鮎川は「橋上の人」を大きく改稿し、百二十九行に引き伸ばして『ルネサンス』九号に発表する。だがそれは納得のいくものではなかった。アンソロジー『文学51』（一九五一年）に収録された時には結末部が改変され、全体が八連、二百四十五行からなる長編詩として完成する。ちなみにこの第三稿に記された「一九五〇年十一月」という日付は、彼が結核療養を終えて退院した日付であった。

とはいえ、作者はどうもこのヴァージョンを冗長だと感じていたようだ。直後に刊行された『荒地詩集1951』では、早くも七行ほどが割愛された。最終的に決定稿が成立したのは、一九五五年の『鮎川信夫詩集　1945～1955』においてである。さらに九行が削られ、全体は二百二十九行で完成した。現行の全集はこの第五稿を採用している。

鮎川はこの詩を自分の代表作であると認めていた。それは一九六三年、自作詩のアンソロジーを纏めるさいに、全体の表題として「橋上の人」を採用したことからも推測できる。たびたびの改稿は、戦後詩人として生きる鮎川にとって必然的なことだった。この長編詩は結果的に彼の戦中戦後を繋ぐ重要な作品となったが、それは同時に四度にわたる改変の背後に、苛酷な戦争体験と、それに向かいあった自己認識の変化が横たわっていることを暗示している。以下に第一稿と第五稿とを比較してみる。

高い欄干に肘をつき
澄みたる空に影をもつ　橋上の人よ
啼泣する樹木や
石で作られた涯しない屋根の町の
はるか足下を潜りぬける黒い水の流れ
あなたはまことに感じてゐるのか
澱んだ鈍い時間をかきわけ
櫂で虚を打ちながら　必死に進む舳の方位を

一人の人物が橋の欄干に身を持たせながら、はるか足下を流れる河を眺めている。石造りの家屋が並ぶというのだから、イメージとしては西洋の町だろう。

二十世紀前半の英米詩を一瞥すればわかるが、橋は地下鉄と並んで、近代の都市文明を示す最適の記号であった。鮎川みずからが後に翻訳したエリオットの『荒地』では、ロンドン橋を過ぎてゆく大勢の群衆と、その背後に寄り添っている死の影が描かれている。ハート・クレインの『橋』では、エリオットの向こうを張って、衆人環視のもと、ブルックリン橋の欄干から身を投げる狂人の姿が描写されている。鮎川が戦時下でクレインを読んでいたとはまず思えないが、日々の喧騒を逃れ、高架の橋の上に独り佇みながら夢想にふける人物を主人公に詩を書いてみたいと構想したことは、軍国主義下の険悪な時代を考えてみると、けして不自然とは思えない。「橋上の人」とは近代都市こそが生み出しえた形象であり、ベンヤミンの言葉を借りるならば、「遊歩者《フラヌール》」である。

この人物は二つの空間に引き裂かれている。はるか上方には清澄な午後の青空があり、下方には暗く沈黙を湛えた水の流れがある。彼は俯いて、水面に映る空を眺めている。河には舟が浮かんでいる。舟は停滞した時間のなかを、虚しく進んでいるようだ。橋上の人の心は疲れきっている。彼は忌まわしい日常から離れ、自分の心のうちを「鳥瞰」しようとして遠い道のりを歩き、ようやくこの橋に辿り着いたのだ。

第二節から六節にかけては、橋上の人のさまざまな思念と夢想が、パノラマのように展開する。彼はじっと不動であるが、周囲の光景があたかも版画の刷色のように、めまぐるしく変化してゆく。

彼はまず水面の煌きのうちに、白昼の花火の幻を見る。次に両親と友人の姿を認める。眼下に流れているのは泥に汚れた水だが、それもいつかは海に流れ込む日が来るだろうし、この橋も青い柱となって海中に漂うことがあるだろうと、たわいない空想に耽る。そう考えている間に、いつしか夕暮れが近づいてくる。自分の人生はほどなくして消滅し、忘却されてしまうだろう。来たるべき時が来れば、精神は癒しがたい傷を受けるだろうが、肉体だけは癒える用意がある。いよいよ日没となる。水面は黒くなる。橋上の人は水面を吹く風にむかい微笑する。なるほどこの水の「深淵」から身を引き離すことはできる。だがどこに足を向けようとも、「蒼ざめた河のこの沈黙」は付きまとうことだろう。それは橋上の人の行手を遮ることだろう。わが身の影を澄んだ空に投影していたと思ったのは、誤りだった。語り手は橋上の人に呼びかける。あなたは午後の廊下を彷徨う影にすぎないのだと。

どうしていままで忘れてゐたのか
あなた自身が小さな一つの部屋であることを
此処と彼処　それも一つの幻影に過ぎぬことを
橋上の人よ　美の終局には
方位はなかつた　花火も夢もなかつた
風は吹いてもこなかつた
群青に支へられ　眼を彼岸へ投げながら

あなたはやはり寒いのか
橋上の人よ

最終節では、それまで橋上の人が幻視してきた映像、夢想してきた光景のいっさいが虚構であり、存在していなかったことが判明する。彼は「いまわしい壁」や「むなしい紙きれ」の世界を逃れ、ロンドンにもパリにも似た街並みにあって、優雅に橋上で遊歩者を気取っていたわけではなかった。実は小さな部屋に閉じこもっていただけなのだ。けれども、どこに足を向けようとも、人は眼下を重く流れる暗い水の沈黙から逃れることはできないだろう。この断言は死のイメージと深く結びついている。

「遺書のつもりで残してきた詩」と作者本人が回想しているように、この詩には出征を待つばかりの青年が背負わされた、世界に対する完璧な絶望が描かれている。作者は大日本帝国の滅亡を確信している。死と終末は間近に控えていて、こちらを窺っている。いかなる地上の悦びをも、瞬時にして無に帰せしめてしまう存在としての死。死の不可避性に対し無力な自己意識に対する憐憫と、虚飾という虚飾を廃絶してやまない死への眼差しが、重ね焼きされて語られている。かつてのモダニズム青年は、過去の営みのことごとくが灰燼に帰すことを受け入れ、死へと赴く準備をしなければならない。「橋上の人」の初稿は、こうした鮎川の決意を、きわめて収斂した言語の相のもとに語っている。

それでは戦後になって改作された「橋上の人」はどうだろうか。四度目の改変によって成立した決定稿を、これから読んでみることにしよう。全体はオペラのアリア集のように、異なった声調の声の組み合わせからなっている。

第一連では、戦前に書かれた詩の凝縮がなされている。もっとも、どこともつかぬ西洋風の街角の風景は後退し、舞台は「汗と油の溝渠のうえに／よごれた幻の都市」へと変貌している。河はもはや地下に潜り、暗渠と化しているようだ。続く第二連はフランスのシャンソン風。いかにもダミアのような雰囲気で、時間の流れの不可逆性が、俗謡として歌われている。アプレゲール、つまり戦後という風俗的な記号が、ここでは意図的に軽快さを伴って提示される。

詩が本格的に動き出すのは第三連からだ。

(……)
橋上の人よ
あなたは冒険をもとめる旅人だった。
一九四〇年の秋から一九五〇年の秋まで、
あなたの跫音と、あなたの足跡は、
いたるところに行きつき、いたるところを過ぎていった。
橋上の人よ
どうしてあなたは帰ってきたのか
出発の時よりも貧しくなって、
風に吹かれ、浪にうたれる漂泊の旅から、
どうしてあなたは戻ってきたのか。

初稿では「小さな一つの部屋」に閉じこもる夢想家であった「橋上の人」は、ここではオデュッセウスよろしく、十年にわたる苛酷な長旅から帰還してきた人物へと姿を変えている。この一節は西脇順三郎を強く意識させるが、いうまでもなくマレー半島からスマトラに及ぶ、作者の従軍体験を意味している。だが、その帰還はけっして祝福されたものではない。なるほど彼は出発に際して後方を振り返らず、はかない幻想が消えていくことにも無頓着であった。そしてより貧しい存在となって、「破壊された風景のなかに」帰ってきた。

ここで「橋上の人」は黒い運河のなかに、自分の分身を見つけ出す。「手足を藻でしばられて、ぼんやり眼を水面にむけ」て流れていく、グロテスクな溺死人である。溺死人は明るい太陽の光のもと、誰もが平和な日常を営み、自分が忘れ去られてしまったことへの疑義を口にする。その言葉を聞いて、生残者である主人公は罪の意識を感じる。だが溺死人は、「あらゆる行為から／一つのものを選ぼうとするとき／最悪のものを選んでしまうことには／いつも個人的なわけがあるのだ」といって、心を悩ませる必要はないと説く。主人公はこの呪われた分身の声に耳を傾け、彼を心の内側に取り入れようと努める。やがて波の戯れのなかから、優しげな声が聴こえてくる。ソプラノのアリアだ。世界の原初には清浄にして安息感に満ちた泉が存在していた。泉のことを想起せよと、声は主人公に語りかける。こうして始源へのノスタルジアの感情がしだいに高まってきたところで、作品は第六連を迎える。

（……）

孤独な橋上の人よ、
どうしていままで忘れていたのか、
あなた自身が見すてられた天上の星であることを……
此処と彼処、それもちいさな距離にすぎぬことを……
あなたは愛を持たなかった、
あなたは真理を持たなかった、
あなたは持たざる一切のものを求めて、
持てる一切のものを失った。
橋上の人よ、
霧は濃く、影は淡く、
迷いはいかに深いとしても、
星のきまっている者はふりむこうとしない。
そして濡れた藻と青銅の額の上に、
夜の環が冷たくかぶさってくる、
星のきまっている者の、空にまたたく光のために。

橋上の人はかつて天空に輝く星辰であったが、ゆえあって一切のものを喪失し、地上に失墜を遂げた存在であった。天上における過去世をめぐるプラトン的な想起をもって、この作品はもっとも高揚した瞬間を迎える。現下の貧しさと状況の混迷は、天に星を仰ぐことによって解決されるはずだ。なぜならば「星のきまっている者はふりむこうとしない」からだ。初稿において澄みきった空と陰鬱な水の間で引き裂かれていた主体は、こうして前世の認識を通して分裂を回避し、世界を肯定するための一歩を歩みだす。

最終連では初稿の結末部と同じく、かつて信じえた花火や夢のことごとくが幻影であったことが指摘される。だがもはやそこでは、死と終末へと突入していくしかない否定的な力が権能を振るっているわけではない。死は橋上の人の外部より来たりくる脅威ではなく、彼の内側にも外側にも遍在し、生と重なりあったものとして認識される。この死は「灯」でもある。

(……)
橋上の人よ
彼方の岸に灯がついた、
幻の都市に灯がついた、
運河の上にも灯がついた、
おびただしい灯の窓が、高架線の上を走ってゆく。
おびただしい灯の窓が、高く夜空をのぼってゆく。
そのひとつひとつが瞬いて、
あなたの内にも、あなたの外にも灯がともり、
死と生の予感におののく魂のように、
そのひとつひとつが瞬いて、

そのひとつひとつが消えかかる、
　橋上の人よ。

「橋上の人」はこうして、クリスチャン・ボルタンスキーの光のインスタレーションを連想させる、静謐な光景をもって幕を閉じる。灯は死者への鎮魂の符牒であるとともに、生に慰めと希望をもたらす証でもある。橋上の人は心の内側と外側の双方に灯を戴き、生と死の双方に戦《おのの》きながら、世界との和解を果たす。一兵卒として戦争を掻い潜り、その後も結核療養を強いられた鮎川信夫が、戦時下にあってわが身の前に立ち塞がる絶望を克服し、より肯定的な世界観へと希望を抱くためには、こうして四回にわたる詩の改稿が必要であった。

　だが絶望の克服が、日本の敗戦によって単純にもたらされたと結論することは軽薄の誹《そし》りを免れないだろう。というのも、『戦中手記』本文の最終部において、重大な指摘がなされているからである。そこでは鮎川が兵士として従軍していた時期に、入隊以前に執筆した初稿「橋上の人」の結末部に「星のきまつてゐる者はふり向かぬ」という加筆がすでになされていた事実が語られている。ちなみにこの手記は一九四五年二月から三月にかけて、彼が福井県三方郡の傷痍軍人療養所の病棟にあったときに執筆された。日本はまだ戦争を継続中であった。

　この事実は、すでに戦時下にあって鮎川が、後に戦後的認識と呼ばれるものに到達していたことを意味している。復員後の彼の四度にわたる改稿とは、兵士として獲得した自己認識を敷衍し、発展させていくことに他ならなかった。その内面においてすでに改稿はなされていたのである。

こうしてつぶさに並べて読み比べてみると、有明の「月しろ」と鮎川の「橋上の人」という二篇の詩の間に、不思議な相似が横たわっていることに気が付く。いずれもが午後から夕暮れ、日没、そして夜という時間の推移に添って展開される、青年の沈思黙考を記述したものであると判明する。もっとも詩人たちの改稿の動機と方法は恐ろしいまでに対照的であり、書き直しをめぐる詩人の姿勢の両極を示している。

有明はひとたび信じた自己の内面に閉じこもり、言語を純粋に研磨することだけを心掛けた。だが当時の日本語は、先に記したように、その高度な象徴法を支えるほどには成熟しておらず、彼の言語は外界の他者を見失って、無際限の劣化を強いられることになった。

鮎川は戦争と徴兵、傷病と結核療養という事件を、偶然の厄難とは見なさず、みずからの運命《デーモン》として受け入れた。彼は外界が強いてくる偶然を世界における不可避性の現われとして、また内面の必然として解釈した。詩の改作はこうした世界観の基軸の変更に沿って行なわれた。彼は戦死した友人を自分の分身として見つめ、その言葉に耳を傾け、死者への同一化を通して、詩的共同体への帰属を再確認した。構造の次元において改作された「橋上の人」に窺われる肯定的な希望は、この再確認に由来している。有明が絶望的な自閉を重ねていくとき、鮎川は絶望を克服し、詩に開かれた結末を設けたのだ。これが改作の二つのあり方である。

もっとも話はこれで終わったわけではない。鮎川の改作の契機となった「星」の認識は、戦後詩のなかで、さらに思いもよらなかった反響を築き上げていくのだ。それについては次章、引用論において書いておこうと思う。

引用する

電話がかかってくる。

「もしもし、ヨモタくん？　こないだの浅草は行った？」

「えっ、何のことですかあ。」

「ぼくがお勧めの娘《こ》、ちゃんと見てくれた？」

「いやだなあ、朝からストリップの話ですかあ。」

「あの娘は、あんなキレイな顔をしてるくせに、裸になるんだよね。きっと何か複雑なわけでもあるのだろうけど、そう思ってみると、ますますきれいなのだよね。」

「あの、何かご用件でも？」

「そうそう、今度出る『新潮』にね、長い詩を出したんだ。そのなかできみの書いた文章をちょっと引かせてもらったから。」

「はあ〜。」

「じゃあね。」

ガチャン。

吉岡実さんから電話がかかってきたのは、もう三十年ほど前のことだった。正確にいうと、一九八六年四月のことである。付き合いはそれ以前からあったが、話はいつも洋ピンとストリップのことばかりで、きみはよく海外に行くだろうから無修正のヌード写真集を買ってきてくれとか、そんなことばかり頼まれていた。詩について話をしたのは、このときの電話が最初にして最後である。それも用件だけいって切れてしまった。わたしは何が何だかわからないまま、翌月の『新潮』を待った。

『新潮』六月号には、吉岡さんの「聖あんま断腸詩篇」という詩が掲載されていた。「あんま」というのは、一九六〇年代に土方巽が演じた、有名な演目である。この題名を見ただけで、吉岡さんがこの暗黒舞踏家の創始者への、長い友情を回顧して執筆した詩であることは、ただちに了解できた。土方はその年の一月に亡くなったばかりだった。

詩の終わりのところに、何人かの人物の文章から引用をしたと、短い註釈が記されている。わたしの名前もあった。そうか、やはり電話のことは本当だったのだ。そこで全八部からなるこの組詩を、細かく読むことにした。けれども、そもそもわたしの何の文章が使われたのかがわからない。土方について書いたことはなかった。詩にはいたるところに鉤括弧があって、引用だらけである。それでも何回か読んでいるうちに、ひょっとしてここかなという部分を発見した。

「言葉から肉体が発声する」
　　　　　　この認識をみとめよ
雨傘をさしたまま

（無体）と化しつつある
（泥型立身像）
このささくれた（幻像）を記憶せよ
それを冒す
「血と霊と風と虫とが交合する」
森を抜けるんだ
「書く者は衰弱し
死者にかぎりなく近付く」
そのように刻まれた（石文）
現れたり　消えたり
「大暴風雨にさらされている
鹿のようなものが見えた」

この十行目と十一行目がどうやらわたしの言葉らしい。記憶を弄《まさぐ》ってみると、吉田文憲が『人の日』という詩集を出したとき、作者に宛てて書いた手紙のなかにこの一文があった。それがこの二行だけを取り出し、吉岡さんの詩のなかに入れてみると、いかにも土方の舞踏の理念を凝縮した言葉のように思えてきた。へえー、よくもこんな文を目敏く見つけ、拾い上げたものだと、わたしは感心した。そういえば吉岡さんは、どことなく猛禽のような目つきをしている。高い空を飛びながら、あの眼で緑なす樹木の繁みに隠れている昆虫の幼虫を発見し、ただちに急降下して、一瞬のうちに攫ってしまうのだろう。

後になって吉岡さんは、『ムーンドロップ』という詩集を贈ってくださった。「聖あんま断腸詩篇」が収録されている。ただ出典註だけが、次の文章に差し替えられていた。

「この作品は、おもに土方巽の言葉の引用で構成されている。また彼の友人たちの言葉も若干、補助的に使わせて貰っている。なお冒頭のエピグラムは、彼の辞世である。」

わたしはこの原稿を書くにあたり、吉岡さんが逝去した後に刊行されたぶ厚い全詩集にも当ってみたが、詩集のときと註記は同じだった。

わたしは自分の名前が消滅していることに、爽快なものを感じた。初出時に名前を掲げられたことを迷惑に思ったわけでは、けっしてない。ただ土方さんが亡くなり、吉岡さんが亡くなり、やがていつかは自分もこの世から消えてしまうだろうと想像したとき、固有名詞の消滅という現象に、どこか安堵に似た気持ちを感じたのである。柳田國男によれば、日本人の霊魂は死後三十三年目にして固有名から離脱し、「御先祖様」一般の霊として祀られるようになるという。わたしはそもそも自分が、土方とは何の関係もない主題のために書いた二行が、吉岡さんの詩に接木され、時を経るうちに元の文脈から完全に離脱して、あちら側の詩の太い幹に同化したことを知って、うれしい気持ちになった。

吉岡実は長い間、さまざまなオブジェを見つめ、その印象を自作のなかに取り込んできた詩人である。『静物』から『僧侶』『紡錘形』といった五〇年代、六〇年代の詩集を読むと、同時代の詩人たちの作品よりも、むしろ画家たちの作品に近い雰囲気がする。彼が山下菊二の『あけぼの村物語』(一九五三年)を公開時に見ていたかはわからないが、少なくとも鶏や肉屋、犬、卵といったオブジェを前に吉岡の想像力が動き出すとき、そこには戦後の日本美術との主題的近接性が強く感じられる。

それが七〇年代に入ったころから、少しずつ変わっていった。オブジェの物質性への拘泥が後退し、他者の言葉がそれに取って代わった。鉤括弧が頻繁に用いられ、想像力の運動の性格が変わった。以前は長回しのカメラのようにひとつのオブジェを凝視していたのだが、行を換えるごとに飛躍したり、他の言葉と衝突して、ルクレチウスの描く宇宙の原子のように、思いもよらぬ方向へと逸脱したりするようになった。軽さと非連続性が前面に押し出される。他者の言葉を引用するという手法が、こうして確立された。

『夏の宴』(一九七九年)の巻頭詩、「楽園」の冒頭で、吉岡実は宣言している。

私はそれを引用する
他人の言葉でも引用されたものは
すでに黄金化す
「植物の全体は溶ける
　　その恩寵の温床から
　　　花々は生まれる」
かつて近世の女植物学者はそのように書いた
灰色の川のふちに乱れ咲く
百千の花菖蒲はまるで

もうここで引用が登場している。もっとも「近世の女植物学者」とは誰のことなのか、わからない。江戸時代に本草学の分野にそんな人がいたとしても、はたして「恩寵の温床」などという言葉遣いをしたかどうか。何となく変だ。ひょっとしたら吉岡実に独自の韜晦術で、もともとそんな女学者など影も形もない、架空の人物なのかもしれない。

とはいえサミュエル・ベケットの顰《ひそみ》に倣っていえば、誰が書いたのかは問題ではない。誰かが書いていればいいのだ。要は吉岡実が宣言したように、引用されたものは「黄金」に化けてしまうという事実なのだ。「植物の全体は溶ける」という一行が、花菖蒲の咲き乱れる川べりを過ぎ、その先の「人間の全体は溶ける」という一行へと到達したとき、いよいよ楽園が実現する。「楽園」の次の詩からは、もう誰が書いたといった註記は消えている。単に引用と思しき箇所が、一重鉤や山パーレンで囲まれているばかりとなる。それが真に誰かの言葉の引用であるかどうかは、定かではない。

このあたりで吉岡実の詩は、物質的な重量から完全に解き放たれた。詩行のなかに外部と内部を同時に並列させ、その境界の記号が詩行を逆に成立させてゆくという構造をとるようになった。かつては彼は世界の始源に置かれた果物や卵が、孤独なまま内側に宿している重量を、好んで主題としていた。それがいつしか実質から離脱していくようになる。万物は薄膜に包まれ、中心も基軸もない宇宙のなかをあてどなく浮遊し始める。吉岡はそうした宇宙を、言語、それも他者の言語によって創造することで、詩人としての後半生を生きた。宇宙を構成しているのは、もはや引用と引用符だけなのだ。

引用とは何かという問いは、かつて現代思想の世界において花形といえる主題だった。現代美術や建築に始まり、広告産業にいたるまで、今日の社会に流通している無数の映像と言語を、独自に考案されたものとしてではなく、すでに存在しているものの引用と見なし、両者の間で構成される網状組織に眼を向けるという姿勢には、それまで美学のなかで唱えられてきた独創性の神話、作者という起源の神話を一気に相対化させるだけの、斬新なものがあった。だが（多くの欧米の現代思想がそうであったように）引用論は日本ではいっこうに理論的に深められることなく、いつしか流行遅れにされてしまった。

現在のわたしは、詩における引用について、相反する二つの観念を抱いている。ひとつは、わざわざ自分でゼロから書くのは面倒くさいから、すでに存在する詩篇に依拠しつつ、その断片を組み合わせて再創造を試みようという態度である。歴史的にいうならば、これが引用における文化的位相である。それは一方では、レヴィ＝ストロースによって解釈された神話のあり方にも通じている。無から言葉を創出するのではなく、身近にある素材を適度に再編集して役に立たせようという行為を、彼は『神話論理』のなかで「ブリコラージュ」（工夫仕事）と呼んだ。

世界にはすでに無数といえるほどの詩が作られていて、それが巨大な文化的集蔵体を造り上げている。もしその大組織に敬意を払うならば、そこから好きなように詩行を取り出し、それの再使用を通して新しい詩作品を造りあげたとして、どうしていけないことがあろう。第一に、それは創造行為における経済《エコノミー》(省エネ)になる。次に、先行する文化伝統の継承とその連続性の確認として、大きな意味をもつ。第三に、この引用を通して一篇の詩の作者は、詩の共同体への参入儀礼をはたすことができる。日本の場合を考えてみると、ただちに想起されるのは、平安時代の貴族階級のことである。「本歌取り」という修辞を極限にまで洗練させたとき、彼らは自作の歌が自分の背丈を通り越し、匿名的な歌のイデアを分有する状態にいたるという自覚を、慣習として抱いていた。また近代でいえば、西脇順三郎。彼は自作のなかに古今東西の詩行を変形引用することを通し、言語世界の根底にある遊戯の相(ユーモア、おかしみ、ポエジー、ポポイ)を浮かび上がらせた。この長大な作業を通して、西脇は想像上の共同体としての「世界文学」を構築してみせた。

だが引用には、こうした再使用による再創造によって、文化伝統への帰属を確認するといった役割とは、まったく異なった相貌が存在している。先の位相が文化への帰属を旨としているとすれば、第二の位相は非文化的位相、あるいはどこまでも文化から滑り落ち、逸脱を続けてゆく位相というべきかもしれない。

この面に立ってみたとき、引用とは、自分の文脈のうちに未知なる他者の言葉を迎え入れ、そこから生じる亀裂を作品創造の契機とする行為であることが判明する。いささか奇矯ないい方になるが、その場合、ひとつの作品の内側には夥しい孔《あな》のごときものが穿たれることになり、それが昂じて、作品を纏めている外壁自体が侵犯されるといった事態さえ起こりうる。言葉という言葉は、隣接する言葉との非連続性を生き、隔たりによって並びあうこととなる。詩は意味の持続からではなく、断片と断片の衝突による無意味の産出を基調とするようになる。

先に掲げた吉岡実の後期の詩に特徴的な多孔性は、こうした引用行為が頻繁となったときに生じる事態である。吉岡は西脇順三郎から圧倒的な薫陶を受けながらも、世界文学の連続的な伝統の側へと回帰しなかった。彼は逆に、作品を統合する作者なるものが危うくなるまでに、一篇の詩の内側に外部を招き入れ、内と外の薄膜が破れんばかりになる瞬間の陶酔を詩の根拠と見なした。言葉遊びのようだが、excite（興奮する）という語のなかには、cite（引用する）が隠されている。citeの語源はラテン語のcitareであって、本来は裁判の席に証人を召喚するという法律用語であった。

もっともわたしは、これ以上専門用語を羅列して、退屈な教養を繰り返そうとは思わない。それについて書かれた書物が、すでにいくらでも存在しているからだ。それよりも、詩を読み続けてきた者として、引用をめぐる個人的体験について語っておきたいという気持ちに駆られている。もっと具体的な驚きについて書いておきたいのだ。

北村太郎は、わたしが高校生時代から愛読してやまない詩人であった。彼は四十歳を越してようやく最初の詩集を纏めた。奇しくもそれは、わたしが初めて単行本として買った詩集でもあった。わたしは巻末に置かれた「冬へ」を読むたびに、過去の苦悩や迷いに訣別し、潔く未来を受け入れようとする作者の姿勢に感銘を受けた。

この詩には、ところどころに独自の転調が施されている。不協和音というほどではないが、行と行の間に微かに非連続の溝が走り、そこにつなぎ目があるような気がする。もっともそれが魅力となって、けっして短くないこの詩に緊張を与えている。

第三連目と四連目を引いてみよう。

腐敗、分解、生成、濾過をへて
ねがわくは水にならんことを
水になって、田舎の停車場の軒から
つららになってぶらさがり
怪物の歯のように、地面をさしていたいものだ
霧になって渦をまき、冬のあいだ
北むきの椅子にすわりつづけて

はるかな山を見つめている頑固な
老人の眉を湿らせたいものだ
かれはぶつぶつ呟いている
「死は前よりしも来たらず、かねて
後にせまれり、沖の
干潟はるかなれども、磯より
潮のみつるがごとし」

鉤括弧のところで転調が起きている。以下に続く老人の言葉は、わずか四行ではあるがひどく

凝縮されており、死をめぐる危機意識を独自に空間化して余すところがない。わたしはこの四行を暗誦した。だが作者がどうして突然にこうした深遠な警句を書きつけたのか、その意図はわからなかった。

北村さんとは一度しか会ったことがない。誰かの授賞式の流れで銀座のバーに入ったとき、たまたま北村さんと同じ卓に座ったときである。わたしはこれはいい機会だと思って、「冬へ」のこの老人の科白のことを尋ねてみた。彼はことなげに、ああ、あれは『徒然草』の引用ですよと答えた。最初の詩集のときには何も書かなかったのですが、それ以降の詩集に再録するときには、最後に出典を明記することにしました。『徒然草』ばかりではありません。『ルバイヤート』からの引用も二か所あり、今ではちゃんと註記しています。

わたしは帰宅すると、ただちに『徒然草』を探した。「死は、前よりしも来たらず」以下の文が、確かに存在していた。これはすごい。この書物を改めて読み直さなければならないと覚悟した。吉田兼好の方が六百年の隔たりを越えて、北村太郎を引用しているように思えたのだった。

もし「冬へ」という詩に初めから出典が記されてあったとしたら、わたしはこの一節を安心して受け入れ、結果的に忘れ去ってしまっていたかもしれない。微かな文体と調子の違いが気になっていたために、心に何か引っかかりを感じ、それが記憶の隅にいつまでも留まっていたのだ。わたしは北村太郎の恐るべき眼力に敬服した。彼はこの恐るべき一節を、さながら警句のように兼好から引き出してみせた。わたしは自分が、二冊の書物をめぐって、えがたい体験をしたと思った。

北村太郎について触れたついでに、戦中派であった『荒地』の詩人たちが抱いていた共同体意識についても書いておきたい。彼らは再結成にあたり、互いの詩を深く読みあい、そこから霊感を受けたり、相互に言及しあうといった行為を重ねてきた。とりわけ田村隆一は、「身内」ばかりでなく、エリオットやオーデン、さらに過去の自作からも自在な引用を行ない、それに機知に満ちた註釈を加えるという作風を得意とした。けっこう調子いいといえばそうなのだが、それが田村の経済、つまりエネルギー節約のスタイルであった。

『緑の思想』（一九六七年）に収められた「枯葉」を引いてみよう。短い詩だから全編である。

そして
かれらは死んだ　緑の
血もながさずに

土にかえるまえに
かれらは土の色に
一つの死を死んだ沈黙の
色にかわる

どうしてなにもかも
透けてみえるのか　日と夜の

境界を　枯葉のなかを
われらはどこまでも歩いたが

星の
きまっているものは
ふりむかない

題名にある通り、この詩は表面的には、樹木の葉が枯れて落ち、ものいわず大地に戻っていくさまを描いている。だが、そう受け取っただけでは、「われわれはどこまでも歩いたが」という一行の意味がわからない。枯葉色、つまりカーキ色というのが、第二次大戦で日本軍が着用した軍服の色であったことを想起したとき、はじめて詩の全体が把握される。枯葉とはガダルカナルで、レイテで、ペリリューで戦死した無数の日本兵のことであり、「われら」とは彼らの累々たる屍を踏み越えて生き延びた敗残兵、ひいていえば、敗戦後を生きる日本人のことなのだ。「われら」は今では戦死した兵士たちの無念と沈黙を、「透けて見える」ところに立っている。だが、その事実に対する懐疑の念がないわけではない。

ここで最後に、ドスの利いた科白が入る。「星の／きまっているものは／ふりむかない」

本書の前章を読んでくださった読者なら、この言葉に聞き覚えがあるはずだ。そう、鮎川信夫の戦後版「橋上の人」にある、「星のきまっている者はふりむこうとしない。」という一行からの引用である。『戦中手記』を読むならば、鮎川は兵士としてスマトラで従軍中、「星のきまつてゐる者はふり向かぬ」という一行を加筆することを思い立ったことが判明する。田村はこの一行を三行に書き直し、「枯葉」の結語に置くことで、鮎川と同じ側に立っていることを宣言した。それは友情の証であり、同じ元日本軍兵士としての、戦死した兵士たちへの決意表明でもあった。そしてこの鎮魂の宣言が「荒地」派の詩的根拠でもあるという点に、戦後詩を先導したこのグループの共同体意識が依拠していた。

田村が「枯葉」を書いた一九六〇年代中頃とは、総理大臣が「もはや戦後ではない」と発言して久しい時期だった。彼は戦時下での盟友鮎川の自己認識を引用することを通して、枯葉のように黙って朽ちていった死者たちへの鎮魂を提起した。彼の引用の身振りは、吉岡実のそれとはまったく異なっている。吉岡は他者の思いがけない言葉をみずからの文脈に導き入れ、そこから生じる衝突を詩が成立する契機とした。田村は逆に、自分が信頼し、親密さを分かちあっている詩人たちの詩行を借り受けることで、詩的共同体意識の再確認へと向かった。

だが、この星の一行については、もう少し書いておかなければならないことがある。というのも、鮎川信夫を霊感のように襲ったこの言葉は、実は彼の独創でも何でもなく、レオナルド・ダ・ヴィンチの著作にあるものだからだ。原文はNon si volta chi a stella è fisso.ちなみに杉浦明平はそれを、「星の定まれるものは右顧左眄しない。」と訳している。

鮎川はレオナルドについては、『戦中手記』でも、それ以降の自伝的文章でも、いっさい言及していない。彼がスマトラ従軍時代に直接、このルネッサンスの芸術家の著作に当たったとはまず考えられない。推測するに、学生時代に耽溺したヴァレリーのレオナルド論の記憶があって、それが南国の兵舎で突然に想起されたのではないだろうか。もっともこの言葉はいわゆる「天才の格言」として有名であり、イタリア語の語学教科書に採用されているくらいだから、知る機会はいくらでもあったかもしれない。鮎川本人がレオナルドの言葉であったという事実を失念していたとしても、けして不思議ではない。

ここで興味深いのは、菅谷規矩雄がその名もNon si volta chi a stella è fissoという題名の詩を書いていることである。それは作者が他界する二年前の一九八七年、同人誌に発表され、遺稿集『死をめぐるトリロジイ』(思潮社、一九九〇年)に収録された。

そうだよ、おれはくりかえし
口まね、さ。指でなぞり
音のでない字
ペン先でこすり、
細々と無線をたどった
すきとおる星々にみとられ
夜ごとくたばりそこねている。
おわらないから始まらないストーリイ
のように、のように感傷と干渉を
こすりあわせ
キズだらけのステンレスで
どの星を占ってやろうか

センチュリーのきれっぱしを
ドームの窓にはりつけ
レオナルドの一行を刻んでおけば、
おう、ステラ、おまえの半身は完成する

書くことの苦しみと焦燥感に溢れた詩である。「くりかえし」とみずから断っているが、詩の全体を見渡してみると、言葉が意図的に反復され、先に進もうとすればするほど、出発点に引き戻されてしまうという逆理が、いくたびもなされている。前後の詩行では、手の震えと汗ばみが繰り返し強調されている。「夜ごとくたばりそこねている。」というのは、おそらく現実に近いのだろう。この詩を執筆中の菅谷規矩雄は、アルコール依存症が昂じて肝硬変が進行中であった。そうした絶望的な状況のなかで、上空にある「すきとおる星々」だけが、超越的にして清浄な存在として、語り手を見下ろしている。彼はレオナルドの言葉を携え、「ステラ」(星)の完成を目指す。これは詩作品の隠喩である。だがどこまで努力しても、それは「半身」しか完成しない。

菅谷の詩は、『荒地』派の共同体意識とは何の関係もない。彼はこの作品を書き上げるにあたって、鮎川信夫や田村隆一のことなど、いっさい念頭になかったはずである。菅谷の念頭にあったのはただ、おのれの運命がいかに悲惨であったとしても、それを必然として受け入れ、それに対し、けして躊躇の姿勢を見せないという、レオナルドの教訓であった。「インターテクスト性」による「作者の死」などといった流行語を安易に使う者は、この詩を前に沈黙せざるをえない。その高邁なる理論を適用するならば、鮎川や田村、菅谷といった作者の、それぞれに実存を抱えた固有性はみごとに消失してしまい、後にはみずから張った巣のうえを走る蜘蛛のように、引用された言葉の接木と増殖という運動だけしか残らなくなってしまうからだ。いくら何でも、それでは冥府の鮎川は当惑するだろうし、菅谷にしても無念であろう。

最後にわたしは、自分が知るかぎりにおいて、引用という行為を極限にまで推し進めた実験詩人について言及しておきたい。台湾の現代詩人、夏宇《シャユイ》のことである。

夏宇（一九五六〜）は第三詩集『摩擦／語りえず』（一九九五年）を出すとき、新しい言葉を何も使わなかった。以前に刊行した詩集『腹話術』（一九九一年）に使用されているすべての語彙を解体し、それを恣意的に組み合わせて新詩集を作成した。漢字という漢字の紙片を残らず巨大な卓に並べ、ピンセットで摘み上げるように、別の白紙のうえに並べあげ、次々と詩篇を造り上げていった。せっかくだから、いくぶん短めの、「我們小心養大的水銀」（「わたしたちが慎重に育てあげる水銀」）という一篇を引いておこう。

穿過
黒色鞦韆廃墟
滲出辺界
延長舞踏
逼近肉体辺廂
清晨6時

出了暗淡的月

何しろジグソーパズルのように作成した詩であるから、日本語に翻訳するのは至難の業であるが、なんとか頑張ってみると、だいたいこんな風になる。

突き抜ける
黒いブランコの廃墟
浸み出す縁
延びる舞踏
肉体の控室にせめぐ
朝六時
うっすらと月が浮かぶ

前代未聞の試みであるが、自己引用の究極の姿とはこうしたものだろう。直接に詩人本人から聞いたところでは、この作業の間中、彼女はまったく偶然に組み合わせた漢字の列の間から、自分の無意識なるものが否定できない強度のもとに立ち上ってくるのを感じたという。引用という手法がはからずも、自動筆記に近い現象を誘発してしまったのだ。先に名を掲げたレヴィ＝ストロースの言葉を引くならば、これは手近なものを工夫して創造行為の代案とするという意味で、ブリコラージュとしての引用の極北に位置している。

夏宇が次に試みたのは、コンピュータのアップルに内蔵された翻訳ソフトを用いて詩作を行なうことだった。ウェブサイトから恣意的に拾い上げた単純な英文を翻訳機にかけ、中国語と英語の間をいくたびも往復させてみるうちに、文章は何倍にも膨れ上がり、最初のものから大きく隔たった、荒唐無稽なものに変化していった。それは意味としてはまったく結実しない、膨大な語彙の塊であった。この実験が八百頁を越すにいたったとき、彼女はそのいくつかに詩としての体裁を与え、『PINK NOISE／粉紅色噪音』（二〇〇七年）という詩集として発表した。ここでは引用の起源とはとるにたらない日常的な文章であり、それが天ぷらの二重揚げ、三重揚げ（というようなものがあるかは不詳）のような形で、衣ばかりを厚くしていき、言語学的な怪物と化してゆく過程が、詩作品として提出されている。二冊の詩集に共通するのは、主体としての作者の否定であり、詩的な意味内容の固定化の拒否である。だがこの拒否を通して、作者の無意識的なるものが強力に現象として立ち現われる。それはきわめて興味深いことである。

引用とは何かを問うことは、作者とは何かを問うことである。それは作品なる観念を問い質すことにも通じている。のんびりと書き始めたこの連載も、回を重ねるにつれて、少しずつ煮詰まろうとしてきた。次回は韻律について考えていることを書いておきたい。

韻を踏む

高校生のときであった。何気なくビートルズを聴いていて、ハッと思ったことがあった。ジョンやポールがどんなに音程を外して絶叫していても、歌詞はちゃんと韻を踏んでいるという事実に、ふと気が付いたのである。

Asked a girl what she wanted to be,
She said, baby can't you see ?
I wanna be famous, a star of the screen,
But you can do something in between.

Drive my car という有名な曲の冒頭である。映画スターになりたい、車の運転をしてくれたら好きになってあげるという女の子と、困ったなあという顔の男の子の話である。いかにも他愛のないラヴソングなのだが、よく聴いてみると、一行目と二行目がbe とseeで、三行目と四行目がscreen とbetweenで、キチンと韻を踏んでいる。気になって他の曲も調べてみると、半分くらいの曲で脚韻が守られていることがわかった。歌詞のなかに、みごとに定型が横たわっていた

のである。後になってそれが十四世紀のチョーサーの『カンタベリー物語』以来の伝統と知って、気が遠くなるような思いに襲われた。

一九六〇年代末といえば、まだ日本語でロックなど歌えるわけがないさと、誰もが高を括っていた時代のことである。英語はいいなあ、ピシッと決まっていてと、心の底から思ったものだった。十七歳のわたしは詩の世界に足を踏み入れようとしていたが、およそ自分が知りえたかぎり、日本の現代詩がかくも自然に脚韻を踏むことができるとは、考えてもいなかったからだ。

韻律とは音声の問題である。それは詩が書き言葉の次元に留まっているかぎり、明確には姿を現わそうとしない。詩を声に出して読んでみたとき、あるいは旋律をつけて歌ってみたとき、はじめて露わとなる遊戯である。

とはいえ遊戯には遊戯の規則があり、それはどこまでも真剣に、正確になされなければならない。ある詩行の末尾と別の詩行の末尾とを同じ音で揃えるという行為には、詩とは単に内容をメッセージとして伝達すればよいという考えに対する、形式の側からの異議申し立てが感じられる。意味内容の秩序とはまったく別個に、詩には詩に特有の、形式上の秩序というものが確固として存在しており、それを踏襲することが詩の根拠であるという考えのことだ。この秩序は厳密ではあるが、同時に快楽に満ちている。朗読をする声は、脚韻の部分に差しかかったとき、言葉が純粋に意味表現《シニフィアン》の相において戯れていることを感じる。韻律の悦びとは音を反復することの悦びであり、あえていうならば、そこには微かにではあるが、魔術的な気配が窺われる。

ピアノでバッハを弾く人は、あるときにふと気づいてしまう。弾いているのは確かにわたしだ。

だが顕現しているのはバッハである。わたしの指はわたしの意志を越えて、バッハの指をなぞっている。韻を踏んだ詩を書く人も、それを読む人も、それに似た行為のさなかにある。詩を書き上げた作者はなるほどわたしだ。だが詩を形作っているのはわたしの卑小な個人性を超えた韻律というものであり、朗読によって顕現にいたるのも韻律なのだ。意味は音声と化し、発せられるその場から消滅していく。いくたびも反復されるものだけが残る。一篇の詩が読み上げられたとき、作品の骨格を担っていた韻律だけが残響として生き延びる。それが詩の記憶である。韻律は一篇の詩を造り上げたのが、作者である「わたし」にほかならないという観念を、甘美に減価してくれるのだ。

　ここで話が混乱しないように、若干の用語を整理しておこう。これまで「韻律」とひとまとめにいってきたが、実は「韻」と「律」とは異なるものである。韻がもっぱら言葉の質的な次元に関わるものだとすれば、律とはその量的な次元に関わっている。もっとも語源を尋ねてみれば、律rhythmも韻rhymeも、*ρυθμός* というギリシャ語から派生した美学用語である。詩を言語芸術として根拠づけるための手法として、どちらもが等価であり同根であることは、留意しておくべきだろう。

　律とは音綴《おんてい》の量と長短、強弱をめぐる規則である。もちろん各言語によって、まちまちだ。日本の七五調やフランスのアレクサンドランのように、一行のなかの音綴の数を十二に揃えはしても、音綴の長短やアクセントの強弱を問題としない言語もあれば、古典ギリシャ語やラテン語のように、音綴の長短を厳格に守る場合もある。イタリアでは十二の音綴のうち、十番目のものにアクセントを置く。もちろんこうした規則が厳密であればあるほど例外の法則も準備されている。意図的になされた破格が詩の面白味を増すことはいうまでもない。また律そのものを破るときには、補償作用として韻を強烈に演出するという裏技が用いられたりする。

次に韻について説明すると、もちろん細かくいえば、キリがない。「中間韻」とか、「アナグラム」（字謎）とか、さまざまな種類があるが、ここでは「頭韻」と「脚韻」だけに話を限っておこう。大ざっぱにいって、頭韻は単語の最初の部分が、脚韻は最後の部分が同じ音であるという意味である。もちろん最初・最後といっても、その範囲をどこまでとするかで、さらに細かな分類が存在している。本稿は専門論文ではないから、そこまで踏み込むこともあるまい。わたしが今回、書いておきたいのは、韻律のなかでももっぱら韻の方であり、律についてはまた稿を改めて論じることにしたいと思う。

脚韻の甘美さについては、ポール・ヴァレリーが「夜明け」という詩のなかで、みごとにそれを描いている。

「おはよう！　まだ眠ってる／双子の微笑《ほほえみ》、／瓜ふたつの、女のお友だち、／言葉の間でキラキラ光ってる！」

二つの単語が語尾を分かち合いながら仲よく並んでいるようすが、双子のようにそっくりな、二人の女の子の眠りに喩えられている。フランス語原文では、endormies（眠っている）とamies（女のお友だち）の間に韻が踏まれている。ヴァレリーという人はいかにも真面目な顔をしてこっそりHなことを考えているという詩人で、詩学の説明をするふりをして、実にさりげなく、この四行にエロティックな演出を施している。

では、日本ではどうなのだろう。かくも可愛い修辞をスラスラと認《したた》めることが、日本の現代詩にあってても可能だろうか。

答は……といおうとして、わたしは口籠ってしまう。残念なことに、日本語ではとてもビートルズやヴァレリーのように愉しくはいかないのである。そのことで思い出されるのは、前世紀の初頭に書かれた、森鷗外の「平仄に就きて」というエッセイである。彼は「國詩の押韻の難きこと、怪しむに足らざるなり」と断言してみせた。今にしてみれば、これは呪いの託宣であった。日本の近代詩は、まだ充分に発展も遂げない段階では、漢詩や欧米の詩が優雅に韻律を享受してきたようには、定式化された規範としての押韻を持ちえないという判断が、ここでなされてしまったのである。

ギリシャが、そしてアイルランドがそうであったように、日本にも古代よりさまざまな詩形が同時に存在していた。短歌、長歌、旋頭歌《せどうか》。中国大陸より渡来した漢詩。やがて連歌から俳句が生れ、最後に西洋の影響を受けて、十九世紀末に自由詩が考案された。自由詩以外は基本的に定型詩である。だが定型であることは、かならずしも韻律をもった詩を意味しているわけではない。

短歌と俳句は音数の規定を守ることで、律を所有している。だがそれは、韻を形成するにはあまりに短すぎる。短歌を強いて二分し、最初の三句と次の二句の間に脚韻を認める向きもないわけではないが、いかんせん反復の連続性をもってなす韻と見なすには短すぎる。日本の伝統詩において真に韻と律の双方を持ちえたのは、旋頭歌と長歌ばかりであった。

このことは、現代詩における韻の稀少という事態を歴史に遡って考えてみるときに、重要かもしれない。古代の終焉とともに旋頭歌と長歌が消滅し、それ以後、日本の定型詩が軒並み短詩の形をとるようになったことは、日本における叙事詩の不在のみならず、韻の困難という問題にも深い影を落としている。わたしはそう睨んでいる。

もっとも正確にいうならば、困難なのは実は脚韻だけであって、こと頭韻に関するかぎり、日本の詩には古代からいくらでも優れた例が存在している。思いつくままに引いてみよう。

わご王《おほきみ》　皇子《みこ》の命《みこと》の　天の下　知らしめしせば
人麻呂

石山の石より白し秋の風
芭蕉

五月はみがかれた緑の耳飾り
二月は缶をける小さな靴
八月は錆びた西洋剃刀に裂かれた魚
北村太郎「一九五二年のイマージュ」

燃えるモーツァルトの手をみるな

吉増剛造「燃えるモーツァルトの手を」

いずれの詩句においても核となっているのは、母音もしくは子音・母音の結合による反復である。人麻呂の長歌では「み」「こ」「し」の三音が、芭蕉の句では「い」「し」の音が繰り返されている。厳密にいうならば必ずしも頭韻とは呼べない場合もあるが、同一音の反復が優雅にして美しい効果をあげていることは否めない。北村太郎の三行詩では、より反復が微分化され、一行ごとに［m］、［k］、［s］で始まる子音・母音による頭韻が成立している。吉増剛造では［m］音の反復が二行にわたって続き、そこに［s］音が絡んでくるという構造となっている。

こうした例を見るかぎり、こと頭韻に関するかぎり、日本の詩は、たとえ定型詩から自由詩へと移行したところで、言語的快楽として、いささかも富を失うことなどなかったように思われる。繰り返すことになるが、厄介なのは脚韻の方であった。

二十世紀には、自由詩に定型をもたらそうという運動がいくたびか行われた。

蒲原有明は端正なソネットとバラードを自作し、英詩にもとづく定型を誇らしげに提唱した。九鬼周造は西洋諸言語における定型詩を細部にわたって比較した結果、哲学者としての立場から日本詩における脚韻の回復を呼びかけた。第二次大戦中から戦後にかけては、マチネ・ポエティクの詩人たちがフランス象徴詩に想を得て、十二音で脚韻を踏んだソネットとオードを提唱した。わたしの知るかぎり、最後に定型を主張したのは飯島耕一である。一九八〇年代の終わりから九〇年代にかけて、彼は短歌と俳句という隣接分野の探究を通し、そろそろ現代詩にも定型が必要ではないかと問題提起を行なった。また同時に『さえずりきこう』なる定型詩集を発表した。ちなみにわたしはこの詩集を悪くないと思った。「ジャック・ラカン／こりゃもう　あかん／方広寺の　羅漢《らかん》／闇には　如何《いかん》？」　駄洒落だと笑うなかれ。ライトヴァースとして、なかなか傑作ではないか。わたしはこの四行を読んで、日本ではなかなかジャンルとして定着できないでいるライトヴァースのために、脚韻は少なからぬ貢献を果たすのではないかという期待をもったのである。

とはいえ、こうした提案はことごとく挫折に終わった。有明の不運な凋落については前にも書いたから、繰り返すこともあるまい。九鬼の繊細な論考は畏敬こそされたが、現実の詩人たちを鼓舞するには到らなかった。マチネ・ポエティクはその高踏ぶりを嘲笑され、復員兵たちの荒《すさ》んだ論理のもとに一蹴された。最後に飯島耕一は年少の詩人から、「ここ百年間に多くの近代詩人が血と汗を積み重ねてきた営みが、すべて意味のないことになってしまうのではないか」と強い口調で恫喝され、善意ある提案を強引に封じ込められてしまった。

皮肉なことではあるが、こうした挫折の系譜は逆に、韻律を問うことが日本の現代詩においていまだに躓きの石であり、触れてはならぬ鬼門であることを如実に語っている。いや、この際、もっと明確にいってしまおう。この問題を封印し回避するという集団的な姿勢において、現代詩は根拠づけられている。車寅次郎の名科白ではないが、詩人たちの間には、「それをいっちゃあおしめえよ」という共通了解が、頑強に横たわっている。現代詩はこの不文律をもって短歌と俳句から身を引き離し、自由詩としての領域を死守しているのだといってもいい。わたしには飯島に対する若手詩人の血相を変えた反発こそが、このイデオロギーの強さをみごとに語っているような印象がある。

　ここでわたしは宗教学の用語を援用して、「無戒」という言葉を用いてみたいと思う。僧侶が妻帯肉食を許され、結婚式を除いてカトリック教会が一般に必要とされない日本社会とは、いってみるならば無戒の社会である。無戒社会とは、単に戒律が不在の社会を意味しているわけではない。より重要なことは、破戒が不可能だという事実だ。破戒とは厳格な戒律が支配する社会においてこそ成立する現象であり、その意味で日本は戒律にも破戒にも見放され、道徳においてきわめて希薄な社会である。

　わたしには詩の世界においても、この百年にわたって無戒の状態が続いてきたように思えてならない。日本の近代詩は戒律の因習から解放されたわけでもなければ、戒律を破壊して、表現のまったき自由を満喫できる場所に躍り出たわけでもなかった。「血と汗」といった栄光の神話に酔い痴れるのはもうやめにしよう。日本の詩はただ戒律から見捨てられ、自由という虚構の空間に迷い込んでしまっただけだった。それが証拠に、近代現代詩人が挙《こぞ》って範とした西洋の詩人たちは、ボードレールからヴァレリーまで、ロセッティから（あえていうならば）ボブ・ディランまで、脚韻と呼ばれる戒律を平然と享受して、詩の近代を体現してきたではないか。日本の詩人たちは伝統的な詩型の根拠となる戒律を拒否する一方で、新しく規範として採用した西洋の詩にも同じく定型という戒律が横たわっているという事実を、けして真剣に見つめようとはしなかった。いや、彼らは戒律から解放された自由という観念と、いたずらに戯れていただけだったかもしれない。その結果、書かれるべき詩行が平板で緊張を欠落させたものとなったとしても、それは自業自得というものだろう。無戒とは言葉の真の意味で、そのような絶望的状況を意味しているからである。

わたしはけして現代詩のあらゆる情景に勤勉に立ち会ってきた評論家ではない。だが少なくともわたしの知るかぎり、詩における無戒、すなわち韻律定型の不在という状況に対し、反語を駆使してまで誠実な態度を示したのは、渋沢孝輔であった。彼はその名も「韻律の夜明け　エピローグの試み」と題する詩篇（『不意の微笑』〔一九六六年〕巻末に収録）を、こう始めている。

　詩は韻律によって目覚めると誰がいったか詩は韻律によって目覚めるがいつもそれが目覚めているためには韻律は絶えず生成の状態に置かれてなければならないたとえばわたしはわたしの視覚の必然によってひとまず狭ましゆく地平線上から花束を投げる珍らしい呪文のように世界にむかって祝祭のための挨拶を送るわたしがいわば世界に代ってわたしを追う追跡は申し分なく果たされたわたしはもう不毛の領域を見たと信じた（……）

いうまでもなくこれは定型詩ではない。韻律も踏んでいなければ、行分けすらなされていない。句読点もない。読みだしてしばらくして判明するのは、「韻律の夜明け」という言葉が、意図的に失望を想定して、慎重に選ばれた題名であるという事実である。

渋沢孝輔はけして「多くの近代詩人が血と汗と積み重ねてきた」口語自由詩の成立を、声高く誇ったりはしなかった。彼はマラルメの徒として先行者であった蒲原有明の挫折について、深い共感のもとに一著をものしたばかりではない。自分の時代がもはや有明からははるかに遠い、荒涼たる野蛮のさなかにあることを知っていた。もはや韻律に回帰することはできない。辺土にあってマラルメを仰ぎ見て詩作に耽ったところで、それを読む者はおらず、報いられることもないだろう。渋沢は「もし白鳥の歌などあるなら饒舌でなければならん」(「遠い呟き」)と書きつけることで、マラルメが詩の絶対的象徴として掲げた白鳥という主題に対し、意図的に世俗的な映像を突きつけた。無戒の世に生きざるをえない者とし彼が口にすることができたのは、こうした痛切なイロニーだけであったように思われる。

「韻律の夜明け」には、もはや「夜明け」という言葉が暗示する希望や期待はいささかも見受けられない。ここにはただ、「韻律」という言葉を前にして触発された焦燥と絶望だけが、なんとかそれを抑制しようとする達観の姿勢とあいまって、饒舌の形をとって現象している。はからずも無戒の世界に生まれ落ち、定型詩への郷愁も、俳句や短歌といった定型詩形への憧れも絶たれてしまった自分に書きつけることができるのは、両手に掬いとれるだけのこうした饒舌ばかりなのだ。渋沢はそう主張している。「韻律を絶えず生成の状態に」置くとは、そのようなことである。わたしが方向も目的も定かでないまま書き連ねている饒舌こそが、来るべき韻律の萌芽となる苗床なのだ。韻律はつねに来たるべき何ものかでなければならない。「韻律の夜明け」が体現しているのはそうした渋沢の態度決定であり、それは風荒ぶ不毛の地にあって、現代詩人がかろうじて口にすることのできる倫理的姿勢であったように思われる。

九鬼周造の韻律論に挑戦してみよう。ひとつ姿勢を正して、この碩学の詩学に向き合ってみよう。そう思い立ったのは、完全に無戒の状態に陥ってしまう直前の日本において、詩的言語をめぐる形而上学のあり方を確かめてみたかったからだった。九鬼の遺著となった『文藝論』（一九四一年）、なかんずくその巻末に置かれた「日本詩の押韻」なる論文は、およそ定型と韻律を論じる者が、ある畏怖感のもとに、名前だけは言及する論文である。

とはいえギリシャ、ラテンの古典語に遡及するばかりか、英仏独伊の諸言語を自在に引用して終わることのないこの論文に接近することは、人が考えるほどに容易なわざではない。三百枚以上にわたって緻密な論理が続き、その間に一点の緩みもないとなれば、その具体的な内容にまで立ち入って、論議がなされることは寡《すくな》いとしても仕方がない。それは不幸にして半ば忘れられている論文なのだ。加えて九鬼の押韻論は、この論文に尽きているわけではない。「日本語の押韻」には興味深い異本《ヴァリアント》が遺されているし、京都大学での講義録にも注目すべき指摘が多々見受けられる。九鬼は生涯を通して偶然性と遊戯という主題に拘泥したが、押韻の問題はその文学的現われであり、彼の形而上学的信念と密接に結びついている。実作者として彼が、自己の信じるところに従い、脚韻を踏んだ詩を少なからず遺していることも忘れてはならない。九鬼の押韻論を知ることは、彼の美学の全体を引き受けることなのだ。ともあれ本稿では「日本語の押韻」と、同じく『文藝論』に収められている「文学の形而上学」を中心に、彼の詩の原理としての押韻論を概観してみることにしよう。

九鬼はまず文学とは「重層性を有つた質的な現在」であると、定義してみせる。これは学問が過去を、道徳が未来を、宗教が永遠を志向するのに対し、芸術一般が現在における持続を直感的に理解しうるという認識にたった定義である。とりわけ文学にあって詩は、時間の重層性においてきわだったジャンルであると見なされている。

詩には二通りの時間が重なり合っている。一つは具体的に詩を読むのに必要な時間、つまり量的な時間であり、これは詩の律や音の強弱、アクセントの有無などに関わっている。もう一つは質的な時間であり、それは詩の内容、つまり詩が携えている観念がもたらす時間と、詩の形体、つまり言語の感覚性にもとづく時間の両方のことである。押韻はまさにこの後者の時間に属する手法であり、それによって詩は「純粋な持続または流動」としての詩の本質を、ますます顕らかに現前させることができる。

詩において脚韻が行なわれるとき、言葉と言葉は「互に他の中に入り込んで相侵し合」い、「記憶に於て持続しながら互に滲透し合ふ」という事態が生じる。その結果、時間は「多様性の相互侵徹を特色とする質的時間」であることを開示する。それはもはや過去でも未来でも、ましてや現在でもない、回帰的な時間である。

そこでは「現在が深みを有つやうに繰り返すのである。多少長い詩形にあつても、すべてが現在の一点に集注するやうに、技術上リズムとか韻とか行とか畳句とかまたは反歌といふやうなものを用ひて飽くまでも繰り返すのである。長い詩形をそれによつて謂はば短縮するのである。詩のさういふ外形上の技術は詩を同じ現在の場所に止まらせて足踏みをさせてゐるやうなものである。詩を永遠の現在の無限な一瞬間に集注させようとするのである。」

ではこうした時間の形而上学的本質は、実作者が韻律のある詩、つまり押韻詩を創作するとき、いかなる倫理的要請として現われてくるのだろうか。九鬼は自由詩と押韻詩の創作姿勢を、次のように比較してみせる。

自由詩とは作者の主観的事実にもとづき、感情の律動に従って書かれる詩である。そこではどこまでも内的な形式こそが優先され、韻律をはじめとする詩的技巧は外的な形式にすぎないとされる。それに対し押韻詩においては、一定の権威をもった客観的規範が存在している。「押韻は言語の相互関係に本づいて一種の節奏を生み、この節奏によつて詩句の統一を計るもの」であり、「みづから客観的法則を立し、みづから客観的法則に従ふとき、詩人は自律の自由を満喫するであらう」「形式上の束縛は芸術には或意味で本質的のものである」以上、それに従うことは理性に従うことであり、自律の自由を体験することにほかならない。

こうした論理の途上で、九鬼は脚韻とは「言語の運《シャンス》の純粋な体系」という、ヴァレリーの警句を引用する。それは精神を束縛する快い拘束であり、哲学的な美の現われである。「詩の世界にあつては、マーヤーの面紗は客観的価値であり、蜃気楼のいつはりは客観的事実である。」形而上学の堅苦しい分類から語り出された論考が、かくも自在闊達な表現へと身を解き放っていくさまは、まさに九鬼哲学の面目躍如というべき箇所であり、読みながらも興奮を禁じえない。インド哲学の説くマーヤーのベール、すなわち幻影こそが、ここでは客観性の名のもとに肯定されているのだ。

ここで九鬼は視線を日本に投じ、日本語において押韻詩はいかにすれば可能であるかという問題を取り上げる。というのも彼が生きた一九三〇年代とは、「民衆詩人によって詩の形式の単純化が主張され、プロレタリア文芸の名において散文主義が短歌の律格をさへも根底から覆さうとしてゐる」時期だからである。

そもそも日本の文芸では、古来より押韻の分類と体系化が模索されてきた。奈良時代には漢詩をモデルに『歌経標式』が書かれ、『記紀歌謡』の韻の分析がなされていた。押韻の是非については、平安時代には『奥儀抄』が、江戸時代には俳人たちが細かな作法を論じ、それは明治初年の『新体詩鈔』にまで及んでいる。九鬼はこうした探究の伝統を踏まえたうえで、日本語には日本語にふさわしい「閑寂な雅到ある詩韻」が可能であると説く。それは文語・口語の別も、定型詩・自由詩の別もとらない。彼はこの理想のため、想定されるであろう反論の一つひとつを、丁寧に覆してゆく。

たとえば日本語は西洋のように表音文字ばかりで表記されていないため、押韻に問題が生じるのではないか。九鬼はそれに対し、押韻は聴覚の体験であり、文字の視覚性とは関係がないと一蹴している。日本語は母音と子音の割合が半々であるため、子音の豊かな西洋語と比べて押韻に不利ではないかという意見には、まず韻の分量を増やし、三重韻、四重韻のように音綴の多い韻を積極的に導入すれば不都合は生じないと説く。日本語にはアクセントがないという通説に対しては、フランス語も同じく詩行においてアクセントを持たないが、それが押韻の障害になっているわけではないと反論する。最後に登場するのは、日本語の文の構造をめぐる問いである。日本語では文末に用言（動詞、助動詞）が来るため、体言で終わる西洋語のように韻を踏めないのではないか。九鬼はこれに対しても、日本では詩のなかで語順を変更することは伝統的に実践されてきたことであり、文末に来やすい助動詞と他の品詞の音を重ねることで、韻に新しい可能性がもたらされるはずだと提案している。

「仮に日本語の音声学的性格が邪魔をして、西洋や支那のやうな濃厚な聴覚的価値を有つた押韻を成立せしめないとしても、それが日本詩押韻の正当な反対理由になるであらうか。脚韻がそんなに強く響く必要がどこにあるのか。余り強く響いて余りにあらはになるよりは、むしろ幽かに響いて半ば蔽はれてゐるはうが、却つて日本人の美的要求に応じてゐるのではあるまいか。「無地表、裏模様」といふ趣味さへも日本人にはあるのである。要するに、韻が特にあらはになるといふことは必ずしも問題ではない。むしろ韻を聞く微妙な耳を有つといふことが問題である。さうして聴覚といふうちには心で聴くといふやうなことをも含めて考へて見なくてはならない。詩人の耳が聞いてゐさへすればよいのである。」

少し長い引用になってしまったが、九鬼の理想とする押韻のあり方はこの一節に尽きている。『「いき」の構造』で日本に独自の美学である「いき」を、媚態と諦念と意地の結合であるとみごとに分析してみせたこの美学者は、日本的な押韻の独自性を、表は無地であっても裏に模様が施されている和服の、控えめな慎ましさに喩えている。残余はそれを受容する側の問題である。押韻とはそれをなす者にとって、理性に従った自由の享受であるが、逆にそれを受け取る者には、洗練された、微妙な美意識が要請されることになる。押韻とは、それについて何の準備も持たない者が、簡単に接近し享受できるものではない。日本の伝統的美学の探究を通して、九鬼はそのような認識に到達していた。

論文「日本語の押韻」の後半には、九鬼がみずから手掛けた押韻詩が三十九篇にわたり、掲げられている。若き日に訪れたパリやニースの思い出から、哲学的思索、さらに運命をめぐる随想までが、多くは端正に脚韻を踏み、三行詩また四行詩の連続として記されている。「寄草発思」という詩編の前半を引いてみよう。

蓮華草《れんげさう》、蒲公英《たんぽぽ》、すみれ

摘みにし吾妹《わぎも》
見ず久《ひさ》に降る初しぐれ
痛む村肝《むらぎも》

あてもなくさ迷ふ秋野
尾花穂に咲く
寂しさに培《つちか》ふ愛の
形而上學

なるほど、作者が論文で論じたように、ここではきわめて慎ましい形ではあるが、丁寧に脚韻が踏まれている。野に咲く雑草に思いを寄せ、季節のはかなさの奥に愛の真理を見るという姿勢は、京都に生き、日本の伝統美学に親しんだ哲学者にふさわしいものだ。「咲く」と「形而上學」に韻を踏ませるところなど、九鬼の大論文を読み終えた者の眼には、まさにその理論の正直な実践に思え、思わず微笑したくなる。学匠詩人とはこのような詩を書く人のことであったか、という思いがする。

とはいうものの、わたしはこの詩を前に何ともいえない隔靴搔痒の気持ちをも感じている。なぜだろうか。ここには詩的言語の次元において、いかなる異化効果も、意味の衝突による未知の煌きも発見することができないからだ。押韻は言語を秩序付けるだけで、はたしてその任務を終えたことになるのだろうか。

わたしが感じる違和感は、何に由来しているのだろう。おそらくそれは、現在のわたしが、荒涼とした無戒の地に生きていると認識していることに拠っている。九鬼とわたしを隔てている八十年近い歳月のなかで、いったい現実世界に何が起こったのか。あえてそれは問うまい。だが九鬼にとって自然であった文化の連続性から、わたしが限りなく遠いところに立っているという事実は厳然としてあり、否定できない。九鬼は、芸術とはそれ自体が宇宙の雛形として完結したものであるという形而上学的確信を、生涯疑うことがなかった。わたしが生きている現在にあっては、それを額面通り受け容れることが困難となったばかりではない。作品が内部に固有の秩序をもち、洗練された美意識を携えた者だけが、その内側に参入できるといった理念そのものが、もはや解体に瀕しているのである。九鬼の端正な押韻擁護論に畏怖を感じはするものの、俗悪なる塵埃の地に生存することを強いられている今日の詩人たちは、その論理展開をわが事として受け取ることができないのではないか。この詩を読み終わったばかりのわたしのなかには、そうした思いがしないでもない。

ではもはや日本語の詩では、言語が押韻という手法を通して、遊戯的な快楽に耽るという可能性は、完全に閉ざされてしまったのだろうか。ここでもう一度、韻律とはそもそもが聴覚的体験であったという事実に、回帰を試みなければならない。現代詩における押韻の困難とは、それが長らく文字言語に留まり、具体的な声を喪失してきたことに帰因しているからだ。

音の現場では何が起きているのか。

止めてくださるな私は一生をかけて孵化するサナギ

わが身問い続ける問答　痛みの厳冬を越えて弁論
全方向対応可能　かの魔の闇夜ハロー
譫妄起こすなghetto　目と目とで通じ合う
面倒起こすか　羨望あびるか　頂点底辺紙一重
民陣取れ　侘しい行列　気付いた頃には法だ制だ
1・53メーター地点　必見仰山目立ちてえだけの奴とは一線引け
聴けサナギ孵化声明

RUMIの『R.U.M.Iの夢は夜ひらく』から、冒頭を引用してみた。といっても異常なまでの速度を伴い、弾丸のように発射されてゆくラップミュージックの歌詞を、その場で聴き取り、意味を忖度することは、わたしの日本語能力を越えている。いや、そもそも誰に可能なのだろう。ここに記したのは、インターネットで検索した結果である。

歌詞は一見、支離滅裂に見える。自己同一性と倫理をめぐる言説が、きわめて攻撃的な口調で語られているということしか、わからない。だが言葉の細部に眼を向けると、言語遊戯と修辞に満ちていることが判明する。「問答」、「厳冬」、「対応」、「可能」、「かの」、「魔の」、「ハロー」、「譫妄」、「ghetto」、「面倒」、「羨望」……と、［o］音が休みなく繰り返され、「頂点」、「1・」、「地点」、「一線」……と、［ten］音が続いて、ふっと［sen］へと切り替わる。「頂点底辺」、「必見仰山」といった対句もある。「引け」と「聴け」、「起こすか」と「あびるか」といった風に、［uka］でも韻が踏まれている。まさに「全方向対応可能」の韻の踏み方だ。もっとも聴いている側は、微妙に耳を傾けてその繊細なる気配を窺うというわけではない。叩きつけるようなバックトラックを背景に、早口で囁かれたり、突然に叫ばれたりする音声を、お経のように意味もわからないまま、途切れなく持続する音声として受け取り、そこに一瞬の陶酔感を託すことしかできない。おびただしい脚韻はそこでは、言語の純粋なる流出に対する分節を司っている。

ヒップホップは一九七〇年代にニューヨークのブロンクスで、アフリカ系とヒスパニック系の若者たちによって考案され、八〇年代後半には世界的な興隆を見た音楽ジャンルである。それはラップミュージックとして日本に導入されたときには、まだ英語で歌う音楽にすぎなかった。だが、ほどなくして日本語の歌詞を獲得すると、それは日本の音楽業界に確固たる地位を占めるにいたった。RUMIのこの曲は、歴代の女性歌手が取り上げた名曲「夢は夜ひらく」を素材とし、そこに自由な脚色を加えて、二〇〇七年に発表された。

わたしはラップの周辺にこそ、押韻無戒の地に咲く韻律詩の最前線が横たわっているのではないかと睨んでいる。言葉と言葉が際限なく衝突し、一瞬の火花だけを残して消滅してしまう。言葉を結合させているのは音声の反復性ばかりだ。語りの速度のあまりの速さゆえに、言葉の意味内容としての側面はただちに摩滅し、無限に続く騒音のなかで焼尽してしまう。そこには九鬼周造が静寂のなかで沈思黙考の対象とした抒情詩の、およそ対極にある詩が存在している。

この奇怪なる言語現象に伝統的日本文化との非連続を見てとり、それをサブカルチャーのと呼んで、貶めることはたやすい。しかしあまたの現代詩人たちは、ラップの歌詞を自分たちの詩的営為と同じ、現代詩の範疇のもとに受け入れる準備があるのだろうか。彼らはここに強烈に存在している脚韻に対しても、「血と汗を積み重ねてきた」近代詩人の名誉にかけて、それを全否定するのだろうか。とはいえ、RUMIがどこまでも日本語のなかで押韻を実践し、言語に新しい相をもたらそうとしているという事実だけは、何人も否定することができない。ちょうど半世紀前にビートルズが全世界のクラシック音楽ファンから馬鹿にされ、音楽ではないと非難されながらも、イギリス詩の伝統に従って、律儀に脚韻を踏んでいたように。

呼びかける

呼びかけること。目の前にいる人物にではない、ここには不在の誰かに向かって言葉を発するとは、どのような行為だろうか。

ただ言葉を口にするというのではない。しかるべき方向を定め、言葉がどこか遠い場所に向かって、確実に到達するように設《しつら》えること。古代よりこの方、詩にはこの方向性が必要条件であった。

およそ詩たるものが唱えられたとき、それはただ美辞麗句を並べてみせたものなどであるはずがなかった。それは祈りであり、呪いであった。祝福であり、訣別の辞でもあった。詩的なるものは、誰か自分を越えた存在に向かって捧げられる一連の言葉のなかに生れた。言葉はつねに、それが向けられる先の標的をもっていた。ひとたび口から発せられるや、言葉という言葉はかならずや宛先を目指し、迷うことなく進んでいった。

今日でも詩の根底には、「呼びかける」という身振りが残っている。それはかつて詩が文字ではなく、音声言語によって朗誦されていたことの残渣、いうなれば身体の痕跡だ。なるほど、詩が音声から離脱し、身体性を喪失して久しい。呼びかけの痕跡は今ではひどく萎縮してしまい、原初の雄々しき朗誦の時代と比べると、はるかに後退したものとなっている。だがいかに衰弱した形であっても、詩の根底にはかつて祭儀のさなか、超越者に向けて言葉を奉納したことの痕跡が残されている。たとえ墓碑銘を前にしていたとしても、その場に不在である者へ親し気に話しかけたことの記憶が働いている。架空の対話者を想定し、独りでいながらもあたかも呼びかけるように語られる詩。だがそうした試みを単に修辞にすぎないと裁断してはならない。いかに虚構であっても詩が呼びかけを必要とし、呼びかけられる相手を想定して書き進められていくのは、人が不在の者の不在を思考する際に、つねに詩的言語に訴えてきたことと無関係ではない。呼びかけるとは、人間のなしうるあまたの身振りのなかにあっても、とりわけ古代的な仕種である。

日本の現代詩のなかで、この仕種はどのような相のもとに展開してきただろうか。とりあえず、三つの典型的なパターンを提出してみよう。作者の私的な内面を公的に告知するための修辞。意思疎通の親密さの確認。そして神話原型論的な位相における歴史解釈。もっともこのように書いたところで、読者には何のことか、さっぱり理解できないであろう。以下に具体的な例を示し、説明しておきたいと思う。

戦後詩のなかでもっとも呼びかけを好んだ詩人として、吉本隆明と谷川俊太郎を考えてみる。二人の詩のありかたはまったく対照的であるが、その場にいない人物に対して言葉を投げかけるという点で、彼らに共通するところは少なくない。

吉本は『転位のための十篇』（一九五三年）の巻頭詩「火の秋の物語」を、「あるユウラシア人に」と献辞を添えて、こう書き出している。

ユウジン　その未知なるひと
いまは秋でくらくもえてゐる風景がある
きみのむねの鼓動がそれをしつてゐるであらうとしんずる根拠がある
きみは廃人の眼をしてユウラシヤの文明をよこぎる
きみはいたるところで銃床を土につけてたちどまる
きみは敗れさるかもしれない兵士たちのひとりだ

「ユウジン」が誰であるかは説明がなされていない。「友人」という漢字を当てるならば、それは作者と同世代の復員兵だと、まずは推測できるかもしれない。この時期、吉本が参加した『荒地』の同人たちは、兵士として南方で死んでいった友人に宛てて、しきりと詩作品を執筆していたから、この憶測はあながち強引とは思えない。「ユウラシヤの文明をよこぎる」という一行と、「ユウジン」という音の響きのもつ、どことなくロシア的な響きから、大陸を股にかけて戦った兵士という雰囲気もある。ちなみにわたしは以前、「ユウジン」を「裕仁」の音読みだとする解釈を読んだことがあった。もしそうだとすれば、第一行目の「その未知なるひと」という言葉は意味深である。いずれにせよ、語り手が呼びかけている相手は、「廃人の眼」をもち、敗北の危機を前に躊躇している人物である。だが「廃人」とは何のことか。

ユウジン　きみはこたえよ
こう廃した土地で悲惨な死をうけとるまへにきみはこたへよ

世界はやがておろかな賭けごとのをはつた賭博場のやうに
焼けただれてしづかになる
きみはおろかであると信じたことのために死ぬであらう
きみの眼はちひさなばらにひつかかつてかはく
きみの眼は太陽とそのひかりを拒否しつづける
きみの眼はけつして眠らない
ユウジン　これはわたしの火の秋の物語である

最終行まで読んできて、ようやく「ユウジン」の正体が朧気ながら浮かび上がる。それは語り手の「物語」の主人公、つまり、つい先ほどまで続いていた戦時下の状況にあって、語り手自身が生きたかもしれなかった自分そのものであった。敗北や悲惨な死がすべて未来形で語られているのは、そのためである。語り手は惨劇のすべてがなされてしまった時点から、兵士として非業の死に瀕したかもしれない自分を、時間に遡って設定し、その想像上の人格にむかって語りかけている。「きみ」とは語り手が独白を試みる際に想定した、修辞上の人格に他ならない。だがこの、かぎりなく匿名に近い「きみ」を虚構として定立することを通して、吉本は敗戦後まもない時期に日本人が集合的に抱えこむことになった鬱屈と拒否の姿勢を、活写することに成功している。

吉本の詩は基本的に告知である。たとえいかに繊細な内面の告白という形をとっていたとしても、それは江戸時代の高札《こうさつ》に似て、公に告げ知らせるために発せられた言葉である。誰かに向かって語りかけるという形式は、私的なものを公的なものに転換するために準備された修辞に他ならない。

戦中派の吉本より七歳年少の谷川俊太郎が詩のなかに呼びかけを導入するとき、そのあり方は吉本とはまったく異なっている。彼は『夜中に台所でぼくはきみに話しかけたかった』(一九七五年)のなかで、六人の人物にむかって呼びかけている。いや、題名からも察しがつくように、心うちとけ合って、気楽に話しかけている。

飲んでるんだろうね今夜もどこかで
氷がグラスにあたる音が聞える
きみはよく喋り時にふっと黙りこむだろ
ぼくらの苦しみのわけはひとつなのに
それをまぎらわす方法は別々だな
きみは女房をなぐるかい?

武満徹に宛てた短詩である。氷がグラスにあたる音が聞えてくるというのだから、武満がどこかのバアから、深夜に独りで台所にいる谷川のもとに、ふと電話をかけてきたといった状況が設定されている。

この連作詩では他にも小田実や飯島耕一、湯浅譲二、金関寿夫、それに谷川自身の妻である知子の五人に向かって、語り手は話しかけている。いずれもが谷川にとって気のおけない、親しい間柄の人物であり、そのため内輪すぎて読者には了解できない部分もないわけではない。だが作者はいっこうにそれに気を留めず、親密さを優先して筆を進めている。

谷川がこの作品において意図したのは、家族友人に向けてなされた伝達の内容ではない。彼らに向かって何かを伝達するという行為そのものである。ともに家庭の問題を抱え、憂鬱な時を過ごしている武満に対し、鬱病で苦しんでいる飯島に対し、たわいもないメッセージを送ることで互いの存在を確かめあう。この姿勢が、「夜中に台所でぼくはきみに話しかけたかった」という組詩の本質なのだ。

吉本と谷川は、ともに呼びかけるという行為を核として詩を執筆しているが、その意図するところはまったく異なっている。吉本にとって相手を名指して言葉を書き連ねることとは、公に宣言を発することであった。名指された相手とはつまるところ、作者みずからの分身であり、呼びかけとは偽装された独白の契機にほかならない。話者は彼への語りを通して、すべてを読者の前に告知することになる。

谷川の場合には、語られた内容に特別の意味があるわけではない。それはごくごく「普通」の内容であり、「普通ってのは真綿みたいな絶望の大量と/鉛みたいな希望の微量とが釣合っている状態」であることを、作者自身は充分に認識した上で、それを人々に書き送っている。これは表現を変えるならば、この認識を分かち合い、確認し合うために、呼びかけの詩が次々と執筆されたのだと考えることもできる。吉本が「こう廃した土地で悲惨な死をうけとる」という苛酷な状況のなかで、世界全体に告知を試みる一方で、谷川は、ともすれば凡庸に過ぎてゆく日常生活にあって、隣人たちと微かな齟齬と憂鬱を確認しあうために、きわめてプライヴェイトな次元で声をかけるという行為を詩の核に据えている。これが戦後詩における、呼びかけという行為の両極の相である。

吉本隆明と谷川俊太郎が作り上げる対立項に、ここで予期せざる第三項の詩人を招喚してみよう。高橋睦郎《むつお》である。高橋にとって呼びかけるという身振りは、公的な告知のための修辞でもなければ、日常生活に隣り合った親密さの表現でもない。詩の本質とは、他者にむけて呼びかけるという行為そのものであるという認識において高橋は、先の二人の詩人よりもはるかに深い次元においてこの行為を捉えている。

高橋が呼びかける対象とするのは現存する人物であるよりも死者、それもわれわれから遠く離れた場所にあって、言及することがしばしば禁忌であるような危険な死者であることが多い。おのずからそこには神話と古代悲劇の英雄たちが含まれることになる。

『巨人伝説』（一九六七年）は、キューバ革命の英雄チェ・ゲバラがボリビアの密林で殺害された直後に執筆された、長い挽歌である。『分光器』（一九八五年）には、ルキーノ・ヴィスコンティ、鷲巣繁男といった、同時代の物故者に呼びかける詩が、少なからず収録されている。そこでは古代ギリシャにおける墓碑銘の形式が意識的に踏襲されており、最後に作者は、少年愛に生きたそのかみの死者に呼びかけを行なっている。長編詩『姉の島』（一九九五年）では、「姉さん」なる人物への呼びかけを通して、宗像《むなかた》に祀られている三女神が招喚されることになる。高橋の詩では、呼びかける者があるとき反転して、呼びかけられる者に変身してしまう。不在の相手を探究しているうちに、みずからが不在となり、ただ呼びかける声だけが虚空を経廻るといった事態が生じることがある。このとき詩は現今の卑小な時間を離れ、神話的時間の相を帯びる。呼びかけるという行為の本質がそこで開示されるのは、そのような瞬間である。だが抽象的なことをくだくだと話していてもしかたがない。実例に即して、この反転の原理を見究めてみよう。

「草霊譚」はポル・ポトに呼びかけた詩である。ポル・ポトはカンプチア共産党書記長として絶対権力を握り、クメール・ルージュ時代に大量虐殺を行なったことで知られていた。一九八九年にこの詩が執筆されたとき、彼はすでに親ヴェトナム政権によって死刑を宣告されていた。もっとも本人はタイ国境の密林奥深くに潜行し、小規模ではあったが、いまだに武装闘争を続けていた。

詩の語り手はこの歴史的な大量殺人者を、表立って糾弾しない。それどころか「きみ」と親し気に呼びかけ、その行為を無表情に列挙していく。

都市は悪である　なぜなら都市は
売淫窟と両替所と学校で出来ているから
そう宣言して　きみは戸口という戸口
路地という路地から　住人を追い立てた
建物という建物　窓という窓に浄めの火をかけ
振り返る頬を平手で打ち　土足で踏みつけた
天の火事の下　長い道のりを跣足で歩ませ

道の果て　日の暮れの焼畑に跪かせた
血になるまで　爪で石土を掘り返させた
動かなくなると　銃の尻で首の骨を砕いた
草むらに棄てて　夜露の凌辱に委せた

語り手はポル・ポトの政策論理をそのまま受け入れ、詩の冒頭に掲げてみせる。歴史的な暴虐を前にしてもけして冷静さを失わず、醒めた眼差しのもとにその細部を描いてみせる。人間が都市でなしうるもののことごとくは悪である。したがって悪を駆除し、すべてを浄化しなければならない。破壊は昼から夜へと進行する。火と暑さに始まり、草むらの夜露、つまり水によって完結する。

きみはけっして間違っていない
きみの水のように澄んだ目が証明している

ポル・ポトはなぜ正しいのか。それは彼の存在が汚穢を含むことのない、清浄な水を体現しているからだ。あらゆる悪と灼熱を通り越した場所にあって、純粋さそのものの化身であるからだ。ここで詩に転調が起きる。語り手はポル・ポトにむかって、ひとたび信じたその論理を徹底させ、自己無化に到達するように呼びかけるのだ。

だが　きみはとどまっていてはなるまい
都市を焼いた手をゆるめず　村落を焼き
商人を打った眉根で　農民を打ち
悪の根源である人間を　赤子の果てまで
闇のうちに根絶やしにしなければならない

現実の凄惨な政治的行為がふっと腰を持ち上げられ、神話の物語の側へと牽引されていく瞬間が、ここに語られている。語り手は独裁者に向かって、古代の死の女神よろしく、人間という人間を残らず死に至らしめることを求めるのだ。

すべての人間を滅ぼした末に残るただひとり
きみ自身を　きみの股間の生命の根を
石で潰した時　きみの唇には
美しい微笑がうかんでいるだろう
きみの肉体は潰されたそこから腐り
開《あ》いた穴を草が貫き　風にそよぐだろう
繁茂する草と木の夜明けが訪れる
きみに宣言させ　人間という人間を滅ぼさせ
きみの生命の根を暗い穴に変えるのは

きみ自身ではなく　きみの肉体に寄生した
さみどりの優しい草の精霊
かもしれない

だが、その結果、世界はどのように変化するのか。地上にただ一人生存した孤独の独裁者に対しても、語り手は自己去勢を要求する。都市の住人の首骨を銃の尻で砕き、死に至らしめたように、「きみ」は「きみの股間の生命の根」を石で潰してしまわなければならない。そのとき、無人となった都市の建物が廃墟となり、窓という窓が焼け果てて、空虚な残骸を示すように、「きみ」の潰された肉体は腐敗を始めることだろう。死への欲動が世界中を覆い、あらゆる生命の根が完璧に絶たれることだろう。

だが語り手は最後に、もう一度、転調を行なう。「きみ」に憑いていた自己無化の衝動とは、実は「きみ」の意志によるものではないのだ。それは「きみ」に寄生していた「草の精霊」の仕業である。都市という都市を憎み、人々の屍を草むらに放置させ、最後にみずからの肉体にも穴を穿ち、それを繁茂する草と木に委ねるという行為を根底において取り仕切っていたのは、植物の形態をとった無意識なるものであった。

ここには「国破れて山河あり」という漢詩の一節に通じるものがないわけではない。だが杜甫と高橋睦郎とを隔てているものは大きい。唐代の詩人は現世の悲惨を達観することにおいて秀でてはいたが、高橋が抱いてきた、古典ギリシャ以来の悲劇的世界観とも、その世界観に由来する辛辣な批評意識とも無縁であった。

「草霊譚」で最終的に生き延びるのは、もはや呼びかけられた「きみ」ではない。「きみ」は死の欲動を体現しているように見えて、実はその欲動に操作された傀儡《くぐつ》でしかなかった。では、誰が傀儡の糸を操っていたのか。それはあらゆる人間の死を司った後、無人の地を平然と支配し、おのれの権能を欲しいままにしている植物にほかならない。植物には悪もなければ、純粋や清浄といった観念も存在していない。その精霊にあえて「優しい」と形容詞を与えるところに、高橋睦郎のアイロニーが横たわっている。

孤独な独裁者への呼びかけという「型」は、ルーマニア大統領ニコラエ・チャウシェスクとその夫人が公開処刑された直後、もう一度、高橋によって取りあげられることになる。もっともそれは多声的な構成の組詩の一部として発表され、母親と息子という新しい主題を得ることで、よりダイナミックな発展を遂げることになった。

「ぼくは　お母さん」という詩には、「スガに　エレナに　ヒサコに」と、三人への献辞が記されている。スガとは暗黒舞踏の土方巽の、ヒサコは詩の作者、高橋睦郎本人の母の名前である。エレナはルーマニア大統領ニコラエ・チャウシェスクの夫人の名前であった。

この詩が発表された一九九〇年の前年の十二月二十五日、チャウシェスク夫妻は革命軍によって捕らえられ、銃殺刑に処せられた。逮捕されたときエレナは兵士たちの無礼にひどく憤慨し、彼らに向かって、「わたしはあなたたちのお母さんなのよ」と叫んだと伝えられている。おそらく彼女の処刑の報を聞いたとき、高橋はこの一言に強い霊感を受けたのではないだろうか。

「ぼくは　お母さん」は五部から構成されている。最初に語られるのは、少年の目を通して描かれた、農村の倹しい母親の肖像である。彼女は寒い冬の朝、台所の冷たい土間に「蟠《わだかま》る巨大な影の固まり」であり、赤黒い太い腕で竈に火をくべている。語り手の「ぼく」は母親の頭髪に火が移り、彼女が巨大な炎になってしまうのではないかと想像する。彼女はいつも火の前にいて動かない、「巨大な化物」である。「ぼく」を含め子供たちは、「親餅のまわりの子餅」のように母親に張り付き、ちぎり捨てられないようにしている。この原初の神話的な母親の像の後に、豊かな乳房を垂らし、子供の行く先々をすべて掌に収め、乳房と乳汁で子供を圧迫し溺死させてしまう、恐怖の母親の描写が長歌で語られ、二首の反歌が添えられている。

第一部で語られているのは、幼い子供の眼に映る、怪物のように巨大な母親である。彼女は子供たちを産み育てると同時に、彼らを平然と死に追いやる権能をもった存在である。自分が燃えてしまいかねないまでに火に接近し、火を増殖させる女性。生を司るとともに、死の化身でもある女性。こうした母親の属性は、記紀の語る女神イザナミを強く想起させる。だが高橋の詩において特徴的なのは、同時にこの母親が「親餅」と呼ばれ、ほとんど竈そのものと化した存在であることだ。高橋のアフォリスティックな詩集『動詞1』（一九七四年）には、「神が私たちを食う。私たちが神を食う。私たちが互いに食いあう。」という不気味な一行がある。死と食の本質的な近接は、この詩人がつとに説いてやまないところである。

次にエレナの場面となる。以下にその全体を引いてみよう。

ぼくは　お母さん　あなたを告発する
あなたはとても偉大で　とてもむごたらしい女《ひと》

ふるえるぼくらを　凍える闇の中に閉じこめて
あなたの部屋には　耿耿《こうこう》と明るいシャンデリア
炉には　いつも暖かい美しい火がぱちぱち燃えて
熱いチョコレートを啜りながら　執務する
戸棚には　上等の毛皮のコートが何十着
ぼくらには汚れて孔の空いた古靴下が片方だけ
お母さん　あなたの仕事とはお父さんとの愛
二人の愛の証しに　世界一の宮殿を建てましょう
息子たちの体位向上のため　世界一の体育館を
彼らだって　きっと賛成するに決まっています
もし反対なら　つかまえて赤はだかに剝《む》いて
雪の中に黒い穴を掘って　埋《うず》めてやりましょう
それでもなお強情を張るほど馬鹿な子なら
チョコレートより熱い火を噴く大砲を
たとい死んでも　代りの息子はいくらもいる
いなくなったら　二人の愛で拵えればいい
お父さん　あなたの陰囊は太太と充実して
あたしの骨盤は鉄の処女のように若く強靭
そうです　お母さん　あなたの論理の基盤は

無慈悲な塵芥処理器のような　逞しい骨盤
ぼくらをそこから産みもすれば　また潰しもする
ぼくは　お母さん　あなたに銃口を向ける

語り手はどうやら革命軍の若い兵士のようだ。彼はエレナに向かって、「お母さん」と呼びかける。彼女の豪奢きわまりない生活と、「息子たち」に対する残酷な仕打ちが、一つひとつ説明される。その「逞しい骨盤」は、彼らを産むとともに、平然と潰しもしてきた。兵士は深い怒りを抱きながら、「国母」を自称したこの女性を全身で告発している。だがその声は興奮し、愛と憎しみの双方に強く引き裂かれた。兵士はエレナの威厳に圧倒され、深い恐怖を感じながらも、彼女に向かって銃口を突きつける。

ぼくの目にあふれる涙を無視して　あなたは叫ぶ
あたしはお前のお母さんではないのかい
そして　この人はお前のお父さんでは？
そうです　お母さん　あなたはぼくのお母さん
そして　その人はぼくらのお父さんだから
ぼくは　あなたとその人を殺さなければ
ぼくは　お母さん　あなたを愛しているから
お母さん　あなたが半狂乱で逃げまどう閉ざされた庭

それは　あなたじしんの子宮ではなかったのですか
お母さん　お母さん

涙ながらに告発を続ける兵士を前に、エレナはそれを無慈悲に無視して、母親であることの絶対的な権能を主張する。兵士はそれを受け容れ、それゆえに「お母さん」を処刑することを宣言する。それは現実に彼女に銃を向けることである以上に、兵士を育んできた「子宮」を否認し、眼前に圧倒的に存在している〈起源〉を抹殺する行為でもある。だがこの痛みを伴う儀礼的行為を達成しないかぎり、兵士は「息子」であるという屈辱的な身分から、真の解放に到達することができない。惨劇はこのとき、クリュタイメーストラーを殺害した息子オレスティスの悲劇を、きわめて卑小な舞台装置のもとに反復することになる。

ここでもう一度、先ほどの長歌が繰り返され、母親の根を断ち切ってもその樹はけして枯れることがなく、さらに地を覆うであろうという反歌が続く。

最後に、冒頭の語り手がふたたび登場する。彼はもはや幼い子供ではない。家を出て以来、母親を振り返ることなく、諸国を放浪して過ごして来た。今、彼は長い歳月の後に、異邦人として帰還したところである。もはや竈はない。それどころか巨大であった母親は、腰が曲がり、皺だらけとなって、ひどく小さくなって、ついに消滅してしまっている。いつしか語り手の方が「化物」と化してしまったのだ。

ぼくは　お母さん　あなたを産み落とさなければ

あなたの産道よりも暗い　ぼくの咽喉《のど》の奥から
力のない薄い血といっしょに　ぼくは
お母さん

母親の消滅を前に、息子は彼女を逆に、「咽喉《のど》」を用いて産み落とそうとする。換言すれば、それは母親を詩として描き、声に出して唱えることだ。こうして息子は母親を克服し、二人の長い戦いは終わりを迎える。

舞踏家と詩人は、ルーマニアの兵士のように母親を処刑することで、彼女からの解放を目指さない。彼らは異郷を遍歴しているうちに、いつしか「化物」と化してしまった。かつてあれほどまでに脅威的な「化物」であった母親は、もはや収縮し消滅してしまった。息子たちは母親から霊感を受胎し、母親を作品に仕立て上げることで、その再生に立ち会うことになるだろう。

一九九〇年代の前後とは、世界が大きく変動した時期であった。社会主義を標榜する独裁国家が相次いで消滅し、権力者たちの残酷な所業が明るみに出された。高橋睦郎がポル・ポトとチャウシェスク夫人に呼びかける詩は、まさにこの時期に執筆された。とはいうものの、それはけっして政治的なイデオロギー批判の詩ではなく、むしろ現実の政治的失脚を人間の無意識と神話の相において捉え直そうとする試みであった。二十世紀後半という〈小さな〉時間の事象を、母殺しの息子オレスティスの劇を著したアイスキュロスやエウリピデスの悲劇的想像力に接続させ、〈大きな〉時間のもとに理解することが、高橋睦郎の意図であったように思われる。

では、声を持つのはつねに息子の側であって、殺害される側の母親は沈黙を強いられていたのだろうか。高橋は長編組詩『語らざる者をして語らしめよ』（二〇〇五年）のなかで、「わたしのお母さん」とは逆の側に立ち、老いたる女神の語りに一章を割いている。

おまえがひもじいと訴えるから
わたしは躰じゅうをしぼりにしぼって
しぼり出せるだけのすべてを吐き出した
もしおまえが欲しいと言ったならば
皺だらけの乳房だって投げ出したろう
だが　おまえの返してよこしたのは忘恩
盛り皿を蹴散らし　わたしを蹴倒した
そのくせ　息の絶えた血襤褸《ぼろ》の
二つの耳に稲種《いなだね》が生《な》り
二つの目から粟が生り
鼻の穴から小豆《あずき》が生り
陰《かく》しどころに麦が生り
尻の穴に大豆《まめ》が生ると
毟《むし》り取り　むさぼり喰らった
それから　穴だらけの死体に気づいて

大声をあげて　泣きわめいた
わたしが誰だか　教えようか
おまえが父親に追放されてまで
会いたがった母親は　じつはわたし
嘘だ　嘘だ　そんなはずはない　と
いっそう激しく　おまえはわめくが

ここで語っているのは、日本神話にあって五穀豊穣をもたらす神とされたオオゲツヒメである。『古事記』によれば、スサノオは高天原を追放されるにあたって、叔母にあたる彼女を暇乞いに訪問したという。オオゲツヒメはこの暴れん坊の青年神を受け容れ、台所に閉じこもると、歓待の食事の準備を始めた。スサノオが戸口からそっと覗いてみると、ヒメは軀のさまざまな穴から、あたかも汚物を排泄するかのように食物を放《ひ》り出し、盛り付けている最中であった。スサノオは侮辱されたと思い、ただちにヒメを殺害した。その死体の耳や眼、鼻、女陰や肛門からは次々と穀物が生じ、それ以来、人間はそれを恵みとして受け取ることになった。

もっとも高橋はこのオオゲツヒメの物語に、二つの脚色を施している。一つは彼女を、「皺だらけの乳房」をもった、老いたる女神に設定したことである。もう一つは、神統譜的にいうならば虚構ではあるが、彼女をスサノオの、生誕以前に黄泉の国に渡ってしまった母親、イザナミと同一人物であるとした点である。二つの仕掛けが施されたことによって、この詩は「わたしのお母さん」に直接的に結合することになった。自分の母親を殺害してしまったことを知ったスサノオは、もはや日本の神であることをやめ、オレスティスからルーマニアの兵士にいたる、母殺しの青年を反復している。だが、それぱかりではない。火の神を産んで冥界にいたったイザナミと、食物の女神オオゲツヒメとが重なり合ったとき、われわれの前に立ち現れるのは、「わたしのお母さん」において竈そのものと化した感のあった、「化物」としての母親なのだ。彼女たちは、火と死、食物と殺害という主題の結合によって、ほとんど同一ともいうべき神聖な存在となる。

だが、ここで確立された神話的射程はさらに大きく展がり、高橋睦郎の詩の世界にあって、さながら天蓋に似た装置であることが明らかになる。日本神話に材を採ったこの詩篇から出発して、「草霊譚」へと遡ってみよう。ポル・ポトもまた巨大な母親に惑わされ、知らずして死の走狗として女神に仕えてしまった、不幸な息子たちの一人にすぎなかったことが判明する。カンボジアにおける大量虐殺は、都市を廃墟にした結果、植物の繁茂ばかりを許すことになった。

ここに掲げた三篇の詩のうち二篇は、現下に生じた政治的虐殺を素材とし、もう一篇は古代神話を原話としている。だが、そこには語りの違いを感じさせるものが、いささかも感じられない。いずれにも共通しているのは、呼びかけるという行為である。高橋睦郎の詩を特徴づけているのは、ひとたび呼びかけられたとき、いかなる登場人物も神話の相において捉えられ、悲劇の仮面を身に着けることを要請されるという事実である。ポル・ポトがルーマニアの兵士と化し、スサノオと化してしまうという原理。何人《なんびと》かに向かって語りかけるという行為は、ここでは内面独白の修辞でもなければ、親密さの確認でもない。それは人を現世の卑小な時間から解き放ち、原型と反覆からなる、より巨大な時間に帰属させるための装置として、役割をはたしている。

詩歌の根源には他者への呼びかけが存在していた。他者は身近な隣人であることもあれば、ありえたかもしれぬ、自分の隠された分身であることもあった。だがもっとも深い相においてそれは、現実の卑小な時間を超えたときに覗き見ることのできる神話的形象でありえたのだ。わたしがここで取り上げた三人の現代詩人は、この三つの典型をみごとに体現している。

呼びかけられた者が振り返り、呼び直すとき、詩は成立する。だが振り返った者がどれほど恐ろしい貌《かお》をしているかを知る人は寡《すく》ない。それを告げ知らせるためにも、詩は必要とされる。詩はこれからも書き継がれなければならない。

断片にする

一篇の詩はどこで終わるか。詩を書く人はどこで手を休め、言葉の全体の布置を見定めた上で、書くという行為に終止符を打つのか。

この問いはわたしに眩暈の感覚を呼び覚ます。死と太陽。世界には凝視に耐えられないものが二つあると、ラ・ロシュフーコーは語ったが、詩には完成が存在するという教義《ドクサ》にも、大げさないい方になるかもしれないが、これに近いところがある。詩の内側には、どこかで完成を拒もうとする力が横たわっている。なぜなら詩を書いている「わたし」自体が、刻一刻、変化しているからだ。

この章では、詩作品が無意識のうちに携えている、全体性に到達することへの拒否について、書いておこうと思う。詩の世界には長い歳月の間に毀損し、断片でしか遺されていない作品もあれば、原型を留めぬまでに書き直された作品もある。ひとたび執筆されたものの、他人の手で大きく朱筆を入れられた作品もあれば、執筆の途中で放棄され、永遠に未完成のままの作品もある。さらに詩人のなかには、自作が堅固な構造体に凝固することを嫌い、意図的に断片のままに留めておこうとする者も存在している。

こうしたさまざまな現象を統括する詩的原理というものはない。磯辺におくとさまざまな環形動物や棘皮動物が棲息しているように、詩もまた世界のいたるところで、それぞれに独自の生態系を形作っているのだ。というわけで、これから思いつくままに、断片的に、そのあり方のいくつかを書き記しておきたい。

もうひと昔前のことであったが、詩人で宮沢賢治研究家でもある天沢退二郎さんといっしょに、CDを作成したことがあった。彼の発案で、賢治のある作品を取り上げ、その三通りのヴァリアントを同時に、声を揃えて朗読するという試みを実行したのである。二人では声が足りないので、大学院生にも一人加わってもらい、三人で録音を行なった。朗読のプロ（？）である天沢さんの熱気も加わって、これは愉しい実験だった。

三通りの詩稿はそれぞれに長短があり、完璧に重複している部分もあれば、まったく異なっている部分もある。初稿では長々と続く冒頭部が、二稿以降ではあっさりと割愛されていたり、その逆に大掛かりな挿入がなされていたりする。朗読する段になると、こうした原稿の次元での異同が、具体的に発声と沈黙という形をとって、生々しく感じられてくる。今回の場合、最初、声は一筋である。しばらくして、そこに二人目の声が到来する。二筋の声は重なったり、離れたり、不思議な絡み合いを見せる。どちらか一方が長い沈黙に入ったりもする。そこに三人目の声が加わる。三筋の声がめいめいに語りだすと、もはや聴く側はその内容を識別することができない。『使徒行伝』に描かれている聖霊降臨《ペンテコステ》、つまり異言の氾濫に似た状況が、一瞬ではあるが生じることになる。

やがて三つの声はみごとに収斂し、結論部ともいうべきものへと向かっていった。ほとんど乱れもなく、みごとに隊列を整えながら、読み上げられていく詩行。ときおり語句に小さな差異が生じる。だがそれも波紋を残すことなく全体の文脈の内に吸収され、最後に結末部が、三人の声によって力強く朗読されることになる。わたしはこの実験に参加したとき、はじめて宮沢賢治の詩作品が抱えている、本質的複数性を実感できたように思った。

宮沢賢治は詩を執筆するにあたって、統合された、恒久的人格がその主体となりうるとは、いささかも信じていなかった。『春と修羅』の序にある表現を用いるならば、「わたし」とは、「わたしといふ現象」に他ならなかった。それは「有機交流電燈の／ひとつの青い照明」のように、瞬間ごとに明滅を繰り返す意識の現われであって、いかなる連続性も一貫性も保証されていない。詩作品とはこの現象をその場その場で、猛烈な速度で文字に記録した「心象スケッチ」であると見なされた。一篇の詩が、書き直されるたびにまったく異なった相を見せることになったのは、そのためである。

われわれは作者の死後に遺された原稿を、あたかも最終決定稿であるかのように読み親しんでいるが、実はそれは終わりなき書き直し行為の、中断された形態にすぎず、詩作品がそこで完結を見たという保証はどこにもない。もし賢治がさらに長く生きて改稿を重ねていたら、際限のない削除の末、すべての詩行が廃棄され、作品そのものが消滅していた可能性さえも存在していたといえる。わたしにもっとも強い印象を与えたのは、朗読が中途にさしかかったとき図らずも生じてしまった、何とも聴き取りがたい異言の状態だった。一篇の詩は、終止符を打たれるまではこの混沌の状態にある。逆にいえば、詩作品の完成とは、この異言を封印し、そこに統合的な秩序を導きいれることにすぎない。

宮沢賢治の存在はわたしに、詩における〈完成〉という観念に対する懐疑をいまだに突きつけている。「どんな死も中断にすぎない／詩は「完成」の放棄だ」と、『緑の思想』（一九六七年）の冒頭にさりげなく書きつけたとき、田村隆一はこの間の事情を、体験的に知悉していた。一篇の詩作品を前にしたとき、われわれはそれが完結し、すでに完成に到達したものであるという了解のもとに、それを手に取り読解しようとするが、実はそこには目には見えないものの、形をとることもなく廃棄されてしまった、異言ともいえる詩行をめぐる抑圧が働いているのではないだろうか。

未完成のまま放棄された詩篇には、完成された詩には存在しない、独自の高貴が感じられる。コールリッジは阿片吸入後に不可思議な夢を体験し、目醒めるやただちに『クブラ・カーン』を書き始めた。だが偶然の来客によって執筆が中断されると、もはや詩想を取り戻すことができなかった。作品は中絶されたが、わずかに遺されたその冒頭は夢幻的な美しさを持ち、建設途上で放棄された絢爛豪華な宮殿を想起させる。パウンドは若くして『キャントーズ』百二十篇の執筆を決意し、波乱万丈の人生にもかかわらず、百十六篇までを書き続けた。とはいえ高齢による気力の衰えから挫折し、百十七篇以降は短いメモが遺されたばかりだった。北村透谷は構想こそしたものの、『蓬萊曲別篇』をついに書くことなく夭折した。富永太郎の「原始林の縁辺に於ける探検者」も、第五章が書かれずに終わった。

こうした詩人たちの勇敢なる挫折は、すでにそれだけでわたしを恍惚とした気持ちにさせる。わたしは『クブラ・カーン』の、『キャントーズ』の断片を手にし、もしそれが書き続けられ、完成を見ていたとすれば、いかなるものであったかを夢想する。『蓬萊曲』の遺された断片を手がかりに、透谷の究極的な詩のヴィジョンを推測する。建築にはいたらなかったが、とりあえずボール紙で作られた建築の縮小見本。予算の事情から撮影に入れず、企画書と脚本だけが残された映画の構想。書かれなかった詩、書かれはしたものの、中絶を余儀なくされた詩には、一度も地上にあって実現はしなかったものの、作者の脳裡にあって確実に、そして強烈に夢見られていた建造物映像を思わせるところがある。それは封印されることのないテクスト、完結という宿命から永遠に追放されて、あんぐりと口を開けているテクストである。

サッフォーの美しさ。沓掛良彦《くつかけよしひこ》によって日本語に翻訳された、この古代ギリシャの詩人の詩篇の比類を見ない美しさは、その大部分が毀損したり消滅したりして、わずかなものしか現存していないことと無関係ではない。

きよらにして美しき・・・・・・・・・
乙女ら・・・・・・・・・・
おんみらが・・・・をめぐりて・・・
・・・・・・・・・・・・・・
・・・恵みふかく・・・・・・・・・・
あらわせたまいて・・・・・[して、ヘーラーよ]

［われを］家に帰らせたまえ。

断片六十二の後半、第四、五連を引いた。

トロイア戦争が終わり、アガメムノーンとメネラーオスという二人の英雄は、故郷アルゴスに戻れることになった。だが悪天候のためか、逆風のためか、彼らはレスボス島より先に船を進めることができなくなった。そこでヘーラーをはじめ、三柱の神々に加護を願うというのが、第三連までの物語である。ちなみに原文は、オクシュリュンコスより出土したパピルスに記されていた。

ところがそれから先の二つの連は、パピルスの破損があまりに激しく、ほとんど復元することができない。その箇所を、ここであえて引用してみた。思うに翻訳にあたっては、単に古典ギリシャ語に長けているだけでは不充分なはずだ。断片を深く読み込み、考古学的な想像力をそこに投影することができなければならない。先史時代の遺跡から発掘された土器の欠片を手がかりに、巨大な壺を復元することに似た作業である。この詩篇にしても同様で、［　］に括られた部分は、詩の全体が女神ヘーラーへの祈禱であると読み取った訳者による、推測的な補塡である。

「きようにして美しき」とは誰のことなのか。それは祈りの向けられたヘーラーを指しているのか、それとも「乙女ら」のことなのか。「をめぐりて」とは神殿の回廊をめぐるのか、それともレスボス島からアルゴスに到るまでの島々をめぐるのか。われわれの耳に親しいオデュッセウスの物語には、こうした厄難の挿話が記されていないが、それはなぜなのか。それは作者サッフォーがレスボス島に生きた詩人であったことと、関係しているのだろうか。日本に最初にサッフォーを紹介し、訳筆を執った上田敏は、はたしてこの詩篇を読んでいただろうか。またイギリスに留学した西脇順三郎はどうだったのか。彼の初期詩集*Ambarvalia*に、サッフォーの詩は影を落としているだろうか。

叙述の欠落部をめぐって、さまざまな夢想と疑問が、泡屑のように生まれては消えていく。もちろん答えはない。答えは永遠に失われている。とはいえ、かくも短い、破損に満ちたテクストからそうした夢想が紡ぎ出されてくることは、何とすばらしいことかと、わたしは思う。

今日では断片でしか伝わっていない詩篇の、独自の魅力、その美しさは、永遠に未完成の詩篇のそれとは微妙に異なっている。過去において一度は完成し、衆人によって唱えられたという事実が、読む者に強いノスタルジアの念を思い起こすためだ。だがこの思念は、いかなる空間にも、時間にも帰属しない。詩を前にしたとき、眼前に茫然と展がってゆく、目的も意図もないノスタルジア。この感情にもっとも近いものは、人気のない博物館に陳列されているトルソを前にしたときに感じる静寂感だろうか。一度は完成を見たものの、長い歳月のうちに頭部や手足が失われ、わずかに短い胴体しか遺されていないもの。永遠に喪失された全体性。沈黙と空無のなかに、ありし日のその姿を想像することは、時間の過ぎゆきを心に思い描くことに他ならない。すべて摩滅したものは美しい。わたしにかつて『摩滅の賦』（二〇〇三年）という書物を書かせたのは、事物と言語をめぐる、こうした変容への情熱であった。

ちなみにわたしはかつて、このサッフォー詩の断片を前にしたときと正反対の体験をしたことがあった。T・S・エリオットの『荒地』の元原稿を、ファクシミリ版で見せられたときのことである。

エリオットはこの二十世紀を代表する長編詩の一つを一九二二年に『クライテリオン』誌に発表し、翌年、ロンドンのフェイバー&フェイバー社から刊行された。最終稿の完成にあたっては、エズラ・パウンドによる助言と推敲、校正が大きな役割をはたしたと、伝えられてきた。エリオットは詩集が刊行されると、元の原稿を親友のジョン・クウィンに譲った。だがクウィンが数年後に死去し、元原稿はそれ以来、行方不明となっていた。一九六八年にニューヨーク公立図書館がそれを所蔵していると公表し、出版社が刊行に向けて動き出した。エリオットは三年前に逝去していたが、まだパウンドは健在で、刊行を祝福する短い序文を、ヴェネツィアから書いてよこした。こうして翌年、元原稿をそのまま複写したものが、無事にニューヨークで出版された。わたしがそれを見たのは一九七〇年代の後半、まだ大学院で比較文学の勉強をしていたときである。

元原稿はタイプで打たれており、そこに三通りの書き込みが混在している。エリオット本人のもの。最初の妻ヴィヴィアンのもの。そして作者本人から *il miglior fabbro*（よりよき作り手）と呼ばれたパウンドのもの、である。このパウンドの書き込みが、文字通り徹底したものだった。不要だと思われる詩行は、二行でも三行でも、平然とカギカッコをつけてしまう。「ドグマ的で冗長」とか「無定見」「たぶんダメ」という評言もあれば、「ロンドンのことを書いてるのなら、この形容詞は同語反復か」という書き込みもある。そのままでよいと認めたところには、STET（イキ）という承認の言葉が記されているが、他にもジグザグやΛなどさまざまな記号が付けられて、パウンドが一行一行、恐ろしいまでに細かく草稿を読み込んでいたことが判明する。だがそのおかげで、『荒地』はすっかり刈り込まれ、非連続的な場面転換を伴った、緊張感のある詩篇となった。
刊行された『荒地』に親しんでいた者にとって、元原稿を読むのは奇妙な感覚だった。まず出だしから異なっている。「四月は一番残酷な月だ」という有名な第一行目の前に、だらだらとしたお喋りが五十四行にわたって続いていた。第二部は「チェスの試合」ではなく、「鳥籠のなかで」と題されていて、「子供が欲しくないのなら、結婚の目的って何なのよ」という、鉛筆書きの加筆が最後になされている。第四部「水死」は、最終稿ではわずか十一行の短詩であるが、最初は全体が九十四行あった。エリオットは最初の八十三行を、あっさりと捨ててしまったのだ。

この元原稿を読む機会をもったことが、わたしにとって幸運なことであったかどうかは、いまだに判断ができない。なまじ中途半端な好奇心を出して、首を突っ込まなくともよかったのではなかったかという後悔が、実は内心にある。いずれにしても、わたしがひどく当惑したことは事実であった。自分が『荒地』という傑作に対して抱いてきた印象に、ここで不用意なノイズが混じってしまうことをわたしは恐れていたのだ。

パウンドの評言に影響されたわけではないが、元原稿には冗長な印象が否めない。逆にいえば、そのだらだらとした草稿に赤を入れ、みごとにシェイプアップしてみせたパウンドの眼力には、尋常ならざるものがあったと認めざるをえない。現在われわれが手にしている『荒地』とは、実はエリオットとパウンドの合作と見なすべきではないかというのが、元原稿を読み終えたときにわたしが抱いた感想である。

わたしはこれまでの人生において、これに似た体験をもう一度したことがあった。ビートルズが解散して四十年ほど後、彼らがかつてアップル・スタジオで録音した未発表テープがごっそり

CDになったときである。わたしが気に入っていたギター・ソロを演奏していたのは実はビートルズの面々ではなく、客分として遊びに来ていたエリック・クラプトンであると知って、わたしは複雑な気持ちに襲われたのだった。

一篇の詩を断片に分断し、個々の部分の喚起するところによって評価するか。それともその全体を、完結した体系の相において判断するか。この問題は長らく批評家を悩ませてきた。とりわけ一九六〇年代のフランスでは、二つの党派がそれぞれ両極端の立場から、文芸批評の世界に論争を持ち込むことになった。前者は物質的想像力にもとづく現象学であり、後者は構造主義である。まず前者の方から説明しておきたい。

現象学の立場から詩を分析し、とりわけそのイマージュ（わたしは普段は「映像」と書くところだが、今回は特別の意味の含みがあるので、フランス語の原語をそのまま音で引いておく）の果たす意味の大きさについて語ったのは、ガストン・バシュラール（一八八四〜一九六二年）である。バシュラールはフランス中央部の田舎に生まれ、もともと郵便局に務めていた。あるとき思い立って独学で学位を取得し、大学で科学認識論を講じることになった。彼はその一方、文芸についても少なからぬ書物、それも甘美な書物を著した。

バシュラールはイマージュを、ある事物が不在であるときに生じる代替物であるとは考えない。イマージュはなるほど実体ではないが、それ自体が自立した構造と力学をもった「物質的」なものである。詩をはじめとして、文学を読むという行為は、この物質的想像力の権能に身を委ねることに他ならない。彼はこうした確信にもとづいて、古代中世から唱えられてきた自然の四大元素、すなわち火・水・土・大気が詩的イマージュとしていかに表象されてきたかを、次々と書物に纏めた。バシュラールは説く。イマージュに起源を問うことは無意味である。またそれを因果関係のもとに理解したとしても、その本質は逃れ去ってしまうだろう。イマージュは詩を読むわれわれの眼前に十全として現前しており、読むという行為を通して、われわれの内面に根を降ろし、存在の深みに訴えることだろう。

『火の精神分析』『水の夢』『空と夢』……バシュラールの書物はいずれもが、多くの詩人の作品の引用と、それをめぐる夢想的な註釈からなっている。ポーがいかに微睡《まどろ》む水を描いてきたか。ホフマンが火の水、つまりアルコールの蒸散という現象に、いかに魅惑されていたか。ニーチェの哲学にとって高山に登り、清浄な大気を呼吸することが、いかに大きな意味をもっていたか。文学研究の分野にあって、これまで誰も論じようとしなかったこうした問題を、バシュラールは鮮やかに取り上げてみせた。その語り口は魅惑に満ちていて、夏の日に山荘で読むのに理想的な書物であるといえなくもない。

バシュラールはけして詩作品の全体を論じようとしなかった。彼にとって重要だったのは詩行から立ち上ってくるイマージュの、匂うがばかりの物質性であり、それが他の詩人の作品へと共鳴しあい、変容していくさまであったためである。最晩年の著書の一冊である『空間の詩学』(一九五七年)のなかで、彼は「詩の構成の問題はあつかわない」と断った上で、こう書いている。

「真の現象学者は体系化には控えめにならなければならない。」

「われわれが現象学的に「反響」できるのは、全体から孤立したイメージの水位においてなのだ。」

イマージュが詩行の間から浮上してくる。その至福の状態に立ち会い、いかなる媒介も通さずそれに身を委ねるという、ささやかにして控えめな誇りこそが、バシュラールの求めたことであった。そのためには子供のように、また老人のように、大好きな書物だけを、いつまでも繰り返し読むことの方が、はるかに大事なのである。バシュラールはそうした読書のあり方を、分析心理学者ユングの言葉を借りて、「アニマによる読書」と名付けた。またそれに対し、思想的な要点を抽出したり、論争や探究のために、あたかも労働であるかのようになされる読書を、「アニムスによる読書」と呼んだ。

anima, animus は、いずれもラテン語で魂を意味しているが、前者は女性形、後者は男性形である。ユングによれば、男性とは意識こそ男性形であっても、その無意識にアニマが宿っている存在であり、女性とは、たとえ意識において女性形であっても、魂の深いところにアニムスを抱いている存在である。バシュラールはこの深層心理における対偶を、書物を読むという行為にスライドしてみせたといえる。

バシュラールの独自の想像力論は、若き日のロラン・バルトにミシュレ論を書かせ、「新批評（ヌーヴェル・クリティック）」なる流派の形成に際して、大きな背景となった。だが一九六〇年代のフランスではもう一つ、こうした傾向とまったく異質な思考が、文芸批評に強い衝撃を与えることになった。ソシュール言語学の影響を受けて、言語学から文化人類学まで、幅広い学問領域において猛威を振るうことになった構造主義と、その発展段階の記号学である。構造主義の根底にあるのは、対象を周囲の文脈から切り離し、自律した構造体と見なして、精緻な分析を施すことであった。その典型的な、そして挑発的な例を、われわれは、ローマン・ヤコブソンとレヴィ＝ストロースの共同論文「ボードレールの「猫」」（一九六二年）に見ることができる。

この二人は『悪の華』にある、この有名なソネットを取りあげ、それを構成しているすべての単語の性と韻律のあり方を徹底的に調査した。根底となったのは二項対立の論理であり、結果的に判明したのは、十四行の詩行の全体がみごとな法則性によって統括されているという事実である。とはいえ、そこには本質的な逆理が横たわっていた。あらゆる名詞が女性形であるとはいえ、男性的韻律が用いられていたのである。

レヴィ゠ストロースとヤコブソンは、「猫」を論じるにあたって、作者ボードレールの側の伝記的事情などは歯牙にもかけなかった。また詩のなかに彼のサディズムとカトリシズムの相克を見ることにも、そこに表象されているエロティックなイマージュの背後に、ボードレールに固有の主題的偏奇を探し出すということにも、まったく関心を示そうとはしなかった。彼らの心を捉えていたのは、「猫」が音声学と意味論、音韻論の視点から、きわめて興味深い、多層的な複合体をなしているという事実だけであった。もちろんそれを論じるには、テクストが整然とした体系をもち、高度に統合されたものであることが前提とされていた。すべての事項が二項対立の論理によって分析されるためには、詩は全体性を湛えていなければならなかった。

物質的想像力による現象学と構造主義は、その出自からして水と油の関係にあった。バシュラールからすれば、構造言語学のポエジーへの適用は「アニムス的読書」の典型として、眉を顰めるべきものであった。構造論者からすれば、バシュラールとその一派は、いずれは淘汰されるべき感傷的文学主義に見えていたはずであった。

この対立の図式がフランスにおいてどのように幕を閉じたかを論じることは、専門のフランス文学者ではないわたしの力を超えている。ちなみに日本ではどうであっただろう。あらゆる外来思想のつねとして、二つの批評的立場はほぼ十年遅れで日本にももたらされ、一時はしきりと紹介と翻訳がなされた。まだ全国津々浦々の大学に仏文科があり、日本人がフランス文化に大衆的な関心を抱いていた時期の話である。

もっとも二〇一〇年代の日本の文芸批評に、こうした方法がいかなる痕跡を残しているかといえば、わたしは疑わしく思っている。詩論にかぎらず日本の文芸批評と文学研究一般にいえることであるが、次々と欧米の文学理論が導入されはするものの、それは例外なく一時的な知的流行で終わってしまうからだ。イギリスやアメリカのように、地に根を降ろして、独自の果実を実らせるということが絶えてない。かつてあれほどまでに大量に刊行された、バシュラールをはじめとする翻訳書は、どこへ行ってしまったのか。文学をめぐる言説においてつねに勝利を収めるのは、「作品」の印象をめぐる饒舌であり、「作家」のゴシップ的伝記である。物質的想像力の理論をもっとも熱心に学んだのは、広告会社のコマーシャルフィルム担当者であったと、わたしは思っている。

いつ頃からだろう。わたしは高貝弘也《たかがいひろや》の詩に深く魅惑されるようになった。日本の現代詩のなかでいかなる流派にも属さず、恐るべき孤独のなかで書かれていく彼の詩に注目し、その行く末を確かめてみたいという気持ちに、強く駆られるようになった。

高貝はけっして声高く語る詩人ではない。彼が創造する世界は無数の生命に満ちているが、それらはいずれも微小にして儚げであり、生と死の境界にあって朧げな生を営んでいる存在である。植物の種子。動物や人間の胎児。いや、そこまで明確な形態をとることすらなく、ただ無名の生命として散種され、増殖し、予期せぬところで消滅してゆく者たち。『漂子』『播種の鎮魂』『生の谺』といった、高貝が一九九〇年代に発表した詩集は、こうした幽《かそけ》き生命をめぐる服喪と、それに呼応して到来する古代的な感情を謳《うた》っていた。

だがその後、高貝の詩風は微妙に変化を迎えることになる。きわめて限られた語彙を繰り返すことで、詩作品の内側に循環運動を呼び込もうとしていた作者は、しだいに作品を構成している堅固な枠組みを解きほぐしてゆく。生の往還の過程である死、生を裏側から照らし出すものとしての死といった図式的均衡から少しずつ身を引き離し、もはやいかなる文脈にも帰属しようとしない詩行を書き続けるようになった。二〇一〇年に編まれた長編詩『露光』から、一部を引いてみよう。

泥の縁　古細菌がいのちに濡れて

ああ核のない、母よ
膝皿貝《ヒザラガイ》　うらがえり。（聞き耳たてて！）
露地の人がほどけている。それは数えきれない遠い日、
真夏の巻雲の下で

うすいその芽に、そっと唇を寄せて
ただ幼いのは……おさないのは……

この長編詩にあっては、隣接する詩行と詩行の間に連続性が存在していない。すべての詩行が断片であり、先に進もうとすれば、唐突に遮断されてしまう。読者は長短さまざまな沈黙を乗り越えながら、次の行に到達しなければならない。何も完結しない。「露光」とは写真機のシャッターを開き、フィルムや乾板に光を当てることである。その意味でこの詩集は、恣意的に撮影された映像の、秩序も定かでない集積に似ている。人はまるで脱落のある写真アルバムを渡され、その頁を無造作に捲っていくようにして、詩集を読み進んでいかなければならない。

高貝の詩が目指しているのは、詩行と詩行を結び付けていた靭帯を、ひとたび制度的なものと見なし、解体に処することである。一篇の詩を、可能なかぎり断片へと還元していこうとする運動だといい換えてもよい。ある時期まで植物の種子や小動物の卵を取り上げ、その散種と消滅のさまを主題としてきた詩人は、真に散種されるべきなのは言葉であるという認識に到達した。結果として、その詩からは連続性の原理が消滅することになった。

高貝の近作に見られる断片への情熱を、そのままサッフォーの毀損された詩断片と同じ地平のもとに考えることはできない。後者はひとたび内側に秩序を築き上げ、作品として完成したもののトルソであるが、前者は最初からトルソを目指して試みられた言葉の集積であるためだ。とはいえ、いずれの詩作品にあっても、それらが断片の連続として提示されているがゆえに、強い詩的喚起力が立ち上ってくることは否定できない。詩を読む者にとって存在の欠落とは、存在の充溢よりもいっそう夢想に適した素材である。完成から見放され、内部に巨大な開口部を抱えもった詩は、物質的想像力を呼び覚ますことにおいて、より優れた詩である。

このように考えを進めたとき、われわれの前にふたたび回帰してくるのは、詩を体系のもとに眺めることの回避を呼びかけた、現象学者バシュラールの立場である。断片という形態のもとに記憶され、口をついて出てくる詩句とは、いかに甘美なものであることか。われわれの詩的体験の根底にあるのは、必ずしも整然とした詩的秩序であるとはかぎらない。〈完成〉の放棄もまたわれわれに歓びを与えてくれるのであり、それは時として、詩的完成を眼前にした場合よりも強烈であるかもしれないのだ。

詩の大きな時間

先生は白墨を手にすると、黒板の中央に一行の詩を書きつけた。

O Earth, O Earth, return !

それから、誰か、これを日本語に直してごらんなさいといった。

ゼミ室にいた一人が手を挙げた。「おお　大地よ、おお　大地よ、もとに戻れ！」

先生はニヤリを笑い、間違いではないが、それだけでは不充分だねといった。ブレイクの『経験の歌』はいかにも平易な英語で書かれているから、つい油断してしまう。簡単にわかった気持ちになるのだが、実は一行一行の背後に新旧の聖書への言及が細かく控えていて、その意味の含み《コノテーション》を踏まえておかないかぎり、何も理解したことにならないのだよ。誰か、この一行を見て直ちに思い出す聖書の文句があったら、いってごらんなさい。Earthという言葉は、どこに、どう登場しているかな。

「神は土の塵をもって、人間を造りました」と『創世記』にありますと、一人がいった。『エレミヤ書』には「地よ地よ地よ、神の言葉を聞け」とありますと、もう一人がいった。

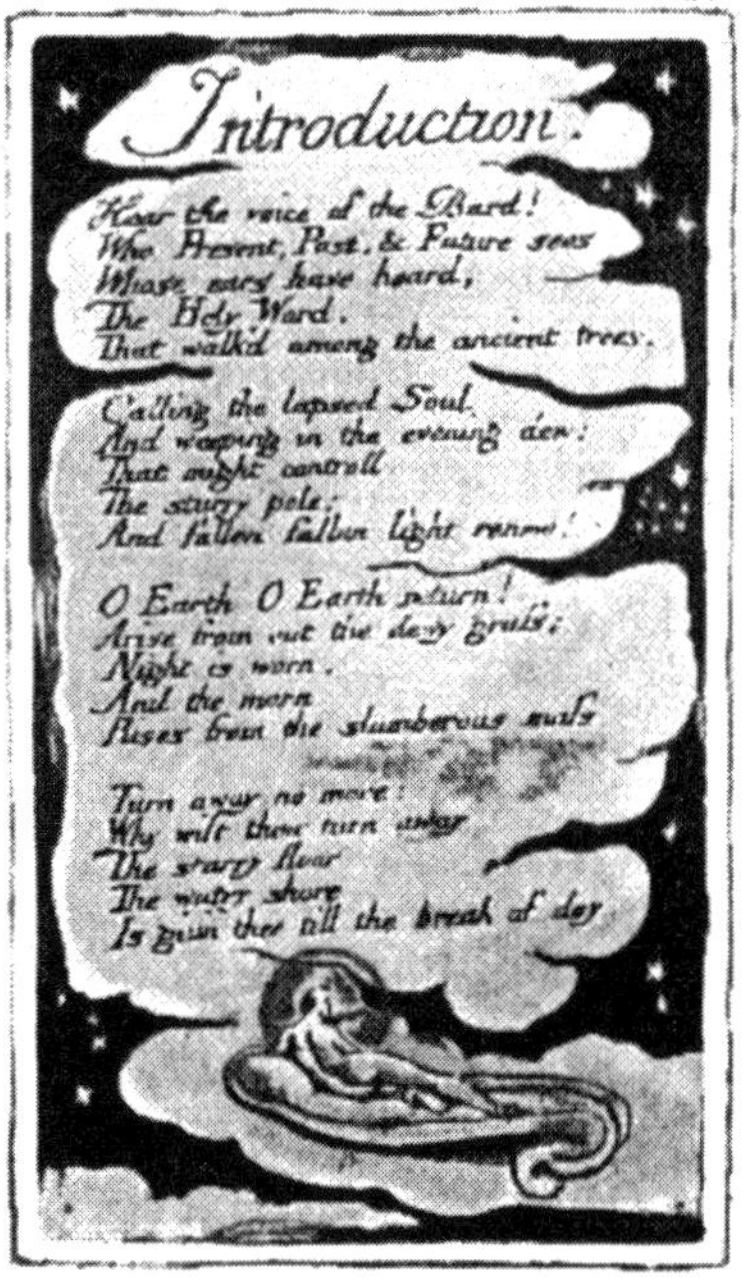

ブレイク『経験の歌』初版（1794年）

そうそう、よく知ってたね。それじゃあ、returnはどうだろう。

「『雅歌』に「帰れ帰れ、シュラミの婦《おんな》よ」という一節があります」

うん、いいぞ、いいぞ。それから『イザヤ書』に「朝《あした》きたり夜《よ》またきたる。汝もし問はんとおもはゞ問《とへ》なんぢら帰りきたるべし」、ちょっと謎めいているけれど、『ヨハネ伝』にある「光は暗黒《くらき》に照る、而《しか》して暗黒《くらき》は之を悟らざりき」なども、ブレイクを読むためには頭に入れておいてほうがいいね。

今から四十年ほど前、由良君美《ゆらきみよし》教授による「ウィリアム・ブレイクを読む」というゼミの一光景である。わたしは大学院で比較文学を勉強していた（実は二番目に手をあげ、『創世記』について発言したのがわたし（笑）。だがその後に続いた聖書の細かな引用のことは、ノートをとるのに懸命で、討議には追い付いていくのが精いっぱいだった。

学生たちが一通り答え終わると、由良先生は「偉大なるコード」の話を始めた。西洋文学の根底には、それがいかに平易に書かれたものであれ、キリスト教の聖書からの引用がふんだんに用いられている。というより聖書が想像力の統合体を形成している。ダンテやチョーサーといった中世の古典ばかりではない。イエーツやエリオットはもとより、ディラン・トマスやキャスリーン・レインの詩も、その言葉の一つひとつの背後に聖書が控えている。『ナルニア国物語』の物語の根底に聖書の寓意が横たわっているのは有名な話だが、ちょっとしたハリウッドのスリラー映画でも、気の利いた科白は聖書の引用だったりする場合があるのだから、安心はできない。最後に先生はカナダの文芸理論家ノースロップ・フライの名を掲げ、フライによれば、さっき黒板に書いたブレイクの一行には、実は聖書からの直接の引喩が七つにわたり認められるという。きみたちは三つまでいい当てたのだから、まあ日本人としてはいい成績だねといった。

参ったなあというのが、わたしの感想だった。なるほど当時、アメリカのポピュラー音楽を聴いていても、聖書への言及は強く感じられた。歌詞の中心に、息子を供犠にせんとするアブラハムの苦悩があったり（ボブ・ディラン「追憶のハイウェイ61」）、イエスの処刑に戸惑うポンティウス・ピラトゥスの懐疑があった（ローリング・ストーンズ「悪魔を憐れむ歌」）、文化の高低を問わず、聖書の逸話物語が欧米文化の隅々にわたって浸透していることは、それなりに理解していた。だが詩歌の一行一行にかくも深い影を落としていると説明されてしまうと、キリスト教の文化的背景のない日本人には、英米詩など理解することなど、恐ろしく長い二本の箸を用いて、ひどく遠方の黒豆を挟み取るようなことに感じられてきたのである。吉田健一はこの間の事情を、「あんよはじょうず」と評している。

わたしは日本の詩のことを考えてみた。もし聖書の伝統が文化と言語にとって、ひとつの偉大なる戒律であるとするならば、日本の近代・現代詩はさしずめ無戒の状態のままに存続してきたのではないだろうか。なるほど山村暮鳥が「わたしはたねをにぎつてゐた／なんのたねだかしらない」と記したとき、そこにはキリスト教の共示的意味が働いていた。また蒲原有明が「悲願《ひぐわん》の尊者、諸菩薩よ、ただ三界に流浪する／魂《たま》を憐み御心にかけさせたまへ」と記したときには、仏教的な世界観が直接的に表象されていた。とはいうものの、それはけして日本語を共有する共同体の全体が、みずから深く帰属する宗教的なイデオロギーを体現していたという意味ではなかった。有明の涅槃《ねはん》幻想と、『梁塵秘抄』の民衆的な浄土思想との間には、明確な断絶がある。前者は知的修練を重ねた個人が、選択しえた信仰を表象したものである。近代現代にあって日本の詩的言語は、フライが西洋文学に見て取ったがごとき「偉大なるコード」に到達することができなかったし、望もうともしなかった。高村光太郎が「道」と書き記したとき、それは吉田一穂《いっすい》の「途《みち》」ではなかったし、ましてや折口信夫の「道」とは何の関係もなかった。

日本にも、全宇宙が書物に収斂されるという世界観を通して、「偉大なるコード」を構築しようという企てがなかったわけではない。すでに九世紀の時点で空海は、「乾坤は経籍《けいせき》の箱《そう》なり／万象　一点に含み／六塵　縑緗《けんしやう》に閲《けみ》す」（宇宙は書物の入れ物であり、すべての現象は一点に収斂する。官能の六つの要素は、すでに書物に記されている）と、『性霊集』巻一に記している。だがこうした抽象的宇宙論を詩学の根底に据えるには日本の歌道（詩学）はあまりに脆弱であり、アニミスティックな情緒主義に満足していた。そのため密教の秘教的認識は、たとえばフランスであれば考えられたであろうマラルメ的な美的構築性と結託するというようなこともなく、どこまでも特権階級の自足的な知に留まった。仏教はそれよりはるかに大衆的な次元で情緒的な無常観を囃し立て、詠嘆の対象である花鳥風月の映像の言語化に努めた。

日本の伝統的な詩形は、こうしたコードに帰属することで伸展した。和歌のもつ情緒的な権能の大きさを最初に宣言したのは、『古今集』を編纂した紀貫之である。ほどなくしてこの詩形は「もののあはれ」から「幽玄」まで、さまざまな美学基準を考案し、それをすぐれて体現することになった。またジャンル内部の不断の自己言及（「本歌取り」）を通して、記憶の網状組織をより重厚なものへと発展させていった。「袖」とは濡れるべきものであり、「花」とはそのまま桜を意味していた。こうした言語＝情緒的約束ごとに違反しないかぎり和歌は成立し、作者はコードの力を借りて自己の内面を表象した。

和歌に遊戯的な展開である連歌を契機として成立した俳諧（俳句）は、先行者である和歌に対し、美学的批判者として振る舞った。俳句は和歌が忌避してきた主題（痴話喧嘩、下世話な食べもの、馬糞）を意識的に取り上げ、和歌の体現する世界の自己完結性を大胆に相対化した。だがその一方で、細やかな季語の分類と規範化を通し、博物誌の観念化に走った。俳句は幽玄を拒み、「おかしみ」と「かるみ」、つまり組織化されていない世界への驚異と達観、ユーモアを主張した。外界の認識を指示対象への注視に限定し、世界の縮小模型を提示するという手法は、日本文化に特徴的なものである。もっとも「忌」と称して故人の命日に言及するという手法は、極端に短い音節の内部に一個人の長大な人生を凝縮して取り込むという、脅威的な修辞を産み出すまでとなった。
こうした伝統的な詩形は、それに対応する独自の美学を創造した。とはいうものの、それはどこまでも美学の領域に留まり、西洋世界の詩的言語の背景となる「偉大なるコード」のように、圧倒的な支配力を行使できたわけではなかった。コードは複数の水準において、きわめて繊細に構造化されていたが、それは詩的ジャンルを超えて権能を振るったというわけではなかった。和歌と俳句は、他の多くの「手習いごと」と同じく、師弟関係にもとづく小さな共同体を無数に作り上げるばかりであった。

詩的言語におけるこうした棲み分けを混乱させる形で、十九世紀の終わりに近代詩なる新ジャンルが生れる。いや、正確にいえば、それは西洋から到来する。明治の近代化、西洋化とともに、日本の文学は「小説」とともに「詩」を受け容れた。洋服が一般に「服」と呼ばれるように、やがてそれは単に「詩」と呼ばれることになる。

詩は和歌や俳句のような音声の規則をもたないばかりか。主題においても限定をもたなかった。韻律においても、日本語のもつ特殊性から、強烈な規則を制定することは困難であった。まして や聖書のような超越的書物によって想像力が統合されるといった事態など、ありうるはずもなかった。日本の近代詩人はカトリシズム抜きでフランスの象徴詩を愛玩するか、でなければカトリシズムを南蛮渡来の異国情緒として愛玩するかのいずれかであった。真にカトリシズムの信仰に帰依した詩人は、三木露風《みきろふう》のように詩作を放棄し沈黙した。

日本の近代・現代詩は、和歌や俳句と異なり、師弟制度や家元制度といった共同体を形成することをせず、またそれを前提にもしていなかった。小野十三郎《とおざぶろう》がみごとに喝破したように、「奴隷の韻律」から解放されたところで、もっぱら自己実現に勤しんだ。詩を書こうとする者は、技法も修辞も、情緒的内面のコードもいっこうに伝授教育されないまま、一人で、自己流に詩に向かい合うことしかなかった。その意味で、もし和歌と俳句というジャンルが「習うべき／倣うべき」ジャンルとして活花や日本画に比肩されるとすれば、日本の現代詩はさしずめ解放病棟か独房の廃墟にあって制作されるアウトサイダーアートであるといえる。それはいうなれば、権威ある師匠という観念の不在において成立した、年少者の異言狂騒《ペンテコステ》である。カルチャーセンターで長年にわたり「弟子」を養成した鈴木志郎康《しろうやす》を例外とすれば、田村隆一も、谷川俊太郎も、教師として詩作を教えることはなかった。いや、できなかったというべきだろう。

解放病棟では何を叫ぶことも、また壁に書きつけることも許されている。もっともそれを真剣に読み解く者もいない。わたしは先に「無戒」という語を用いたが、それはこうした間の事情を指している。現代詩は、ブレイクを呪縛した絶対言語の不在において成立した詩的ジャンルである。

十世紀ほどにわたってヨーロッパ社会で支配的であったキリスト教が、いかに彼の地の言語と文学をイデオロギー的に統括し、全知全能のコードとして君臨してきたか、そのことを想起するとき、わたしは眩暈に近い思いに見舞われる。では日本ではどうであったか。聖書に見合うだけのコード（抑圧的体系）を日本文学が持ちえなかったという事実を、ここでまず確認しておきたいと思う。わたしは別に西洋を拝跪しているわけでもなければ、それを批判しているわけでもない。ただ日本文学における詩的言語の発展について考えるとき、それがかかる「偉大なるコード」

を持ちえず、世界観において戒律に呪縛されることがなかったという事実を、まず念頭においておきたいのである。

ある言語なり文化が超越的な書物を持ってしまうという事態は、いったい何を意味しているのだろうか。英語やフランス語で大文字を用い、ScriptureとかÉcritureと記せば、もうそれだけで「聖書」という意味になる。たとえ原典であるヘブライ語やギリシャ語から世俗言語である近代のヨーロッパ語に翻訳されたとしても、この間の事情にはいささかも変わりはない。神聖なるエクリチュールの存在する社会において、人がその書物と同じ言語を用いて詩を書くとすれば、その人物を見舞う状況とはどのようなものだろうか。絶対的なる書物と同じ言語のもとに詩を執筆するとは、その書物との連続性において書くということであり、究極的にそこに帰属するためのテクストを生産するということである。

冒頭で言及したブレイクの詩に戻ってみよう。

ブレイクは聖書から七つの引喩を借り受けることで、『経験の歌』の一行を書きつけた。これは表現を換えるならば、彼は詩の一字一句を創造するさいに、つねに聖書の庇護を受け、その絶対の加護のもとに創作をしたということである。事実、彼は自分の詩作が作者の独創性なる狭小な観念に煩わされることなく、「偉大なるコード」の内側に吸収され、信仰ある者たちに記憶されることを望んでいた。今日にいたるまで無数に創作されている文学と楽曲、俗謡のたぐいは、およそ聖書を題材とし、聖書から自在な引用を行なうかぎりにおいて、（それがいかに辛辣なパロディであったにせよ）、「偉大なるコード」に帰属すべきテクストとして了解されることだろう。

だがここにもしそうした圧倒的な伝統を踏襲することをよしとせず、聖書の提示する想像力のコードを拒否することで、詩的言語を創造しようとする者がいたとしたらどうだろう。その者は言語を行使するにあたって、どのような立ち位置をとり、どのように振る舞えばいいのだろうか。というのも言語《ラング》はすでに「偉大なるコード」によって、端から端まで差し押さえを食らっているからである。不用意に「大地」と書き、「もとに戻れ」と書き記そうものなら、たちどころに新旧の聖書が築き上げてきた意味論的な網状組織に搦めとられ、その下位ジャンルとしての位置を宛てがわれてしまうだろう。では、あからさまにコードを否定する言説を口にすればよいのだろうか。いや、それこそコードの頑強なる存在を確認させられる不毛な行為に他ならないことを、われわれは少なからぬ文学的挫折を通して知っている。問題は詩的言説を組み立てる次元においてコードに反撥し、それを拒否することではなく、詩を構成している言葉の一つひとつが、すでにコードの圧倒的な力によって担われ、その権能に属しているという事実なのだ。

わたしは十九世紀ヨーロッパにおいて、こうした「偉大なるコード」にあたうかぎり抵抗し、その紛い物の代替物を創造しようとした例を知っている。一人はロートレアモン伯爵で、もう一人はニーチェだ。

ロートレアモン伯爵は古典悲劇から同時代のフランス詩まで、著名な文学作品からおびただしい数の抜き書きをし、それをことごとく反転させて提示するという奇想天外な書物『ポエジー』を、本名のイジドール・デュカスの名前で制作した。ニーチェは『ツァラトゥストラ』において、福音書の大掛かりなパロディを披露した。彼らの抵抗は果敢である。とりわけロートレアモン伯爵の場合は傷ましく、ニーチェの場合は重厚なユーモアに満ちている。

ニーチェは、神々は笑いながら死んでいったと託宣した。彼は古代ローマに出自をもつ戯詩と散文の混合ジャンル、メニッペアの枠組みを踏襲し、『ツァラトゥストラ』、それもとりわけ第四部において、その嘲罵の精神の完成点に到達した。あるときツァラトゥストラの一行は、イエスとその門弟たちに似て、放浪の途上で食べ物に事欠いてしまう。するとツァラトゥストラは「人はパンのみにて生きるものではない」と宣言し、かたわらにいた羊を屠って、門弟たちと供宴を開くのだ。

だがこうした挿話レヴェルでのパロディは、それ自体が意味深いわけではない。ニーチェが真に読み返されるべきであるとするのは、それはある言葉を前にして、それが指し示すものなどさほど重要でないと言明した点にある。あらゆる言葉は特定の力によって所有されている。言葉について問題なのは、それが何であるかではなく、その言葉を携えている者、その言葉を口にし、帰属を強いている者が誰であるかを問うことでなければならないと、『道徳の系譜』は語っている。この認識に立ったとき、彼は西洋の言語の背後に横たわる「偉大なるコード」の僭主ぶりに気づき、あらゆる次元における価値転換を哲学の目標として定めたのだった。

指が月を指すとき、愚者は月を見て感傷に耽る。賢者はまずその指を見る。指が汚れているか。日焼けをしているか。指にどのような指輪が嵌められ、掌にどのような疵が残されているか。いかなる筋肉と骨格の働きによって、月を指さすという運動が可能となり、それが指さす主体にとってどのような意味をもっているのか。ブレイクのことをもう一度、考えてみよう。ブレイクが指し示している大地が重要なのではない。彼の言表行為を支え、それを根拠づけている、規範化された体系を見据えることの方が、よりいっそう重要なのだ。

シリアの詩人アドニスが『アル・キターブ』al-Kitābをアラビア語で執筆したのは、一九九五年から二〇〇二年の八年間のことであった。パリの書肆スイユが『書物』Le Livreの題名のもとに仏訳の刊行を始めたのが二〇〇七年。これが二〇一五年に完結したときには、前代未聞の詩的試みとして、フランス語圏の詩人の間では大きな話題を呼んだ。三巻本、合計千三百頁を越える分量だったからである。パリから船便でこのぶ厚い書物が到着したとき、わたしは思わず息を呑んだ。これをはたして通常の意味で詩集と呼んでよいものか。目の前に置かれた十センチの書物の束《つか》を前に、言葉を失ってしまったのである。

運がいいことに、作者とはその直後、台北で開催された国際シンポジウムで席を同じくすることができた。そこでさっそくこの前代未聞の企てのことを含め、かねてから気にかかっていたことを質問することができた（このことは『神聖なる怪物』〔七月堂、二〇一八年〕のなかに「アドニス流謫」という文章を書いたので、併読していただきたい）。ちなみにシンポジウムの会場周辺では、この大仕事を完成させた老詩人が、今年こそノーベル文学賞を受けるのではないかという風評で持ちきりであった。

『アル・キターブ』の主人公は十世紀のアッバース朝に生を享け、アラブ詩の最高峰を究めたとされる詩人アル・ムタナッビーである。第一巻は三筋の声から構成されている。ムタナッビーみずからが語る自伝的な声。次にこの自伝的物語を註釈する匿名の〈わたし〉の声。いうまでもなく、それは作者アドニスの声である。二つの声は抒情的な情趣をもっている。最後に頁下方の余白部分に小さく添えられた、古代アラブ史を語る年代記作者の声。一枚の頁にあって、それぞれの声は字体と記される場所とがキチンと定められており、アラビア文字を通して順番が付けられている。

第二巻では構成がより複雑となる。書物はより細かく章分けされ、それぞれの章の詩的内容に二義的なテクストが絡まり合い、アラビア文字の一つひとつを名に戴く都市をめぐる記述が、「余白」「追想」といった言葉を添えられて記されている。アドニスは架空の都市の架空の年代記を創造したいかのようだ。第一巻の隅にあった公式的年代記を語っていた声は、いつしか消えてしまう。その代わり、忘れがたき事件を語る象徴的人物アブジャドと、そのアブジャドの語りを註釈するアリ・ビン・ディナルなる人物が登場して、あれこれと語り出す。いずれもが作者アドニスの分身の声であって、テクストを迷宮に仕立て上げるとともに、迷宮からの解放の手立てであるアリアドネの糸を読者に差し出すという、矛盾する役割を果たしている。

アラブ世界の歴史を迷宮と見立て、そこに長らく隠蔽されてきた政治的・宗教的真実を探究すること。このかぎりにおいて『アル・キタープ』は前代未聞の果敢な試みであるが、同時に危険を伴った企てでもある。それは語り手アブジャッドを通して、アラブ民族の過去の〈地獄〉を廻ることだからだ。アドニスはカリフ制の最初の時点にまで遡り、歴史について新しい読解を行なう。彼は背教者たることを怖れない。「思考のヘゲモニーに抗する」ことが必要なのだ。「ポエジーの光に照らされ、わたしは旅をする、自分自身に、都市に、人間の間に」。こうして権力の歴史、創造者としての〈わたし〉、ポエジーなるものの概念という三つの軸のもとに、亡命、愛、エロティシズム、神、聖なるもの、時間、死、旅立ちと消滅……といったさまざまな主題が現れては消えてゆく。アドニスに固有の言語小宇宙として、『アル・キタープ』の全体が浮かび上がってくる。

わたしはアドニスに尋ねた。

「これまでアラビア語の内側で、いや、およそ人間の言語の内側でなされたテクストのなかで、おそらくこれ以上に巨大な規模をもち、分岐し変転する声と複雑な構成をもった試みというのは、ひょっとして存在しなかったのではありませんか。」

わたしはサン＝ジョン・ペルスが長い亡命の時期に著した長編組詩『流謫』（一九四二年）を思い出した。アドニスは彼のアラビア語翻訳者である。

わたしの問いに対し、アドニスはただちにイスラム教の聖典である『クルアーン』を引き合いに出しながら答えてくれた。

「『クルアーン』はモハンマドが逝去してから二十年後に作られた。それは他のいかなる言語のなかにではなく、アラビア語のなかに降臨した。この書物が絶対的な権威となり、アラビア語もまた神聖な言語と見なされることになった。千年前のアラブ人の間には、『クルアーン』が人間の手になったものか、それとも天から降ってきたものかをめぐって、真剣な論争がなされていた。もっとも後世の優れた詩人たちは、『クルアーン』を乗り越え、その神聖さを超えることが不可能ではないと考えた。わたしもまた、この書物の神聖さに懐疑的な態度をとってきた。わたしがアラビア語で書き続けるのは、『クルアーン』の絶対性にどこまでも対抗したいと考えているからだ。」

アドニスにとって『アル・キターブ』の三巻とは、アラブの歴史を言語を通して内的に遡行し、横断するという果敢な試みであり、『クルアーン』に対抗する書物を、なんとか地上において実現せしめたいという、長年の野心の結実であった。

「わたしが念頭に置いたのはダンテだった。『神曲』におけるウェルギリウスのように、アル・ムタナッビーを導者とし、彼を媒介として複数の声からなるテクストを創造することを意図したのだ。もっともダンテの旅は信仰の内側で行なわれ、天国へと到るものであるとすれば、わたしのそれは不信心者のものであって、アラブの地獄へ垂直に降下していくものというべきだったがね。」

「『クルアーン』は註釈こそできても翻訳が許されない、絶対的な書物として、イスラム世界の中心にあるといわれていますが、こうした絶対の言語が統治する状況にあって、自由に詩を執筆するということは、はたして可能なのでしょうか。どのような言葉ひとつ取っても、その背後に『クルアーン』の夥しい記憶と教説が控えているとすれば、人はその網の目に絡まれることなく、それでも同じ言葉を用いることができるのでしょうか。」

「『アル・キターブ』は単一の、支配的な声からなるテクストではない。これは多声的に書かれている。わたしはいつも、始まりとは本来的に複数的であると考えてきた。だからあらゆる一神教的な発想にも、一元的な抽象化にも異を唱えてきた。存在が開始されるとき、それは二つ以上からでなければいけない。一という観念はつねに宗教的になってしまう。しかし日常生活には、一などというものは存在しないのだ。一は複数であるがゆえに、一なのである。」

『アル・キターブ』は常軌を逸した試みである。その内側では時間は数多くの層に分岐し、エクリチュールは複数の形をとって、互いに絡み合い、反響しあい、註釈と相互引用を繰り返している。それは文字通り、個人の力で古典アラブ詩の集蔵体《アーカイヴ》を再創造し、『クルアーン』に拮抗してアラビア語の詩的言語を多元化していこうとする、ラブレー的な試みである。アラビア語で書くということは、古典の言語と現在の言語が織りなす複数性を享受するということであり、アドニスが一九七五年に刊行した詩集の題名を借りるならば、「複数形をとった単数」Mufrad bi Sighat al Jamaのうちに留まり続けることなのである。彼はこうした詩的実践を通して『クルアーン』の言語的絶対性に抗い、言語が本来的に携えているべき複数性の回復に腐心してきたのだった。ブレイクの例に戻れば、『経験の歌』が依拠してきた「偉大なるコード」のかたわらに、いくらでも複数のエクリチュールが可能であり、多声論的な構造をもったテクストが成り立ちうるのではないかと、示唆してきたのだった。

排他的な原理主義が猖獗を極め、不寛容が声高に叫ばれている状況を考えてみると、こうした複数の声を許すアドニスの寛容さの試みが、美学と文学の域を超え、詩学と道徳を結合させる新しい可能性を示唆していることは注目されてよい。アドニスについて一冊の翻訳詩集も存在しない極東の島嶼にいるかぎり、他所の火事のように思われる向きもあるかもしれないが、ひとたびテクストの厳粛なる絶対性が確立されてしまった世界にあって、その権威を相対視し、複数性を讃美するという行為の意味を考えてみなければならない。それは望むと望まないにかかわらず、ときに政治的先鋭さを帯びることになる。この原稿を執筆している時点で八十八歳の齢となったアドニスは、若くして故国シリアの監獄を出ると、流謫の身となってパリに半世紀以上滞在している。もはや怖れるべきものなど、地上にないのだろう。

わたしは三年前のアドニスとの邂逅がわたしの内側にある詩的衝動に深い解放の契機を与えてくれたことを、ここに記しておきたい。『詩の約束』と題して一連のエッセイを執筆しようと思い立ったのも、思えばこのときであった。アドニスと交わした対話がすべての起点となったのである。それが何であったか、全体を充分に理解できないままに、『アル・キターブ』の詩人から受け取ったものの大きさを、日本語の散文として書き記しておきたいというのが、わたしが自分自身に差し出した約束であった。それを**詩の約束**と、あえて呼んでみよう。わたしはアドニスとの出会いを通して、**詩と約束**をしたのである。

十八章にわたって書き続けられたエッセイ『詩の約束』は、ここに終わろうとしている。書き出したとき、わたしは三つの禁じ手をわが身にいい渡した。今、それを自分なりに守ることができたと思うので、内実を簡単に記しておきたい。

ひとつは、「詩とは危機感である」とか、「詩は批評である」といった、抽象的な言辞を安易に並べないこと。これは文学少年がノートブックに書きつける、若書きの言葉ではあっても、曲がりなりにも一篇の詩を完成させようとしてそれなりに情熱と労力を費やし、出来はともかくとしても、何冊もの詩集を刊行した者であれば、けして不用意に口にはできない言葉であるからだ。誤解を恐れずにわたしはいいたい。詩作は肉体労働である。

二番目の禁じ手は、「詩とは日常言語に対する不断の異化効果である」とか、「詩的実践は記号体系の靭帯を解体し、意味形成性を顕現させる稀有の瞬間である」といった、記号学／ポスト記号学的な隠語の連発を避けること。こうした言説がいかに空疎で味気ない文章であり、一行の詩がもたらす感動とは何の関係もないことを、人は知るべきである。わたしはこの長いエッセイを書くにあたって言及する詩の範囲を、自分が読み書きを通して生きた詩、かつて自分の内面のなかで生きられたことのある詩に留めた。わたしが書いていたのは実は詩のことではなく、詩を生きるという体験のことだったのである。

三番目に、つまり最後にわたしが書くまいと決めたのは、二〇一〇年代の女性詩の新傾向とか、ポスト3・11の現代詩の社会意識といった、ジャーナリスティックな話題である。わたしは詩壇ジャーナリズムを否定しているわけではない。もしそれがなかったとしたら、今頃、詩を書くことは、趣味で盆栽の手入れをしたり、七〇年代のスナックの広告マッチを蒐集する程度の営みごとになっていたことだろう。毎年、その年の優秀作品、話題となった作品に脚光を当てることは必要だし、しかるべき詩集に敬意を払い、賞を与えるいった「会社の人事」も、それなりになされるべきだろう。ただわたしが『詩の約束』のなかで書いておきたいと願ったのは、そのようなことではなかった。

端的に書いておきたい。わたしは生れてまだそれほど長い時間を体験していない「現代詩」というジャンルを、それが閉じ込められている**小さな時間**から解放し、**大きな時間**のなかに置いて眺め直してみたいと考えていただけなのだ。

あらゆる詩作品は二つの時間に属している。小さな時間と大きな時間である。小さな時間とはいうなれば作者の生きた時代のことで、そこでは作品は作者の来歴とイデオロギー、無意識の混合によって作り上げられ、その権能の下にある。作品が実在の作者に帰着する部分は、もっぱらこの表層の部分である。

だがその一方で一篇の詩は、詩と呼ばれてきた文学ジャンルのもつ大きな時間のなかにも位置している。それは先行する無数の詩と共鳴したり衝突したりしながら、無意識のうちにジャンルの記憶を踏襲している。詩はかつて祝言であり、同時に呪言であった。詩は口頭で唱えられる声として長い体験を重ねながら、やがて文字言語へと移行していった。詩はひとつの言語から別の言語へと境界を跨ぐことで、その富と魅力を増し、われわれが日常に用いる言語をより豊かなものへと変えていった。こうした経緯はすべて大きな時間のなかでの事件であり、優れた詩作品は、それがいかなる主題と手法に拠っているかを別にして、それと気づかれないままにこの事件の記憶をどこかに保っている。繰り返しいおう。わたしがこの連載エッセイで意図していたのは、詩を小さな時間から解き放ち、例えもなく巨大な時間のなかで見つめ直すという作業であった。

　わたしにもうひとつ執筆の意図があったとすれば、それは一篇の詩を所与の言語の枠組みから解き放ち、何か別の言語で書かれた詩として読み直してみたいという素朴な願望を、散文の力を借りて少しでも実現してみたかったということに尽きる。わたしは現代の日本に生きる現役の詩人たちのどれほどが、自分が依拠している言語に満足しているのかを知らない。彼らははたして現代の日本語の脆弱さに不満を覚えたことがないのだろうか。名詞にジェンダーをもたず、恐ろしく貧しい数の母音に甘んじているばかりか、使用人口においてもけしてメジャーとはいえないこの言語で詩作を続けることに、方法論的な困難を見たり、先行きに不安を感じたりすることはないのだろうか。もっとも詩作の心得と称して、翻訳詩に心を動かされたことは一度もないと平然と書きつけるおバカさん詩人もいるくらいであるから、日本の詩人たちの多くは日本語の内側に安住し、多幸感に酔い痴れているのかもしれない。わたしはこうした怠惰な幸福幻想が支配的な状況のなかで、詩とは言語の境界領域でこそ生じる稀有の現象であるという自明の事実を、多くの先人に倣って繰り返してみただけであった。

本書を終えるにあたって後悔がないわけではない。大きな時間のなかに詩を置いてみるというこのエッセイの立場では、わたしが個人的に敬愛し、畏怖の気持ちを抱いてきた何人かの詩人について言及することができなかったことである。吉田一穂や岩成達也といった一連の詩人について、その作品を取り上げることができず、わずかに、名前に言及することで終わった。これは不覚であった。わたしはいつか、こうした本質的な詩人たちについて書くことを試みたいと希望するが、おそらくそれはまったく異なった形式のもとにおいてであろうという気がしている。

わが詩的註釈

見よう見まねで詩を書こうと思ったのは、十四歳のときであった。翻訳を通し、ボードレールとリルケを知った少年は、毎日、中学校から帰宅すると、特別なノートに向かい、詩のごときものを書きつけるようになった。緑色のルーズリーフのノートだった。主題はギリシャ神話に登場するイカロスである。この無鉄砲な少年は太陽にあまりに接近しすぎたため、翼を固定していた蠟が溶け、海中に落下してしまった。わたしはこの物語を繰り返し考え続け、なんとか一篇の詩にまとめようとした。試みは挫折し、後には意味のない、たくさんの断片だけが残った。

なぜ、イカロスだったのだろう。おそらくわたしは、自分の未来に待ち構えている失墜と凋落を、無意識的に待ち望んでいたのかもしれない。

高校に進学したわたしは、日本の現代詩人の存在を知った。とりわけ田村隆一と吉岡実の詩に、強い魅力を感じた。またランボー、ロートレアモン伯爵から、エリオットまで、西洋の詩の翻訳に熱中し、彼らの模倣を試みた。謄写版で手をインクだらけにしながら、級友二人と同人誌を刊行した。『K』という同人誌は十数号まで続いた。

ずっと後になって、わたしはこの十歳代中ごろに執筆したものを纏め、『眼の破裂』という、小さな私家版の詩集を刊行した。詩的な価値を尊重したからではない。生きることが屈辱と陶酔に他ならなかった十七歳の時代の自分と、どこかで和解しておきたいと望んだからである。

一九六八年から七〇年にかけては、政治闘争の時代だった。日本ではアメリカとの軍事条約に反対する学生たちが、いたるところで激しい反米・反政府のデモを行なった。大学という大学はバリケード封鎖され、正門に「造反有理」の文字が大書された。高校生だったわたしも強い政治的興奮に包まれ、日本で革命が起きる日を待ち望んだ。

この時期にわたしが執筆した詩には、時代に特有の自己解体の意志を認めることができる。もっとも政治的興奮と詩的情熱が歩調を合わせていた時期は、あまりに短かった。政治活動から来る紆余曲折を経て、大学へ進学したわたしは、もはや詩を書くことにすっかり情熱を喪失していた。わたしは「詩人」ではなく、単に「詩を書く少年」に過ぎなかったのである。

わたしは大学で宗教学を専攻し、大学院では比較文学を学んだ。日本語教師の職を見つけて外国の大学に赴いたり、テレビの映画放映番組で解説者を務めたり、小説の翻訳から映画の字幕制作まで、さまざまな職を転々とした。一九八〇年代、日本は前例のない大衆消費社会に突入しようとしていた。文化という文化がたちどころに商品化されてしまう現実のなかで、わたしは大波に漂う塵埃のように、慌ただしい日々を過ごした。


一度は放棄した詩作をもう一度、再開しようと思ったのは、四十歳にさしかかろうとしていた頃である。わたしはすでに東京の大学で映画学の教鞭をとり、その一方で、批評家として多忙な生活を送っていた。だが、学術論文やエッセイではどうしても表現できないものが自分の内面に確固としてあり、それがしだいにワインの苦い澱《おり》のように沈殿しつつあることに気付いていた。

そこで俳句と短歌、つまり日本の伝統的な定型詩に携わる二人の友人と組んで、『三蔵』なる同人誌を創刊した。題名はインドへ経典を求め、長大にして不可思議な旅を続ける三蔵法師玄奘に因んでいる。ひとたび『三蔵』という枠組みができてしまうと、ふたたび詩作を始めた。詩から訣別して二十年ほどの歳月が経過していた。だが、わたしにはそれは一向に苦にならなかった。そこから詩集『人生の乞食』（二〇〇七年）が生れた。

この詩集にはモロッコからパレスチナまで、アラブ世界を彷徨した時期の記憶が、蔓草のように絡みついている。わたしは旅を重ねるたびに、自分が世界という迷宮の内側に入り込み、帰り道を見失ってしまったという気持ちに捕らわれていた。だが詩を書いているうちに、わたしが迷い込んだのは、わたしの内側にある地獄であることが、少しずつ理解されてきた。この詩集の基調となっているのは、後悔と恍惚の感情である。

『人生の乞食』と次の詩集『わが煉獄』（二〇一四年）との間はわずか七年間に過ぎない。だが詩を書く者として、わたしには大きな変化があった。わたしは脳に大病を患い、失明の危機のなかで短くない歳月を過ごさなければならなかった。治療の日々のなかでパゾリーニの詩を日本語に翻訳し、それと並行して、カヴァフィスを深く読み込むことになった。映画史研究のかたわらで、そもそも自分の学の原点である宗教学に回帰し、大学では聖者の表象をめぐって講義を行なった。『わが煉獄』には強い終末論的衝動が横たわっている。死すべき運命を知った人間の抱く後悔と、罪障消滅のために通過しなければならない浄火の試練への恐怖。コソヴォの難民キャンプにある大学にしばらく滞在したことが、わたしの世界観を以前にまして悲観主義に仕立てあげたことは否めない。

だがこの滞在を通して、わたしは少年時代からの固定観念であったイカロスの失墜の物語に、別の解釈を与えることに成功した。父親ダイダロスが少年に与えた人工の翼は、天空に輝く太陽を目指すためのものではなかった。翼は飛行に疲れきった者が地上に回帰しようとするとき、彼に緩やかにして安全な着地を許すために取り付けられていたのだった。

おそらくわたしの次の詩集は、生きられた火の恍惚をめぐるものとなるはずである。だが、わたしはどこに着地すればよいのか。それがまだわからないでいる。

わたしの次の詩集は『離火』と呼ばれることになるだろう。

引用文献

朗誦する
岡田美恵子「ペルシャ韻文学と《語り》」、藤井知昭監修『語りと音楽』（東京書籍、一九九〇年）
『ハーフィズ詩集』（黒柳恒男訳、平凡社、一九九七年）
アウグスティヌス『告白』上巻（服部英次郎訳、岩波書店、一九七六年）
吉増剛造『黄金詩篇』（思潮社、一九七〇年）

記憶する
谷川俊太郎『夜中に台所でぼくはきみに話しかけたかった』（青土社、一九七五年）
『吉田健一著作集』第九巻／第二十二巻（集英社、一九七九年／一九八〇年）

呪う
寺山修司『絵本 千一夜物語』（天声出版、一九六八年）
西條八十『砂金』（尚文堂書店、一九一九年）
Robert Elliott, *The Power of Satire*, Princeton University Press, 1960
『萩原朔太郎全集　第一巻』（筑摩書房、一九七五年）

外国語で書く
陳充元・黄亜歴編『日曜日式散歩者　風車詩社及某時代』（行人文化実験室他、二〇一六年）
ピエル・パオロ・パゾリーニ『パゾリーニ詩集』（四方田犬彦訳、みすず書房、二〇一一年）

剽切する
新倉俊一『増補新版　西脇順三郎　変容の伝統』（東峰書房、一九九四年）
『寺山修司全歌集』（沖積舎、一九八二年／講談社学術文庫、二〇一一年）
『中村草田男全集』第一巻／第三巻（みすず書房、一九八九年）
『西東三鬼全句集』（ニトリア書房、一九七二年）
『寺山修司俳句全集　増補改訂版』（あんず堂、一九九九年）

稚して書く
『決定版　三島由紀夫全集　第十九巻／第三十七巻』（新潮社、二〇〇二年／二〇〇四年）
『T．S．エリオット詩論集』（星野徹・中岡洋訳、国文社、一九六七年）

訣別する
Paul Bowles, *Next To Nothing COLLECTED POEMS 1926-1977*, Black Sparrow Press, 1981
ポール・ボウルズ『止まることなく　ポール・ボウルズ自伝』（山西治男訳、白水社、一九九五年）
Paul Bowles, *Days*, The Echo Press, 1991
谷川雁『谷川雁の仕事Ⅱ』（河出書房新社、一九九六年）

Arthur Rimbaud, *Œuvres completes*, Gallimard, 1972

絶対に読めないもの
萩原恭次郎『死刑宣告』（長隆舎書店、一九二五年）
Ezra Pound, *The Cantos*, Faber and Faber, 1975
Denis Roche, *La Poésie est Inadmissible: Œuvres Poétiques Complétes*, Seuil, 1995

註釈する
入沢康夫『わが出雲・わが鎮魂』（思潮社、一九六八年）
La Commedia di Dante Alighieri, Aldo Martello Editore, 1965
中上健次「故郷を葬る歌」、『中上健次全集』第十四巻（集英社、一九九六年）

発語する
寮美千子編『空が青いから白をえらんだのです　奈良少年刑務所詩集』（長崎出版、二〇一〇年）
永山則夫『増補新版　無知の涙』（河出文庫、一九九〇年）
堀川惠子『永山則夫　封印された鑑定記録』（岩波書店、二〇一三年）
『田村隆一全集』第一巻（河出書房新社、二〇一〇年）
『中上健次全集』第十四巻（集英社、一九九六年）

翻訳する（一）
ใบไม้ที่หายไป
チラナン・ピットプリーチャー『消えてしまった葉』（四方田犬彦、櫻田智惠訳、港の人、二〇一八年）
Ezra Pound, *The Translation of Ezra Pound*, Faber, 1953
Ezra Pound, *Cathay*, A New Direction Book, 2015
Ezra Pound, *Selected* Poems, Faber, 1948（「パピルス」の原詩）
Arthur Rimbaud, *Œuvres complètes*, Gallimard, 1972

翻訳する（二）
James Joyce, *Finnegans* Wake, Faber & Faber, 1939
『加藤郁乎詩集』（現代詩文庫、思潮社、一九七一年）
『ベンヤミン・コレクション』第二巻（浅井健二郎他訳、ちくま学芸文庫、一九九六年）
Charles Baudelaire, *Les Fleurs du Mal*, Édition critique Jacques Crépet, Georges Blin, Librairie José Corti, 1968
矢野文夫訳『悪の華』（耕進社、一九三四年）
矢野文夫訳『ボオドレエル詩集』（白樺書房、一九四八年）
齋藤磯雄訳『ボオドレエル全詩集』（東京創元社、一九七九年）
村上菊一郎訳『全訳 悪の華』（角川文庫、一九五〇年）
阿部良雄訳『ボードレール全集』第一巻（筑摩書房、一九八三年）
杉本秀太郎訳『悪の花』（彌生書房、一九九八年）

I Fiori del Male, trad. Luciana Frezza, Biblioteca Universale Rizzoli, 1980

書き直す

蒲原有明『有明集』（易風社、一九〇八年）　日本近代文学館より、一九七三年に復刻された。
蒲原有明『夢は呼び交わす』（岩波文庫、一九八四年）
蒲原有明『有明詩抄』（岩波文庫、一九二八年）
蒲原有明『定本蒲原有明全詩集』（河出書房、一九五七年）
日夏耿之介『明治大正詩史』（『日夏耿之介全集』第三巻、河出書房新社、一九七五年）
『鮎川信夫全集』第一巻（思潮社、一九八九年）　便宜上この全集から引用したが、本書は残念なことに校訂が充分なされていないため、作品改作の経緯をそこから窺うことはできない。この版に収録されている戦後版「橋上の人」の掲載書誌を「ルネサンス」九号（一九四八年）としているのは誤りで、実は『鮎川信夫詩集　1945–1955』が正しい。

引用する

吉岡実『ムーンドロップ』（書肆山田、一九八八年）
吉岡実『夏の宴』（青土社、一九七九年）
『北村太郎の仕事1　全詩』（思潮社、一九九〇年）
『田村隆一全集』第一巻（河出書房新社、二〇一〇年）
『鮎川信夫全集』第三巻（思潮社、一九九八年）
『レオナルド・ダ・ヴィンチの手記』上巻、（杉浦明平訳、岩波文庫、一九五四年）

菅谷規矩雄『死をめぐるトリロジイ』（思潮社、一九九〇年）
夏宇『摩擦／無以名状』（唐山出版社、一九九五年）

韻を踏む

The Beatles, *Rubber Soul*, 1965
Paul Veléry, *Oeuvres vol. 1*, Librairie Générale Francaise, 2016
『鷗外全集』第二十二巻（岩波書店、一九七三年）
日本古典文学大系『萬葉集　二』（岩波書店、一九五七年）
芭蕉『おくのほそ道』（岩波文庫、一九七九年）
『北村太郎の仕事1　全詩』（思潮社、一九九〇年）
吉増剛造『黄金詩篇』（思潮社、一九七〇年）
飯島耕一『さえずりきこう』（角川書店、一九九四年）
『渋沢孝輔全詩集』（思潮社、二〇〇六年）
『九鬼周造全集』第四巻、第五巻（岩波書店、一九八一年）
www.kget.jp/lyric/112052/R. U. M. I の夢は夜ひらく_rumi

呼びかける

『吉本隆明著作集』第一巻「定本詩集」（勁草書房、一九六八年）
谷川俊太郎『夜中に台所でぼくはきみに話しかけたかった』（青土社、一九七五年）

高橋睦郎『この世あるいは箱の人』（思潮社、一九九八年）
『旅の絵』（書肆山田、一九九二年）
『動詞1』（思潮社、一九七四年）
『語らざる者をして語らしめよ』（思潮社、二〇〇五年）

断片にする
『宮沢賢治全集』第一巻（ちくま文庫、一九八六年）
『田村隆一全集』第一巻（河出書房新社、二〇一〇年）
沓掛良彦『サッフォー　詩と生涯』（平凡社、一九八八年）
ガストン・バシュラール『空間の詩学』（岩村行雄訳、思潮社、一九六九年）
高貝弘也『露光』（書誌山田、二〇一〇年）

詩の大きな時間
William Blake, *Songs of Innocence and of Experience*, Oxford University Press, 1970
『舊新訳聖書』（日本聖書協会、一九八一年）
『山村暮鳥全詩集』（彌生書房、一九六四年）
『蒲原有明全詩集』（創元社、一九五二年）
『弘法大師　空海全集』第六巻、（筑摩書房、一九八四年）

初出誌　『すばる』二〇一六年十月号～二〇一八年三月号

後書き

これまでたくさんの詩を読んできた。

たまたま生まれ落ちた場所が日本であったから、最初に読んだ詩は日本語で書かれていた。長じて別の言葉でも詩を読んだ。読んだ詩のいくつかを朗読したり、日本語に直したりしてきた。気が付くと、いつしか自分でも詩のごときものを書いていた。わたしが詩を翻訳するのは、その詩を身近に手繰り寄せ、より深く読みたいからである。わたしが詩を書くのは、自分を救済したいからである。

本書を執筆する契機となったのは、二〇一五年になされたアドニス師との邂逅であった。わたしたちは台北の詩歌節に招かれ、親しく語り合った。彼はいった。詩とは言葉との約束なのだ。ひとつの発語を開かれたものにすることで、言葉全体を複数の筋目のあるものに変えていかなければならない。シリアの亡命詩人から与えられたこの公案を自分なりに受け止め、自分なりに読み解くことから、この書物は書き始められた。

本書の初出は『すばる』二〇一六年十月号から二〇一八年三月号までの連載である。連載にあたっては、同誌編集長羽喰涼子氏のお手を煩わせた。また巻末に収録した「詩的註釈」は、中国語版『四方田犬彦詩集』（台北、黒眼睛文化事業、二〇一八年）の序文として執筆された。出版を提案されたのは鴻鴻氏、翻訳を担当されたのは陳允元氏である。本書の全体を単行本として刊行してくださるにあたっては、作品社の髙木有氏と装丁家の間村俊一氏に多大なる労をとっていただいた。最後に表紙には、岩佐なを氏の手になる四方田蔵書票の、最後の一枚を使わせていただいた。往古にポルトガルで発行された郵便切手に想を得て、製作されたものである。六人の方々に深い感謝の言葉を申し上げたい。

二〇一八年七月一五日

横浜青霞宮にて　著者記す

著者略歴

四方田犬彦（よもた・いぬひこ）

批評家。エッセイスト。詩人。東京大学で宗教学を、同大学院で比較文学を学ぶ。

著書に『モロッコ流謫』『ハイスクール 1968』『先生とわたし』『ルイス・ブニュエル』

『親鸞への接近』などが、詩集に『人生の乞食』『わが煉獄』、

訳詩集にマフムード・ダルウィーシュ『壁に描く』、『パゾリーニ詩集』、

チラナン・ピットプリーチャー『消えてしまった葉』（共訳）がある。

サントリー学芸賞、伊藤整文学賞、芸術選奨文部科学大臣賞などを受賞。

詩《し》の約《やく》束《そく》

二〇一八年一〇月三〇日第一刷発行
二〇一九年　三月二八日第二刷発行

著者　四方田犬彦
装幀　間村俊一
発行者　和田肇
発行所　株式会社作品社
〒一〇二-〇〇七二
東京都千代田区飯田橋二ノ七ノ四
電話　(〇三)三二六二-九七五三
FAX　(〇三)三二六二-九七五七
http://www.sakuhinsha.com
振替　〇〇一六〇-三-二七一八三

本文組版　(有)一企画
印刷・製本　シナノ印刷(株)

落・乱丁本はお取り替え致します
定価はカバーに表示してあります

©Inuhiko YOMOTA 2018
ISBN978-4-86182-720-4 C0095

◆作品社の本◆

芸術選奨文部大臣賞受賞

ルイス・ブニュエル

四方田犬彦

シュルレアリスムと邪悪なユーモア。ダリとの共作『アンダルシアの犬』で鮮烈にデビュー。作品ごとにセンショーンを巻き起こした伝説の巨匠。過激な映像と仮借なき批評精神を貫いたその全貌を解明する。

吉田喜重の全体像

四方田犬彦編

「松竹ヌーベルバーグ」の60年代から最新作『鏡の女たち』まで、融合と反発を繰り返し、不断の変容を続ける映画監督・吉田喜重の40年余の広大なる想像的宇宙の全貌に挑む、画期的評論集。

パレスチナ・ナウ

《戦争／映画／人間》

四方田犬彦

横たわる死者たち、凄惨な「自爆テロ」、破壊された家屋、廃墟の映像と悲嘆の叫び……。戦禍に生きる人々の痛切の想いと日常を周密に描くパレスチナ・フィールドワーク。

パレスチナへ帰る

E・サイード　四方田犬彦訳・解説

45年ぶりの帰郷が目にする、アラファト専制下の擬制の自治。侵略者イスラエルの蛮行と無能な指導者との二重支配に喘ぐ民衆の苦悩を描く、痛憤のルポルタージュ。

女神の移譲

書物漂流記

四方田犬彦

ヤクザから「聖書」／「連合赤軍」からアドルノまで。時代と切り結ぶラディカルな書物や映画を手がかりに「文化批判」を実践する時評を超えた思考の冒険。幅広く奥深い四方田ワールド近年の集成。